BRICS: Das Entstehen einer Neuen Weltordnung

Eine Tiefgehende Analyse der Fünf Aufstrebenden Mächte - Brasilien, Russland, Indien, China und Südafrika - und Ihr Einfluss auf die Globale Zukunft

Max Weltweit

1. **Einführung in die BRICS** • Definition und Geschichte der BRICS (Brasilien, Russland, Indien, China, Südafrika).

2. **Wirtschaft der BRICS** • Analyse der Wirtschaften jedes Mitglieds und deren globale Auswirkungen.

3. **Politik der BRICS** • Untersuchung der Innen- und Außenpolitik der BRICS-Länder.

4. **Internationale Beziehungen** • Analyse der Beziehungen zwischen den BRICS und anderen globalen Akteuren.

5. **Neue Weltordnung** • Definition und Schlüsselkonzepte der neuen Weltordnung.

6. **Auswirkungen der BRICS auf die Neue Weltordnung** • Wie die BRICS die neue Weltordnung gestalten.

7. **Technologie und Innovation** • Die Rolle der BRICS bei der technologischen Entwicklung und Innovation.

8. **Nachhaltige Entwicklung** • Politiken und Praktiken der nachhaltigen Entwicklung, die von den BRICS verfolgt werden.

9. **Ungleichheiten und Disparitäten** • Untersuchung von Ungleichheiten und

Unterschieden innerhalb und zwischen den BRICS-Ländern.

10.   **Konflikte und Kooperation** • Analyse von Konflikten und Kooperationsbereichen zwischen den Mitgliedern der BRICS.

11. **Klimawandel** • Rolle und Verantwortung der BRICS im Kontext des Klimawandels.

12. **Verteidigungs- und Sicherheitsstrategien** • Verteidigungs- und Sicherheitspolitiken der BRICS in der neuen Weltordnung.

13. **Kultur und Gesellschaft** • Auswirkungen der Kulturen und Gesellschaften der BRICS auf die Welt.

14. **Finanzinstitutionen** • Rolle der Finanzinstitutionen der BRICS, wie die BRICS-Bank.

15. **Internationaler Handel** • Analyse der Rolle der BRICS im internationalen Handel.

16. **Globalisierung vs. Nationalismus** • Diskussion darüber, wie die BRICS Globalisierung und Nationalismus ausbalancieren.

17. **Menschenrechte** • Analyse der Menschenrechtslage in den BRICS-Ländern.

1. Einführung in die BRICS
• Definition und Geschichte der BRICS (Brasilien, Russland, Indien, China, Südafrika).

A. Definition
Die BRICS repräsentieren einen Zusammenschluss von fünf großen aufstrebenden globalen Volkswirtschaften: Brasilien, Russland, Indien, China und Südafrika. Die Abkürzung "BRICS" leitet sich von den Anfangsbuchstaben dieser Länder ab. Die Zusammenarbeit zwischen den BRICS-Mitgliedern konzentriert sich auf verschiedene Bereiche, einschließlich wirtschaftlicher Entwicklung, Politik und Diplomatie sowie Sicherheitsfragen.

B. Geschichte
• Frühe Jahre und Bildung:
• Die ursprüngliche Zusammenarbeit war auf vier Länder (Brasilien, Russland, Indien und China) ausgerichtet, bevor Südafrika 2010 beitrat. • Die Idee einer Vereinigung großer aufstrebender Volkswirtschaften wurde erstmals 2001 vom Wirtschaftswissenschaftler Jim O'Neill formuliert, der das Akronym "BRIC" prägte (bevor Südafrika beitrat).
• Entwicklung der BRICS:
• Seit dem ersten Treffen der Finanzminister in Deutschland im Jahr 2006 haben die Länder die Bedeutung einer konstruktiven Zusammenarbeit anerkannt. • Das erste BRICS-Gipfeltreffen fand 2009 in Jekaterinburg, Russland, statt und markierte einen

wichtigen Meilenstein bei der Formalisierung der Zusammenarbeit zwischen den Ländern. • Eintritt Südafrikas:

• Im Jahr 2010 wurde Südafrika eingeladen, der Gruppe beizutreten, und die Abkürzung wurde von "BRIC" zu "BRICS" geändert. • Die Aufnahme Südafrikas brachte eine neue Dynamik in die Gruppe und erweiterte ihren Einfluss und ihr Handlungsspektrum, insbesondere in Bezug auf Afrika und Entwicklungsländer.

C. Entwicklung

• Wirtschaftliche Zusammenarbeit:
• Die BRICS haben an der Förderung des Wirtschaftswachstums und der nachhaltigen Entwicklung ihrer Mitgliedsländer und weltweit gearbeitet. • Politische und diplomatische Plattform:
• Neben wirtschaftlicher Zusammenarbeit bieten die BRICS eine Plattform für Diskussion und Kooperation in politischen und diplomatischen Angelegenheiten. • Globale Einflussnahme:
• Im Laufe der Zeit haben die BRICS ihren Handlungsspielraum erweitert und einen bedeutenden Einfluss auf die globalen Dynamiken erlangt, nicht zuletzt aufgrund ihres wachsenden wirtschaftlichen und politischen Einflusses. • Herausforderungen und Kritikpunkte:
• Die BRICS stehen trotz ihrer wirtschaftlichen Stärke vor verschiedenen Herausforderungen und

Kritikpunkten, darunter interne Ungleichheiten, politische Differenzen und Unterschiede in Zielen und Methoden.

D. Ziele

• Stärkung der Zusammenarbeit:
• Das Hauptziel der BRICS besteht darin, die Zusammenarbeit zwischen den Mitgliedsländern zu stärken und gemeinsam auf globale Fragen einzugehen. • Förderung der Entwicklung:
• Die BRICS setzen sich für wirtschaftliche und soziale Entwicklung sowohl auf nationaler als auch auf globaler Ebene ein. • Gerechtigkeit in der globalen Ordnung:
• Sie arbeiten an einer gerechteren und repräsentativeren Weltordnung, indem sie die bestehende Ordnung herausfordern und neue Dynamiken und Strukturen vorschlagen.

Diese erste Einleitung gibt einen umfassenden Überblick über die BRICS und bildet die Grundlage für weitere Diskussionen und Analysen, die in den folgenden Kapiteln Ihres Buches entwickelt werden können. Jeder Unterpunkt kann weiter erforscht werden, um die Erzählung zu bereichern und ein tiefes und ganzheitliches Verständnis des Themas zu vermitteln.

Vertiefung in die BRICS: Geostrategische Dimensionen

Die BRICS sind nicht nur einflussreiche Wirtschaftsblöcke, sondern haben auch eine wichtige geostrategische Position in der Welt. Ihre geografische Lage und ihre jeweiligen Einflusssphären haben erhebliche Auswirkungen auf die weltweiten politischen und wirtschaftlichen Gleichgewichte. Zum Beispiel ist China ein Schlüsselakteur im asiatisch-pazifischen Raum, während Brasilien in Lateinamerika eine bedeutende Position einnimmt. Jedes Mitgliedsland trägt daher nicht nur das Gewicht seiner eigenen Wirtschaft, sondern auch seiner regionalen Beziehungen und strategischen Allianzen.

Kulturelle Facetten

Die kulturelle Vielfalt zwischen Brasilien, Russland, Indien, China und Südafrika ist beachtlich und zeigt sich in Sprache, Religion, Traditionen und sozialen Normen. Diese kulturelle Vielfalt beeinflusst die Diplomatie und politische Entscheidungen innerhalb des Blocks und erzeugt interessante und komplexe Dynamiken. Die Vielfalt und Reichtum der Kulturen stellen gleichzeitig eine Herausforderung und eine Chance für die Zusammenarbeit der BRICS-Mitglieder dar.

Politische Divergenzen

Trotz der Kohäsion in einigen Bereichen gibt es erhebliche politische Meinungsverschiedenheiten zwischen den BRICS-Ländern, die sich in Bezug auf innere Governance, Außenpolitik und politische Ideologien manifestieren. Zum Beispiel ist Indien die größte Demokratie der Welt, während China von einer Einheitspartei geführt wird. Diese Unterschiede können die Einheit der Gruppe und ihre Fähigkeit, sich auf internationale Fragen als einheitliche Entität zu präsentieren, beeinflussen.

Natur- und Umweltressourcen

Die BRICS verfügen über reichlich vorhandene Natur- und Umweltressourcen, darunter Öl, Erdgas, Mineralien und Biodiversität. Die Nutzung und Verwaltung dieser Ressourcen ist sowohl für die nationalen Volkswirtschaften als auch für das globale ökologische Gleichgewicht entscheidend. Der Umgang mit Ressourcen und Umwelt ist ein weiterer Aspekt, der die BRICS-Mitglieder sowohl verbinden als auch trennen kann, angesichts ihrer unterschiedlichen Bedürfnisse, Prioritäten und Umweltprobleme.

Demografische Dynamiken

Auch die demografischen Dynamiken in den BRICS-Ländern sind von erheblichem Interesse. Zum Beispiel haben Indien und Brasilien eine vergleichsweise junge Bevölkerung, während China mit dem demografischen Wandel konfrontiert ist. Diese Dynamiken beeinflussen die Arbeitskräfte, die Produktivität, die Verbrauchermärkte und die Sozialpolitik und sind daher ein wichtiger Faktor, der die nationalen und internen Strategien jedes Landes prägt.

Forschung und Entwicklung (FuE)

Die BRICS sind aktiv in Forschung und Entwicklung (FuE) tätig. Insbesondere China hat erhebliche Investitionen in Bereiche wie künstliche Intelligenz und 5G-Technologie getätigt. Die Fokussierung auf FuE kann eine Plattform für die Zusammenarbeit innerhalb der BRICS bieten, bei der der Austausch von Wissen und Innovation den Weg für gemeinsame Lösungen für gemeinsame Probleme ebnet.

Sicherheitspolitik und Kollektive Sicherheit

Das Konzept der kollektiven Sicherheit hat in den Diskussionen innerhalb der BRICS an Bedeutung gewonnen. Diese Länder versuchen, die Herausforderungen der globalen Sicherheit zu bewältigen, indem sie ein Gleichgewicht zwischen nationaler Autonomie und multilateraler Zusammenarbeit wahren. Die BRICS-Mitglieder arbeiten in verschiedenen Sicherheitsfragen zusammen, wahren jedoch eine gewisse Vorsicht, um ihre Souveränität und Entscheidungsfreiheit zu erhalten.

Bildung und Kompetenzen

Bildung und Kompetenzentwicklung sind entscheidend, um wirtschaftliches Wachstum und Innovation zu unterstützen. Jedes BRICS-Land hat seine eigenen Herausforderungen und Ziele in diesem Bereich, die von der Grundbildung bis zur fortgeschrittenen Ausbildung und der Entwicklung von Fähigkeiten im 21. Jahrhundert reichen.

Dies sind nur einige Aspekte, die in einer detaillierten Analyse der BRICS weiter erkundet und entwickelt werden könnten. Jeder Unterabschnitt kann mit Daten, Geschichten und Analysen vertieft werden, um ein multidimensionales Verständnis der BRICS zu schaffen und dem Leser einen umfassenden und gleichzeitig detaillierten Einblick in den Block und seine Dynamiken zu bieten. Jedes Element kann auch durch Interviews mit Experten, Analysen spezifischer Politiken und die Erkundung zukünftiger Szenarien weiter erforscht werden.

Investitionen und Finanzströme

Die BRICS spielen eine entscheidende Rolle in der globalen Finanzwelt. Finanzströme und ausländische Direktinvestitionen in und aus den BRICS-Ländern sind zu einem Schlüsselelement für das weltweite wirtschaftliche Wachstum geworden. Die BRICS-Bank, formell als New Development Bank (NDB) bekannt, ist ein bemerkenswertes Beispiel dafür, wie diese Länder parallele Institutionen aufbauen, die ihre Entwicklungsziele und Prioritäten widerspiegeln und unterstützen.

Rechts- und Normfragen

Rechts- und Normfragen in den BRICS-Ländern sind vielfältig und beeinflussen das Geschäfts- und Investitionsumfeld. Unterschiede in der Regulierung, Standards, Marktpolitik und Arbeitsgesetze sind relevante Themen, die eine sorgfältige Untersuchung erfordern, um das Innenleben und die Dynamiken der BRICS sowohl individuell als auch als Block zu verstehen.

Arbeitsmarkt-Dynamiken

Der Arbeitsmarkt in den BRICS-Ländern ist ein weiterer Bereich, der eine eingehende Untersuchung verdient. Zum Beispiel stehen Indien und Brasilien vor Herausforderungen im Zusammenhang mit einer wachsenden Arbeitskraft und der Notwendigkeit, neue Arbeitsmöglichkeiten zu schaffen, während Russland und China mit demografischen Veränderungen und einer alternden erwerbstätigen Bevölkerung konfrontiert sind.

Öffentliche Gesundheit

Der Bereich der öffentlichen Gesundheit in den BRICS-Ländern ist ein weiteres Feld, das Forschung und Analyse verdient, insbesondere vor dem Hintergrund der Herausforderungen, die während der COVID-19-Pandemie aufgetreten sind. Die verschiedenen Ansätze, die jedes Land zur Bewältigung der Gesundheitskrise gewählt hat, ihre Reaktionen auf Impfstoffe und Vertriebsstrategien bieten interessante

Einblicke in nationale Prioritäten und die Fähigkeit zur Krisenbewältigung.

Beziehungen zu anderen Wirtschaftsblöcken

Die Interaktion der BRICS mit anderen Wirtschafts- und Politikblöcken wie der Europäischen Union, ASEAN oder der G7 ist ein weiterer Aspekt, der untersucht werden kann, um zu verstehen, wie diese Dynamiken die globale Geopolitik und internationale Zusammenarbeit beeinflussen. Dies schließt auch strategische Allianzen, Spannungen und Zusammenarbeit mit anderen aufstrebenden Volkswirtschaften und entwickelten Nationen ein.

Tourismus und Kulturaustausch

Der Tourismus und der kulturelle Austausch zwischen den BRICS-Ländern und dem Rest der Welt bieten einen reichen Raum, um zu erforschen, wie Kultur, Kunst und Traditionen geteilt und gefeiert werden. Jedes BRICS-Land hat ein einzigartiges kulturelles Erbe und eine charakteristische touristische Landschaft, die als Brücken zur Stärkung der Beziehungen und zur Förderung des gegenseitigen Verständnisses dienen können.

Komplexe diplomatische Beziehungen

Obwohl die BRICS als Entität bestimmte gemeinsame Ziele teilen, sind die bilateralen Beziehungen zwischen den Mitgliedern von Vielschichtigkeit und Vielfalt geprägt. Zum Beispiel sind die Beziehungen zwischen

Indien und China von Herausforderungen und Möglichkeiten geprägt, die parallel zu den gemeinsamen Zielen im Rahmen des BRICS-Forums existieren.

Infrastruktur und Entwicklungsprojekte

Die Rolle der BRICS bei der Entwicklung von Infrastrukturen - sowohl national als auch in Drittländern, insbesondere im Rahmen von Initiativen wie der Belt and Road Initiative (BRI) Chinas - ist ein weiterer Aspekt, der untersucht werden kann, um zu verstehen, wie diese Länder ihre Einflussmöglichkeiten erweitern und die Konnektivität fördern.

Klimawandel und Nachhaltigkeit

Die Position der BRICS-Länder zum Klimawandel und zur Nachhaltigkeit sowie ihre nationalen Politiken und internationalen Verpflichtungen im Umweltbereich verdienen eine gründliche Analyse, um die Strategien und Prioritäten dieser Länder im globalen Kontext zu verstehen.

Die Fortsetzung der Untersuchung dieser Aspekte bietet einen 360-Grad-Blick auf die BRICS und ermöglicht es, die internen und externen Dynamiken dieses einflussreichen wirtschaftlichen und politischen Blocks zu erkunden. Darüber hinaus bietet die Untersuchung, wie diese Themen miteinander verknüpft sind und sich gegenseitig

beeinflussen, einen noch tieferen Einblick in die Herausforderungen und Chancen, die aus den Interaktionen zwischen Brasilien, Russland, Indien, China und Südafrika resultieren.

Digitale Wirtschaft und Cyber-Sicherheit

Die Entwicklung digitaler Wirtschaften in den BRICS-Ländern zeigt eine Vielzahl von Dynamiken, die sowohl die interne Entwicklung als auch die externen Beziehungen beeinflussen. Während China ein Gigant in der digitalen Technologie und im E-Commerce ist, erkunden und implementieren auch die anderen BRICS-Länder Fortschritte im digitalen Sektor. Gleichzeitig werden Fragen der Cybersicherheit, des Datenschutzes und der Privatsphäre immer wichtiger, insbesondere vor dem Hintergrund der unterschiedlichen Positionen und Politiken, die jedes Land in Bezug auf Cyber und Digitalisierung einnimmt.

Menschenrechte und Soziale Fragen

Die Themen im Zusammenhang mit Menschenrechten und sozialen Fragen in den BRICS-Nationen bieten ein weiteres Untersuchungsfeld. Jedes Land hat spezifische Herausforderungen und Kontexte in Bezug auf Bürgerrechte, Geschlechtergleichheit, Arbeitnehmerrechte und soziale Inklusion, die sowohl die Innenpolitik als auch die Wahrnehmung und internationale Beziehungen beeinflussen können.

Landwirtschaftsindustrie und Lebensmittelsicherheit

Die Landwirtschaftsindustrie und die Lebensmittelsicherheit sind weitere wichtige Aspekte, die erkundet werden sollten. Da die BRICS-Länder eine bedeutende Rolle in der weltweiten Lebensmittelproduktion spielen, ist es entscheidend zu verstehen, wie sie die Produktion, Verteilung und Lebensmittelsicherheit nicht nur für ihre eigenen Bürger, sondern auch aus globaler Marktperspektive bewältigen.

Militarisierung und Verteidigung

Die Analyse der Militarisierungsprogramme und Verteidigungsstrategien der BRICS-Länder gewährt Einblicke in Macht- und Sicherheitsdynamiken. Jedes Mitglied hat eine eigene Wahrnehmung von Bedrohungen, Verteidigungszielen und militärischen Allianzen, die zu einem komplexen Netzwerk von Zusammenarbeit und gelegentlicher Spannung innerhalb des Blocks beitragen.

Migration und Mobilität

Migration und die Mobilität der Arbeitskräfte zwischen und innerhalb der BRICS-Länder sind ebenso bedeutsam. Von Indien und China, die für ihre bedeutende globale Diaspora bekannt sind, bis hin zu Brasilien und Südafrika, die Fragen der inneren und regionalen Migration bewältigen, ist es relevant zu erforschen, wie die Mobilität von Menschen Wirtschaft und Gesellschaft beeinflusst.

Religion und nationale Identität

Religion und nationale Identitätsfragen sowie wie diese mit Politik und Gesellschaft in jedem BRICS-Land verflochten sind, stellen ein weiteres Analysefeld dar. Das Nebeneinander verschiedener Religionen und Überzeugungen und die Rolle, die sie bei der Gestaltung nationaler und internationaler Politik sowie zwischenstaatlicher Beziehungen spielen, sind Themen, die sorgfältig erforscht werden können.

Energiepolitik und Ressourcen

Die Energiepolitik und die Nutzung von Ressourcen in den BRICS-Ländern, sowohl in Bezug auf den inneren Verbrauch als auch auf Exporte, bieten Einblicke in Entwicklungs- und Handelsdynamiken. Der Zugang zur Energie und die Bewirtschaftung natürlicher Ressourcen sind Schlüsselthemen in internationalen Verhandlungen und bei der Gestaltung nachhaltiger Entwicklungsstrategien.

Soziale und wirtschaftliche Ungleichheit

Soziale und wirtschaftliche Ungleichheiten innerhalb der BRICS-Länder stellen eine weitere entscheidende Dimension dar. Obwohl alle fünf Länder ein signifikantes wirtschaftliches Wachstum gezeigt haben, gibt es erhebliche Unterschiede in Bezug auf die Verteilung von Wohlstand, den Zugang zu Chancen und die menschliche Entwicklung, die sich in verschiedenen Bereichen der Gesellschaft und Wirtschaft widerspiegeln.

Soft Power und Populärkultur
Schließlich können der Soft Power und die Verbreitung der Populärkultur der BRICS-Nationen im globalen Kontext untersucht werden, um zu verstehen, wie diese Länder ihre Kultur exportieren und globale Dynamiken durch Film, Musik, Kunst und andere kulturelle Ausdrucksformen beeinflussen.

Jeder der oben genannten Punkte kann weiterhin durch eine analytische und kritische Linse entwickelt und erforscht werden, wobei nicht nur die aktuellen Politiken und Praktiken, sondern auch ihre mögliche Entwicklung in der Zukunft und ihre Auswirkungen auf nationaler und internationaler Ebene berücksichtigt werden. Darüber hinaus bieten die Verbindung und Interaktion dieser verschiedenen Themen eine ganzheitliche und multidimensionale Sicht auf die BRICS in der globalen Arena.

Abschluss des Abschnitts: Verflechtungen und Herausforderungen der BRICS-Länder
Die Integration und Analyse dieser verschiedenen Aspekte um die BRICS herum zeichnen ein komplexes Bild von Macht, Einfluss, Herausforderungen und

Chancen auf der globalen Bühne. Obwohl die BRICS als ein Bündel aufstrebender Nationen mit gemeinsamen Zielen und ähnlichen Herausforderungen agieren, tragen sie eine Reihe von nationalen Besonderheiten mit sich, die oft ihre Interaktionen sowohl innerhalb der Gruppe als auch auf globaler Ebene prägen.

Die Wirtschaften der BRICS, obwohl sie in den letzten Jahrzehnten erhebliche Entwicklung und wachsenden Einfluss gezeigt haben, sind nicht frei von bedeutenden internen Herausforderungen und Widersprüchen. Zum Beispiel, obwohl sie die Ambition teilen, internationale Finanzinstitutionen zu reformieren und ihren Status in Bezug auf die globale wirtschaftliche Governance zu verbessern, gibt es auch scharfe Rivalitäten, insbesondere in Bezug auf regionale und globale Führerschaft.

Die mit wirtschaftlichen und sozialen Ungleichheiten verbundenen Probleme, kombiniert mit verschiedenen Umwelt-, demografischen und Menschenrechtsfragen, bilden einen gemeinsamen Hintergrund, manifestieren sich jedoch in unterschiedlichen Ausprägungen in jedem Land. Jedes BRICS-Land hat unterschiedliche Ansätze entwickelt, um mit diesen Herausforderungen umzugehen, oft in Anlehnung an oder in Abgrenzung von den Strategien ihrer Amtskollegen.

Zusätzlich gestaltet die Interaktion und der Dialog zwischen den BRICS und anderen globalen Akteuren, einschließlich entwickelten Ländern und anderen aufstrebenden Volkswirtschaften, ein Beziehungsgeflecht, das zwischen Zusammenarbeit und Wettbewerb schwankt. Die Dynamik dieser Beziehungen wird oft durch eine Kombination von Faktoren geformt, darunter bilaterale Diplomatie, wirtschaftliche Interessen, strategische Allianzen und globale Themen wie Klimawandel und Krisenbewältigung.

Jede BRICS stellt daher einen einzelnen Gipfel in einem breiteren Netzwerk globaler Beziehungen und Dynamiken dar, deren Macht und Einfluss gleichermaßen durch ihre jeweiligen Fähigkeiten und die Komplexität der inneren und internationalen Herausforderungen gestärkt und begrenzt werden. Eine eingehende Untersuchung der BRICS, die sowohl die gemeinsamen Bestrebungen und Herausforderungen der Gruppe als auch die Einzigartigkeiten jedes Mitglieds berücksichtigt, kann wertvolle Einblicke in die facettenreiche Natur von Macht und Einfluss in der zeitgenössischen Weltordnung bieten.

Die Erkundung dieser Schnittstellen, an denen nationale Herausforderungen auf globale

Aspirationen und Dynamiken treffen, ermöglicht einen tiefen Einblick in die Komplexität der zeitgenössischen internationalen Beziehungen und die Mechanismen, durch die die BRICS-Länder ihre Interessen verfolgen und die oft stürmischen Gewässer der Weltgeopolitik navigieren.

Zusammenfassend stellt die kollektive und individuelle Erzählung der BRICS eine einzigartige Mischung aus Zusammenarbeit, Wettbewerb und kontinuierlicher Suche nach einer einflussreicheren und anerkannteren Position im globalen System dar. Diese Kombination von Faktoren und Dynamiken trägt dazu bei, die zukünftige Entwicklung dieser Schlüsselländer im globalen Kontext zu definieren und gleichzeitig zu komplizieren.

2. **Wirtschaft der BRICS • Analyse der Wirtschaften jedes Mitglieds und deren globale Auswirkungen.**

Wirtschaft der BRICS: Analyse und Globale Auswirkungen

Die BRICS, bestehend aus Brasilien, Russland, Indien, China und Südafrika, repräsentieren eine bedeutende wirtschaftliche Entität in der globalen Landschaft. Diese Länder, trotz kultureller, politischer und wirtschaftlicher Unterschiede, haben es geschafft, eine gemeinsame Front zu bilden und bedeutsame Kooperationen im globalen wirtschaftlichen Kontext zu entwickeln. Lassen Sie uns die Wirtschaften der Mitglieder und ihre globale Auswirkung genauer betrachten.

Brasilien: Landwirtschaft und Ressourcen

Brasilien verfügt über eine Wirtschaft, die maßgeblich von der Landwirtschaft und einem Reichtum an natürlichen Ressourcen angetrieben wird. Es ist einer der weltweit größten Exporteure von Soja, Zucker und Kaffee und besitzt umfangreiche Vorkommen an Eisenerz und Bauxit. Das Land hat erhebliche Herausforderungen bewältigt, darunter wirtschaftliche Stabilität und soziale Fragen wie Ungleichheit. Sein Einfluss in den BRICS wird oft durch seine Fähigkeit bestimmt, landwirtschaftliche Produkte und Rohstoffe bereitzustellen.

Russland: Energie und globale Macht

Die russische Wirtschaft ist tief in ihren umfangreichen Energieressourcen, insbesondere Erdöl und Erdgas, verwurzelt. Sie ist einer der größten Energieexporteure der Welt und positioniert das Land als Schlüsselakteur im globalen Energiegleichgewicht. Russland hat seine Energieressourcen oft als Instrument der Außenpolitik eingesetzt und dadurch andere Länder und Wirtschaftsbündnisse durch die Manipulation von Energielieferungen beeinflusst.

Indien: Demografie und Dienstleistungen

Indien zeichnet sich durch eine einzigartige Demografie und einen rasch wachsenden Dienstleistungssektor aus, insbesondere in den Bereichen IT und Software. Mit einer jungen Bevölkerung und einem großen Binnenmarkt wird Indien oft als Motor für zukünftiges wirtschaftliches Wachstum angesehen. Herausforderungen wie wirtschaftliche Ungleichheit und geopolitische Spannungen mit Nachbarländern beeinflussen jedoch seine wirtschaftliche und politische Entwicklung.

China: Fertigung und globale Einflussnahme

China gilt als "Werkbank der Welt" mit seiner riesigen Fertigungskapazität und dem wachsenden Technologiesektor. Die Belt and Road Initiative und andere Strategien für globale Investitionen haben Chinas Rolle als einflussreicher globaler wirtschaftlicher Akteur gefestigt. Seine Wirtschaft steht jedoch vor Herausforderungen wie steigender Verschuldung und Handelsspannungen mit anderen globalen Mächten.

Südafrika: Rohstoffe und soziale Herausforderungen

Südafrika spielt aufgrund seiner reichen Rohstoffvorkommen wie Gold und Diamanten eine wichtige Rolle in der globalen Rohstoffwirtschaft. Das Land steht jedoch erheblichen sozialen und wirtschaftlichen Herausforderungen gegenüber, darunter Arbeitslosigkeit, Armut und strukturelle Ungleichheiten, die in seiner Geschichte verwurzelt sind und seine wirtschaftlichen Perspektiven und regionale Stabilität beeinflussen.

Globale Auswirkungen der BRICS

Die Auswirkungen der BRICS auf globaler Ebene sind unbestreitbar. Von Verhandlungsmacht im internationalen Handel über ausländische Direktinvestitionen bis hin zum Einfluss in internationalen Finanzinstitutionen sind die BRICS ein Block, der nicht ignoriert werden kann. Sie haben versucht, die Regeln und Normen der globalen Wirtschaft zu reformieren, indem sie eine größere Vertretung und Einflussnahme in globalen Institutionen wie dem Internationalen Währungsfonds und der Weltbank gefordert haben.

Fazit

Obwohl sie gemeinsame Ziele teilen, sind die wirtschaftlichen Unterschiede zwischen den BRICS-Mitgliedern erheblich. Das Verständnis der internen Dynamiken jedes Landes und ihrer Strategien in der globalen Interaktion ist entscheidend, um die zukünftigen Entwicklungen des Blocks und des weltweiten Wirtschaftssystems insgesamt zu entschlüsseln. Eine detaillierte Analyse jeder Wirtschaft unter Berücksichtigung der Herausforderungen und Chancen, die jedes Land bietet, sowie der Spannungen und Zusammenarbeit innerhalb der Gruppe, bietet eine wesentliche Perspektive für jede Diskussion über die Zukunft der globalen Wirtschaft und die Dynamik der internationalen Macht. Die Beschaffenheit der BRICS-Wirtschaften und ihr Einfluss auf die globale Wirtschaftsordnung sind von wesentlicher Bedeut

Die Wirtschaften der BRICS: Vielfalt und Integration

Die Wirtschaften der BRICS sind deutlich unterschiedlich, aber gleichzeitig ergänzend. Während Brasilien und Südafrika Agrar- und Bergbaumächte sind, ist Russland eine Energie-Supermacht. Gleichzeitig dominiert in Indien die Dienstleistungsbranche, insbesondere IT und verwandte Dienstleistungen, während China eine weltweite Produktionsmacht ist. Diese Kombination von Fähigkeiten und wirtschaftlichen Schwerpunkten ermöglicht den BRICS potenziell, als eine umfassende Wirtschaftseinheit zu agieren, die auf einem bestimmten Niveau autark sein kann, während sie gut in die globale Wirtschaft integriert ist.

Ungleichheiten und Herausforderungen
Es ist jedoch wichtig zu beachten, dass es erhebliche wirtschaftliche und entwicklungsbezogene Ungleichheiten zwischen den BRICS-Mitgliedern gibt. Während China einen erstaunlichen Wachstumspfad

hatte und jetzt eine der größten Volkswirtschaften der Welt ist, haben andere Länder wie Brasilien und Südafrika erhebliche Herausforderungen hinsichtlich wirtschaftlichen Wachstums und nachhaltiger Entwicklung bewältigt. Darüber hinaus, während Indien eine der jüngsten Bevölkerungen der Welt hat, was potenziell in eine demografische Dividende umgewandelt werden könnte, sieht sich Russland mit einer alternden Bevölkerung konfrontiert, was erhebliche Auswirkungen auf sein zukünftiges Wirtschaftswachstum und die Nachhaltigkeit seines Wohlfahrtsmodells haben könnte.

Ungleichheiten innerhalb der BRICS

Die Frage der internationalen Ungleichheiten innerhalb der BRICS ist ebenfalls relevant, wenn man die Verteilung des Wohlstands innerhalb dieser Länder betrachtet. Zum Beispiel hat China trotz seines beeindruckenden wirtschaftlichen Wachstums erhebliche Herausforderungen in Bezug auf Einkommensungleichheit und Wohlstandsverteilung. Ebenso hat Indien eine der ungleichsten Wohlstandsverteilungen der Welt, mit einem erheblichen Teil seiner Bevölkerung, der immer noch in extremer Armut lebt.

Globale Herausforderungen und wirtschaftliche Umwelt

Diese internen Faktoren, kombiniert mit externen Herausforderungen und der globalen wirtschaftlichen

Umwelt, sind entscheidend für das Verständnis des zukünftigen Weges und der Perspektiven der BRICS-Wirtschaften. Zum Beispiel haben Handelsspannungen zwischen China und den Vereinigten Staaten nicht nur direkte Auswirkungen auf die chinesische Wirtschaft, sondern aufgrund der vernetzten Natur der globalen Wirtschaft auch Auswirkungen auf alle BRICS-Mitglieder und darüber hinaus.

Globale wirtschaftliche Governance

In Bezug auf die globale wirtschaftliche Governance haben die BRICS versucht, bestehende wirtschaftliche Institutionen herauszufordern und zu reformieren, um eine größere Inklusivität und Repräsentation für Entwicklungsländer zu fördern. Die Gründung der New Development Bank der BRICS ist ein Beispiel für diese Bemühungen, die darauf abzielen, eine Alternative zu den Bretton-Woods-Institutionen zu schaffen und Modelle für Entwicklung und Finanzierung zu fördern, die besser den Bedürfnissen und Prioritäten von Entwicklungsländern entsprechen.

Vielfältige Ziele und Interaktionen

Jedes BRICS-Mitglied bringt aufgrund seiner einzigartigen wirtschaftlichen Herausforderungen und spezifischen globalen Ambitionen eine Reihe von Erwartungen und Zielen an den Verhandlungstisch. Die Wechselwirkung zwischen Wettbewerb und Zusammenarbeit, sowohl innerhalb des Blocks als auch zwischen den BRICS und anderen wichtigen

Wirtschaftsakteuren, wird die zukünftige globale wirtschaftliche Landschaft maßgeblich prägen.

Komplexe Interaktionen

In einer Zeit, in der der Multilateralismus unter Druck steht und der Protektionismus in verschiedenen Teilen der Welt an Boden gewinnt, repräsentieren die BRICS eine interessante Mischung aus Süd-Süd-Zusammenarbeit und dem Aufstieg von Schwellenländern, die einen Platz am globalen Entscheidungstisch suchen. Ihre Fähigkeit, als Block zu verhandeln und Alternativen zum bestehenden globalen Wirtschaftssystem vorzuschlagen, wird entscheidend sein, um die zukünftigen Dynamiken der Weltwirtschaft zu verstehen und vorherzusagen.

Die komplexe Welt der BRICS-Wirtschaften

In dem komplexen Geflecht der BRICS-Wirtschaften ist es von entscheidender Bedeutung, die verwendeten Methoden zur Bewältigung wirtschaftlicher Herausforderungen und zur Nutzung von Chancen zu beobachten. Das Zusammenspiel von Geld-, Finanz- und Handelspolitiken sowie die spezifischen Wachstums- und Entwicklungswege bieten eine Vielzahl von Beispielen dafür, wie Schwellenländer auf die Druck- und Herausforderungssituationen der globalen wirtschaftlichen Umgebung reagieren.

Wirtschaftliche Rivalitäten und Zusammenarbeit

Obwohl die BRICS-Mitglieder ein gewisses Maß an Solidarität als Gruppe aufgebaut haben, zeigen sie auch unterschiedliche Formen wirtschaftlicher Rivalitäten und Konflikte. Zum Beispiel haben Wettbewerb zwischen Indien und China in verschiedenen Bereichen, einschließlich Technologie und dem Zugang zu globalen Märkten, eine Dynamik geschaffen, die sowohl von Zusammenarbeit als auch von Wettbewerb geprägt ist. Politische und militärische Spannungen, insbesondere entlang ihrer gemeinsamen Grenzen, haben die wirtschaftlichen Beziehungen weiter kompliziert und beeinflussen den bilateralen Handel und ausländische Direktinvestitionen.

Ebenso sind Brasilien und China, obwohl sie wichtige Handelspartner sind, auch in bestimmten Exportmärkten, wie in Lateinamerika und Afrika, wo beide versuchen, ihren wirtschaftlichen und politischen Einfluss auszudehnen, Rivalen. Die Art dieser Interaktionen veranschaulicht, wie Wirtschaftsallianzen wie die BRICS gleichzeitig Elemente von Zusammenarbeit und Wettbewerb zwischen ihren Mitgliedern beherbergen können.

Die Fragen im Zusammenhang mit der Verschuldung sind ein weiteres grundlegendes Element bei der Untersuchung der BRICS-Wirtschaften. Während einige Mitglieder wie China erhebliche Reserven an ausländischen Währungen angehäuft haben, haben andere wie Brasilien Herausforderungen im Zusammenhang mit Auslandsschulden und Importabhängigkeit bewältigt. Südafrika hingegen hat mit Fragen der Staatsverschuldung und des stagnierenden Wachstums zu kämpfen, die durch die wirtschaftlichen Auswirkungen der COVID-19-Pandemie weiter kompliziert wurden.

Die Beziehungen der BRICS zu Ländern außerhalb des Blocks

Die Beziehungen der BRICS zu Nationen außerhalb des Blocks sind ein weiterer entscheidender Diskussionsstrang. Während sie bestrebt sind, ihre eigenen wirtschaftlichen Politiken und Projekte zu koordinieren, interagieren die BRICS auch aktiv mit Nicht-BRICS-Nationen, sowohl bilateral als auch in multilateralen Foren. Die Herangehensweise der BRICS an andere wirtschaftlich starke Nationen wie die Vereinigten Staaten, die Europäische Union und Japan sowie an andere Entwicklungsländer in Asien, Afrika und Lateinamerika hat einen erheblichen Einfluss auf den globalen Handel, die Investitionsmuster und die Dynamik der wirtschaftlichen Geopolitik.

Die Positionierung der BRICS in globalen Wertschöpfungsketten

Die Art und Weise, wie sich die BRICS in globale Wertschöpfungsketten einfügen, ist eine weitere relevante Dimension für das Verständnis ihrer Wirtschaften. China ist zum Beispiel stark in globale Wertschöpfungsketten integriert und hat sich zu einem Schlüsselpunkt für die Produktion und den Export von Fertigwaren entwickelt. Indien hingegen hat versucht, seine Beteiligung an globalen Wertschöpfungsketten zu erhöhen, insbesondere im Dienstleistungssektor, wurde jedoch durch verschiedene Herausforderungen, einschließlich der Notwendigkeit von Reformen im verarbeitenden Gewerbe und in der Infrastruktur, behindert.

Klimawandel und Nachhaltigkeit

Der laufende Dialog über den Klimawandel und die Nachhaltigkeit hat ebenfalls wichtige Auswirkungen auf die BRICS-Wirtschaften, die gezwungen sind, das Bedürfnis nach wirtschaftlichem Wachstum mit dem globalen Druck zur Umstellung auf nachhaltigere Praktiken und zur Reduzierung von Kohlenstoffemissionen in Einklang zu bringen. Der Übergang zu einer grünen Wirtschaft stellt eine weitere Herausforderung dar, da einige BRICS-Mitglieder von Exporten von natürlichen Ressourcen und energieintensiver Produktion abhängig sind.

Die Vielschichtigkeit der BRICS-Wirtschaften

Die Vielschichtigkeit der BRICS-Wirtschaften, mit ihren unterschiedlichen Facetten von Zusammenarbeit und Wettbewerb, nicht nur innerhalb des Blocks, sondern auch im breiteren globalen Kontext, spiegelt die Komplexität ihrer wirtschaftlichen Interaktionen und ihre Auswirkungen auf die weltweite Wirtschaftsarchitektur wider. Die zukünftigen Szenarien hängen davon ab, wie diese Länder ihre internen Differenzen bewältigen und gleichzeitig eine geeinte Front in den globalen wirtschaftlichen Verhandlungen aufbauen sowie wie sie auf die sich ständig ändernden Dynamiken und Herausforderungen der Weltwirtschaft reagieren und sich anpassen.

Wirtschaftliche Vulnerabilität und Technologie

Die BRICS-Wirtschaften, obwohl von Dynamik und Widerstandsfähigkeit geprägt, sind nicht frei von Verwundbarkeiten, die sich auf verschiedene Weisen und in verschiedenen Sektoren zeigen. Im Bereich der Währungen wurden deren Stabilität und Stärke auf den globalen Finanzmärkten analysiert und diskutiert. Die indische Rupie und der südafrikanische Rand haben beispielsweise eine erhebliche Volatilität gegenüber dem US-Dollar und anderen starken Währungen gezeigt, während der russische Rubel aufgrund geopolitischer Faktoren und der

Schwankungen der Energiepreise Zeiten der Instabilität erlebt hat.

Der Technologiesektor, der einen wichtigen und wachsenden Teil der globalen Wirtschaft ausmacht, birgt für die BRICS-Nationen ebenfalls verschiedene Herausforderungen und Chancen. Während China im Technologiesektor fortgeschrittene Stufen erreicht hat, mit Unternehmen wie Alibaba und Tencent, die eine bedeutende globale Präsenz haben, hat Indien ein explosionsartiges Wachstum in seinem Start-up-Ökosystem gezeigt und Innovationen und Lösungen im Bereich digitaler Technologie, Fintech und mehr entwickelt. Russland hat seine Präsenz im Bereich Cybersecurity und Informationstechnologie gestärkt, während Brasilien und Südafrika daran arbeiten, ihre eigenen Technologiesektoren durch Investitionen und Partnerschaften zu stärken.

Wirtschaftliche und ökologische Nachhaltigkeit

Eine weitere Dimension, die eingehende Betrachtung verdient, ist die wirtschaftliche und ökologische Nachhaltigkeit. Während diese Nationen bestrebt sind, ihr wirtschaftliches Wachstum auszudehnen, nimmt der Druck zu, dies auf ökologisch nachhaltige und sozial verantwortliche Weise zu tun. China sieht sich beispielsweise der Herausforderung gegenüber, seine rasche Industrialisierung mit der Notwendigkeit, Emissionen zu reduzieren und die

Umweltauswirkungen zu minimieren, in Einklang zu bringen. Darüber hinaus umfasst das Thema der Nachhaltigkeit auch soziale Herausforderungen wie Gerechtigkeit, Inklusion und soziale Gerechtigkeit, die entscheidende Elemente für ein Wachstum sind, das der gesamten Gesellschaft zugutekommt.

Investitionsströme und politische Herausforderungen

Die Investitionsströme zwischen den BRICS-Nationen und nach außen aus dem Block heraus sind ein weiterer entscheidender Aspekt. Jedes dieser Länder bemüht sich aktiv darum, ausländische Direktinvestitionen (FDI) anzuziehen, um die Entwicklung und das Wirtschaftswachstum anzukurbeln, während es gleichzeitig versucht, seine eigenen Investitionshorizonte global auszudehnen. Chinas Belt and Road Initiative ist ein herausragendes Beispiel dafür, wie ein BRICS-Land versucht, die weltweiten wirtschaftlichen Dynamiken durch umfangreiche Investitionen in die Infrastruktur zu gestalten.

In Bezug auf die Innenpolitik stehen jede der BRICS-Wirtschaften vor unterschiedlichen Herausforderungen in Bezug auf Demografie, Governance und soziale Stabilität. Indien mit seiner unglaublich jungen Bevölkerung steht unter Druck, Arbeitsmöglichkeiten zu schaffen und wirtschaftliches

Wachstum zu fördern, um die enorme Anzahl von jungen Menschen zu absorbieren, die jedes Jahr in den Arbeitsmarkt eintreten. Brasilien hingegen muss sich mit sozialer und wirtschaftlicher Ungleichheit auseinandersetzen, während Russland vor den Herausforderungen des Bevölkerungsalterungs und der Notwendigkeit der Diversifizierung seiner Wirtschaft steht.

Anche la questione dei diritti umani e delle libertà Die Fragen der bürgerlichen Freiheiten, der demokratischen Governance und des Rechtsstaats sind eng mit wirtschaftlichen Überlegungen verknüpft. Die Art und Weise, wie jedes BRICS-Land diese Fragen angeht, beeinflusst das globale Ansehen, ausländische Investitionen und bilaterale sowie multilaterale Beziehungen. Die Fähigkeit, die Herausforderungen der inneren Governance zu bewältigen, während man gleichzeitig wirtschaftliches Wachstum anstrebt und eine starke und kooperative Position auf der globalen Bühne beibehält, ist eine entscheidende und komplexe Dynamik in den Wirtschaftsstrategien der BRICS.

Einfluss in Politik, Kultur und Gesellschaft

Der Einfluss der BRICS und ihre Auswirkungen auf die Welt gehen über die wirtschaftliche Dominanz hinaus und erstrecken sich auf politische, kulturelle und soziale Bereiche auf globaler Ebene. Das Verständnis dieser vielfältigen, komplexen und miteinander verbundenen Sphären erfordert eine eingehende Analyse, die verschiedene Bereiche und Disziplinen integriert und die inneren und äußeren Dynamiken untersucht, um ein umfassendes Bild ihrer Entwicklung und zukünftigen Auswirkungen zu liefern.

Ungleichheit und Wirtschaftswachstum

In der Landschaft der BRICS-Wirtschaften stellt das Gleichgewicht zwischen der Aufrechterhaltung des wirtschaftlichen Wachstums und der Bewältigung der Ungleichheit einen wesentlichen Konfliktpunkt dar. Diese Länder haben erhebliche wirtschaftliche Expansionen erlebt, doch in vielen Fällen führte dies nicht zwangsläufig zu einer gerechten Verteilung des Reichtums. Zum Beispiel bleibt in Ländern wie Brasilien und Südafrika, wo die wirtschaftliche Ungleichheit besonders ausgeprägt ist, die Kluft zwischen den reichsten und ärmsten Teilen der Gesellschaft eine bedeutende politische und soziale Frage. Die gerechte Verteilung von Ressourcen, Bildungschancen und Zugang zu lebenswichtiger Infrastruktur sind allesamt Themen, die die Nachhaltigkeit von Wachstum und wirtschaftlicher Entwicklung beeinflussen.

Integration in die Weltwirtschaft

Darüber hinaus gibt es die Frage der Integration der BRICS-Wirtschaften in die globale Wirtschaft, nicht nur im Hinblick auf den Handel, sondern auch im

Zusammenhang mit globalen Produktions- und Vertriebsnetzwerken. Zum Beispiel hat die globale Gesundheitskrise sowohl die Widerstandsfähigkeit als auch die Fragilität globaler Lieferketten aufgezeigt und die Abhängigkeit von bestimmten Ländern (wie China) für Schlüsselprodukte und Materialien sowie die damit verbundenen Verwundbarkeiten hervorgehoben. Das Gleichgewicht zwischen der Förderung nationaler Autarkie und der Förderung der globalen wirtschaftlichen Integration bleibt eine heikle Frage für die BRICS-Wirtschaften.

Internationale Beziehungen und Geopolitik

Darüber hinaus, während die BRICS versuchen, ihr Gewicht und ihren Einfluss in der Weltwirtschaft zu erhöhen, müssen sie auch die manchmal stürmischen Gewässer internationaler Beziehungen und der Geopolitik navigieren. Spannungen zwischen den Mitgliedsländern, wie zwischen Indien und China, sowie Spannungen mit anderen Nationen und globalen wirtschaftlichen Akteuren werden zwangsläufig den zukünftigen Weg der BRICS gestalten. Die Bewältigung dieser Spannungen und die Aufrechterhaltung konstruktiver bilateraler und multilateraler Beziehungen werden entscheidend für ihren kollektiven und individuellen Erfolg auf der Weltbühne sein.

Energie und Umwelt

Energie ist ein weiterer Schlüsselbereich in der Analyse der BRICS-Wirtschaften. Während die Welt allmählich auf sauberere und nachhaltigere Energiequellen umsteigt, haben die BRICS, die zusammen einen erheblichen Anteil am weltweiten Energieverbrauch ausmachen, eine entscheidende Rolle in diesem Übergang zu spielen. China und Indien, aufgrund ihrer riesigen Bevölkerungen und expandierenden Industrien, haben besonders großen Einfluss auf die Muster des weltweiten Energieverbrauchs. Ihre Fähigkeit, erneuerbare Energielösungen zu implementieren und nachhaltige Praktiken innerhalb ihrer Grenzen zu fördern, wird erheblichen Einfluss auf die Wirksamkeit der weltweiten Bemühungen zur Bekämpfung des Klimawandels haben.

Innovation und Technologie

Das Thema Innovation und Technologie durchzieht alle Bereiche der BRICS-Wirtschaften. Die Fähigkeit, neue Technologien zu generieren, zu übernehmen und zu verbreiten, fördert nicht nur wirtschaftliches Wachstum, sondern erleichtert auch die Lösung sozialer, wirtschaftlicher und Umweltprobleme. Innovation erstreckt sich nicht nur auf die digitale Technologie, sondern erstreckt sich auf alle Sektoren, einschließlich der Landwirtschaft, wo die Einführung nachhaltiger und innovativer landwirtschaftlicher Praktiken erhebliche Auswirkungen auf die

Lebensmittelsicherheit, Ressourcenmanagement und die Umwelt haben kann.

Bildung und Kompetenzentwicklung

Bildung und Kompetenzentwicklung sind ein weiterer entscheidender Pfeiler im Mosaik der BRICS-Wirtschaften. Die Fähigkeit dieser Nationen, Talente und Fähigkeiten zu entwickeln, die den Bedürfnissen ihrer sich entwickelnden Wirtschaften gerecht werden, und dies auf faire und zugängliche Weise, wird einen erheblichen Einfluss auf ihre Fähigkeit haben, langfristiges Wachstum und wirtschaftliche Stabilität aufrechtzuerhalten. Bildung fördert nicht nur Innovation und wirtschaftliches Wachstum, sondern trägt auch zur Förderung einer informierten und engagierten Bürgerschaft bei, die für stabile Governance und soziale Entwicklung unerlässlich ist.

Interdependenz und ganzheitlicher Ansatz

Daher ist es von entscheidender Bedeutung, bei der Bewältigung des komplexen Netzwerks von Herausforderungen und Chancen, die die BRICS-Wirtschaften bieten, die Interdependenz der verschiedenen Sektoren und Themen zu erkennen und wie Entscheidungen und Politiken in einem Bereich zwangsläufig die anderen beeinflussen. Diese Interdependenz unterstreicht die Bedeutung eines ganzheitlichen und integrierten Ansatzes, um die

zukünftige Entwicklung der BRICS im globalen
Kontext zu verstehen und zu lenken.

Fazit

Zusammenfassend lässt sich sagen, dass das
wirtschaftliche Profil der BRICS durch ein ebenso
reiches wie komplexes Umfeld gekennzeichnet ist, in
dem Wachstumspfade, inhärente Herausforderungen
und zukünftige Aussichten der fünf aufstrebenden
Volkswirtschaften in einem System gegenseitiger
Einflüsse und Abhängigkeiten mit der globalen
Wirtschaft in Beziehung stehen.

Heterogenität der BRICS-Wirtschaften

Die Heterogenität ihrer Wirtschaften, wobei China als
globale Wirtschaftssupermacht hervorsticht, Indien ein
beeindruckendes Wachstumspotenzial zeigt, Russland
seine Wirtschaft zwischen Herausforderungen und
Chancen ausbalanciert, Brasilien die Komplexität
seiner inneren Ungleichheiten bewältigt und Südafrika
eine nachhaltige Entwicklungsrichtung anstrebt, stellt
ein wirtschaftliches Mosaik dar, in dem jeder dieser
Staaten unterschiedliche, aber integrierte Rollen im
Kontext der BRICS einnimmt.

Diversifizierung der Wirtschaftsbasis und Nachhaltigkeit

Die Diversifizierung ihrer Wirtschaftsbasen, das
Gleichgewicht zwischen Industrie und Landwirtschaft,
dem Dienstleistungssektor und der Fähigkeit zur
Verwaltung und Umsetzung von technologischen
Innovationen sind Schlüsselelemente, die die Richtung
ihrer Wirtschaften bestimmen. Die Navigation
zwischen der Notwendigkeit, Wachstum und
Entwicklung sicherzustellen, und gleichzeitig ein
Gleichgewicht zwischen Umweltschutz, sozialer
Nachhaltigkeit und der Verwaltung natürlicher
Ressourcen zu wahren, stellt die BRICS vor erhebliche
Herausforderungen, bietet jedoch auch Anregungen
für alternative Modelle wirtschaftlicher Entwicklung.

Sozioökonomische Ungleichheiten

Die Frage der sozioökonomischen Ungleichheit,
sowohl auf nationaler als auch auf internationaler
Ebene, stellt sich ebenfalls als bedeutend heraus. Die
Fähigkeit der BRICS, innere Ungleichheiten anzugehen
und eine breitere wirtschaftliche und soziale
Integration zu fördern, sowie internationale
Beziehungen zu etablieren, die bestehende
Unterschiede nicht weiter verstärken, wird
entscheidend sein für ihren zukünftigen Weg und ihre
Rolle auf der globalen Bühne.

Verflechtung von Politik und Wirtschaft

Darüber hinaus betont die Verflechtung von Politik
und Wirtschaft in den BRICS-Dynamiken, wie die

wirtschaftlichen Pfade, die diese Länder einschlagen, untrennbar mit ihren geopolitischen Strategien, internen Dynamiken und globalen Ambitionen verbunden sind. Politische Spannungen, sowohl innerhalb der BRICS-Länder als auch zwischen ihnen, könnten als Katalysatoren oder Hemmnisse für die Prozesse wirtschaftlicher Zusammenarbeit und Integration dienen und somit Form und Substanz gemeinsamer wirtschaftlicher Initiativen sowie die Stabilität der BRICS-Koalition selbst beeinflussen.

Verantwortung in der Weltwirtschaft

Schließlich sind die BRICS mit ihrem wachsenden wirtschaftlichen Gewicht und ihrem Einfluss auf der Weltbühne aufgerufen, sich in einer sich wandelnden globalen Wirtschaftsordnung zurechtzufinden, ihre nationalen Interessen mit den Verantwortlichkeiten in Einklang zu bringen, die aus ihrem zunehmenden Einfluss erwachsen. Die Fähigkeit, nationale Interessen mit denen der globalen Gemeinschaft in Einklang zu bringen, und dies auf eine Weise, die nicht nur wirtschaftliches Wachstum und Entwicklung sicherstellt, sondern auch Nachhaltigkeit, Gerechtigkeit und Stabilität fördert, wird entscheidend sein, um nicht nur die Zukunft der BRICS, sondern auch die der Weltwirtschaft als Ganzes zu gestalten.

Ganzheitlicher Ansatz in der Analyse

Die Analyse der BRICS-Wirtschaften muss daher mit einem Ansatz durchgeführt werden, der über einzelne wirtschaftliche Metriken hinausgeht und eine umfassende und integrierte Bewertung der vielfältigen Faktoren, Dynamiken und Herausforderungen einschließt, die ihre Zukunft und ihre Rolle bei der Gestaltung der globalen Wirtschaft in den kommenden Jahrzehnten prägen werden.

Politik der BRICS

Innenpolitik

Brasilien

Brasilien, mit seinem demokratischen System und seiner aufstrebenden Wirtschaft, hat mit verschiedenen inneren Problemen zu kämpfen, darunter politische Korruption, soziale Spannungen und Herausforderungen in Bezug auf die Nachhaltigkeit wirtschaftlicher Entwicklung und soziale Gerechtigkeit. Der Kampf gegen Armut und soziale Ungleichheit, zusammen mit der Verwaltung natürlicher Ressourcen und der Artenvielfalt, sind zentrale politische Anliegen.

Russland

Russland, das von einem zentralisierten Machtmodell geführt wird, sieht sich mit Herausforderungen bei der Bewältigung ethnischer und religiöser Vielfalt im Land, einer auf Rohstoffenergie basierenden Wirtschaft und Spannungen mit dem Westen konfrontiert. Fragen im Zusammenhang mit bürgerlichen Freiheiten, Demokratie und der Rolle unabhängiger Institutionen sind ebenfalls relevant.

Indien

Indien, die größte Demokratie der Welt, steht vor Herausforderungen im Zusammenhang mit religiöser und ethnischer Vielfalt, sozialen und wirtschaftlichen Ungleichheiten sowie seinem rapiden Wachstum. Das Gleichgewicht zwischen wirtschaftlichem Wachstum, Umweltschutz und sozialer Inklusion stellt einen kritischen Knotenpunkt dar.

China

China, unter der Führung der Kommunistischen Partei, navigiert durch die Herausforderungen des wirtschaftlichen Wachstums, der sozialen Stabilität und der Festigung seines eigenen Governance-Modells. Fragen wie Menschenrechte, Meinungsfreiheit und die Verwaltung von technologischer Innovation sind relevante Aspekte.

Südafrika

Südafrika, mit seiner Geschichte der Apartheid und den aktuellen Herausforderungen in Bezug auf wirtschaftliche Ungleichheit, Korruption und die

Bewältigung sozialer Spannungen, verfolgt eine politische Richtung der Versöhnung, wirtschaftlichen Erneuerung und sozialen Gerechtigkeit.

Außenpolitik

Zusammenarbeit und Wettbewerb

Die BRICS arbeiten in einigen Bereichen zusammen, wie Finanzen und Entwicklung, weisen aber auch Wettbewerbsaspekte auf, insbesondere in Bezug auf globale Einflussnahme und den Zugang zu Ressourcen.

Globale Governance

Die BRICS bemühen sich aktiv um die Neudefinition und Reform globaler Governance-Institutionen, um eine größere Gewichtung und Vertretung für aufstrebende Volkswirtschaften zu erreichen.

Globale Sicherheit

Die Beziehungen zwischen den BRICS-Ländern und anderen globalen Akteuren sind entscheidend für die Bewältigung von Fragen wie Terrorismus, nukleare Proliferation und regionale Konflikte.

Umwelt und nachhaltige Entwicklung

Das gemeinsame Engagement zur Bewältigung des Klimawandels und zur Förderung nachhaltiger Entwicklung, bei gleichzeitiger Aufrechterhaltung ihrer wirtschaftlichen Wachstumsagenden, ist ein zentraler Bereich der Außenpolitik.

Handel und Investitionen

Während sie bestrebt sind, ihre Binnenmärkte zu entwickeln, setzen sich die BRICS auch aktiv für Handels- und Investitionsmöglichkeiten auf globaler Ebene ein, manchmal durch bilaterale und multilaterale Abkommen.

Die Verknüpfung der Innen- und Außenpolitik der BRICS führt zu einem fortlaufenden Dialog zwischen der Notwendigkeit, nationale Angelegenheiten anzugehen, und dem Bestreben, eine einflussreiche Rolle auf der internationalen Bühne zu spielen. Jedes Land bringt seine eigenen Stärken, Herausforderungen und Erwartungen in die BRICS-Kooperation ein, während es versucht, einen Weg zu finden, der nicht nur nationale Interessen schützt, sondern auch eine inklusivere und gerechtere Weltordnung fördert. Die Untersuchung der politischen Dynamiken innerhalb und zwischen den BRICS bietet daher einen Einblick in die Spannungen, Allianzen und Ambitionen, die die moderne Welt prägen.

Jedes BRICS-Land weist eine einzigartige politische Matrix auf, die eine Mischung aus Konvergenzen und Divergenzen zeigt, die die internationale Zusammenarbeit und Auseinandersetzungen gleichermaßen fördern.

Wenn wir die Außenpolitik der BRICS-Länder weiter erkunden, wird deutlich, dass ihre Bemühungen um eine multipolare Weltordnung tief in ihren nationalen Herausforderungen und Ambitionen verwurzelt sind. Zum Beispiel hat China die Initiative "One Belt, One Road" (OBOR) angenommen, um seinen wirtschaftlich-politischen Einfluss über ein breites Netzwerk von Ländern auszudehnen. Auf der anderen Seite hat Indien ein vorsichtiges Gleichgewicht zwischen seinem Engagement bei den BRICS und seinen wachsenden Bindungen zu westlichen Demokratien, insbesondere durch das Quad, einem strategischen Dialogforum, das auch die USA, Japan und Australien umfasst, beibehalten.

In Bezug auf die Innenpolitik werden Fragen wie Demokratie, Menschenrechte und Governance noch entscheidender. Nehmen wir zum Beispiel Brasilien: Seine innenpolitischen Dynamiken sind von erheblichen Polarisierungen geprägt, mit direkten Auswirkungen auf seine Außenpolitik und seine Interaktionen innerhalb der BRICS. Ebenso kämpft Südafrika, das vor dem Hintergrund anhaltender wirtschaftlicher und sozialer Ungleichheit steht, in seiner Außenpolitik weiterhin für Süd-Süd-Allianzen und eine gerechtere internationale Ordnung.

Zudem haben die BRICS versucht, ihre Politik in verschiedenen internationalen Foren zu koordinieren, darunter Handel, Klima und Sicherheit. Trotz ihrer

Meinungsverschiedenheiten, wie sie in Fragen wie der Reform internationaler Finanzinstitutionen oder der Unterstützung bestimmter Regimes oder Bewegungen zum Ausdruck kommen, gibt es eine gewisse Kohärenz in ihrem kollektiven Engagement, die die westlich dominierte Weltordnung herausfordert.

Das Thema Menschenrechte und Demokratie, das von den BRICS-Ländern oft unterschiedlich behandelt wird, betont die vielfältigen Governance-Philosophien und politischen Werte, die innerhalb der Gruppe existieren. Während einige Länder stark die Souveränität und Nichteinmischung betonen, suchen andere Wege, um die Achtung universeller Menschenrechte mit dem Wunsch nach Aufrechterhaltung stabiler bilateraler Beziehungen in Einklang zu bringen.

In Bezug auf Handel und Wirtschaft bemühen sich die BRICS um eine gemeinsame Vision nachhaltiger Entwicklung und inklusiven Wachstums, während sie gleichzeitig zwischen Rivalität und Wettbewerb innerhalb der Gruppe und mit externen Akteuren navigieren. Zum Beispiel bieten Handelsspannungen zwischen Indien und China oder der Wettbewerb im Energiesektor zwischen Russland und Brasilien ein Bild von den komplexen und inhärenten Herausforderungen bei der Verwaltung der Beziehungen zwischen Ländern mit globalen und regionalen Ambitionen.

Im Kontext der globalen Sicherheit und des Friedens zeigen die BRICS eine Mischung aus Zusammenarbeit und Meinungsverschiedenheiten. Obwohl es eine gewisse Kohärenz in der Unterstützung des Prinzips der Nichteinmischung in die inneren Angelegenheiten von Staaten gibt, haben die BRICS unterschiedliche Ansichten zu Fragen wie der Krise in Syrien oder der iranischen Nuklearfrage gezeigt, was die vielfältigen Sicherheitsbedenken und strategischen Ziele der einzelnen Mitglieder widerspiegelt.

Die BRICS-Koalition bleibt bestrebt, eine tiefere Integration und die Förderung gemeinsamer Ziele auf der Weltbühne zu erreichen, trotz der Spannungen und Herausforderungen, die aus ihren einzigartigen politischen Realitäten und den Unterschieden in Werten und nationalen Interessen resultieren. Ihre zukünftige Entwicklung wird weiterhin zwischen Kooperation und Wettbewerb schwanken und einen faszinierenden und komplexen Einblick in die Weltpolitik bieten.

Innerhalb des politischen Gefüges der BRICS sind Themen wie soziale Gerechtigkeit, Innovation und Nachhaltigkeit gemeinsame Nenner, die sowohl national als auch international Aufmerksamkeit erregen. Wenn wir tiefer in dieses komplexe Gewebe eindringen, können wir weitere Nuancen entdecken, die widerspiegeln, wie diese Nationen die aufkommenden Herausforderungen und Chancen der zeitgenössischen Weltordnung angehen.

Beispiel für den Einfluss der Digitalisierung und neuer Technologien

Die Auswirkungen der Digitalisierung und neuer Technologien sind in der gesamten BRICS-Koalition offensichtlich. China hat sich stark für die Führung in der Technologiebranche eingesetzt, indem es das Gebiet digitaler Währungen erkundet und versucht, neue Standards für das Internet der Zukunft festzulegen. Andererseits hat Indien digitale Innovationen genutzt, um nationale Herausforderungen wie finanzielle Inklusion und den Zugang zu Gesundheitsdiensten anzugehen, wobei es Innovation und Fragen im Zusammenhang mit Datenschutz und Datensicherheit ausbalanciert.

Navigation durch Globalisierung und wirtschaftlichen Nationalismus

Die Art und Weise, wie die BRICS mit den Strömungen der Globalisierung und des wirtschaftlichen Nationalismus umgehen, stellt einen weiteren faszinierenden Aspekt dar. Während Brasilien beispielsweise eine Geschichte des Schwankens zwischen offenen Politiken und protektionistischeren Strategien hat, hat Russland sein Bestreben, ausländische Investitionen anzuziehen, mit dem Bedarf zum Schutz seiner Schlüsselsektoren in

Einklang gebracht. In der Zwischenzeit hat Südafrika versucht, die Notwendigkeit ausländischer Investitionen mit dem Ziel der Förderung von lokaler Entwicklung und wirtschaftlicher Emanzipation in Einklang zu bringen.

Herausforderungen im Zusammenhang mit dem Klima

Die Klimafragen stellen ein weiteres Prisma dar, durch das man die Politik der BRICS erkunden kann. Das globale Erfordernis, dem Klimawandel entgegenzutreten, erfordert von diesen Nationen ein Abwägen zwischen der Notwendigkeit wirtschaftlichen Wachstums und dem Druck, nachhaltige Maßnahmen zu ergreifen. China hat beispielsweise ehrgeizige Pläne angekündigt, bis 2060 Kohlenstoffneutralität zu erreichen, muss jedoch dieses Ziel noch mit seiner kurzfristigen Kohleabhängigkeit in Einklang bringen. Indien hingegen versucht, seine Fülle an Sonnenlicht zu nutzen, um ein Vorreiter in der Solarenergie zu werden, obwohl es sich den Herausforderungen des Zugangs zu Energie und der Sicherheit stellen muss.

Globale Governance und die Rolle der BRICS

Das Thema der globalen Governance und die Rolle der BRICS bei der Gestaltung internationaler Institutionen bieten einen neuen Einblick in ihre Politik. Der Wunsch nach Reformen von Institutionen wie dem Internationalen Währungsfonds und der Weltbank sowie den Vereinten Nationen spiegelt den Wunsch der BRICS wider, eine Weltordnung zu gestalten, die ihren Interessen und denen anderer Entwicklungsländer besser entspricht. Die Gründung der New Development Bank (Neue Bank für Entwicklung) der BRICS ist ein Schritt in diese Richtung, auch wenn noch abzuwarten bleibt, wie sich diese und ähnliche Initiativen in der Zukunft entwickeln werden.

Die Interaktion mit anderen Nationen und Blöcken

Die Interaktion der BRICS mit anderen Nationen und Blöcken wie der Europäischen Union und den Vereinigten Staaten fügt eine weitere Dimension zu ihrer politischen Praxis hinzu. Obwohl die Interaktion mit diesen Akteuren sowohl Zusammenarbeit als auch Wettbewerb umfasst, unterstreicht die Dynamik den Wunsch der BRICS, als Schlüsselakteure auf der Weltbühne anerkannt zu werden, die die globalen Dynamiken auf bedeutsame Weise gestalten und beeinflussen können.

Sicherheitsfragen

Im Sicherheitskontext haben die BRICS eine Vielzahl von Fragen bewältigt, darunter Herausforderungen im Zusammenhang mit Terrorismus, maritimer Piraterie und Cybersicherheit, während sie versuchen, Reaktionen zu koordinieren und gleichzeitig ihre Meinungsverschiedenheiten zu berücksichtigen.

Insbesondere bei der Bewältigung der Bedrohung durch den Terrorismus war es notwendig, Sicherheitsinteressen mit Menschenrechten und sozialer Gerechtigkeit in Einklang zu bringen.

Die Politiken der BRICS sind in einer reichen und vielfältigen Landschaft verwoben, die von Kooperation, Wettbewerb und Konflikten geprägt ist. Die Erkundung der verschiedenen Facetten dieser Politiken bietet nicht nur Einblicke in ihre interne Dynamik, sondern auch wertvolle Einblicke in ihre Aspirationen, Anliegen und Strategien im breiteren globalen Kontext.

Analyse der globalen Projektion der BRICS

Die Analyse der globalen Projektion der BRICS wird weiter bereichert, wenn man auch das Thema Soft Power und den Bereich der kulturellen und gesellschaftlichen Beziehungen zwischen diesen Ländern und dem Rest der Welt betrachtet. Die Förderung von Kultur, Werten und nationalen Symbolen und wie sie die internationalen Beziehungen zwischen den BRICS und anderen Ländern beeinflussen, wird zu einem signifikanten Untersuchungsbereich.

Zum Beispiel versucht China mit seinem ehrgeizigen Projekt "Belt and Road Initiative" nicht nur, seinen wirtschaftlichen Einfluss, sondern auch seinen Soft Power in Asien, Afrika und Europa zu erhöhen, indem es Instrumente wie Investitionen in Infrastruktur, Handel und kulturellen und Bildungsaustausch nutzt. Indien engagiert sich aktiv für die Gestaltung von Beziehungen, die nicht nur auf wirtschaftlichen oder strategischen Interessen beruhen, sondern auch auf kulturellen und sozialen Beziehungen, durch seine Politik "Act East" und die Unterstützung der indischen Diaspora weltweit.

Darüber hinaus bietet die Dynamik der Beziehungen innerhalb der BRICS einen Einblick in die Art und Weise, wie diese Nationen ihre Unterschiede bewältigen und Bereiche der Konvergenz nutzen. Zum Beispiel, obwohl China und Indien verschiedene ungelöste Fragen, einschließlich Grenzfragen, haben, suchen sie in multilateralen Foren nach Kooperationsmöglichkeiten, einschließlich der BRICS-Plattform. Diese Kombination von Gegensätzen und Zusammenarbeit ist ein wiederkehrendes Thema innerhalb der BRICS, bei dem es häufig Spannungen gibt, z. B. in Fragen der Besteuerung und des Handels, aber auch gemeinsame Themen wie die Reform internationaler Finanzinstitutionen oder der Kampf gegen den Klimawandel.

Das Konzept der Führung innerhalb der BRICS

Auch das Konzept der Führung innerhalb der BRICS ist von besonderem Interesse. Die Art und Weise, wie jedes Land seine eigene Rolle und seinen Beitrag innerhalb der Gruppe und nach außen hin wahrnimmt, variiert erheblich. Während China sich aufgrund seiner wirtschaftlichen Größe und globalen Bedeutung als natürlichen Führer der BRICS betrachten kann, bringen auch Indien, Brasilien, Russland und Südafrika ihre eigenen regionalen und globalen Führungsaspirationen und -visionen ein, die mit der chinesischen Agenda manchmal im Widerspruch stehen.

Globale Politik und Sicherheit

Im Kontext der globalen Politik und Sicherheit versuchen die BRICS, eine gemeinsame Erzählung zu entwickeln, obwohl ihre konkreten Handlungen und Positionen abweichen können. Ihre gemeinsame Opposition gegen das, was sie als eine von den Vereinigten Staaten dominierte unilaterale Weltordnung wahrnehmen, vereint sie, aber ihre spezifischen geopolitischen und geoeconomischen Interessen können sie auch trennen, wie dies bei ihren Ansätzen zu globalen und regionalen Krisen der Fall ist.

Die Rolle der BRICS bei der Lösung regionaler Konflikte

Der Einfluss der BRICS bei der Schlichtung oder Milderung regionaler Konflikte ist ein weiterer entscheidender Aspekt, der erkundet werden sollte. Wenn wir zum Beispiel die Rolle Russlands in Syrien oder Chinas Haltung gegenüber Nordkorea betrachten, sehen wir ein Bild von Nationen, die versuchen, ihre strategischen Interessen mit der Notwendigkeit in Einklang zu bringen, ein Bild von Verantwortung und Führung auf globaler Ebene zu projizieren. Ebenso spiegelt der Ansatz Indiens und Südafrikas zu Fragen des Friedens und der Sicherheit in ihrer Nachbarschaft eine Kombination aus Sicherheitsbedenken, wirtschaftlichen Interessen und dem Wunsch nach Einfluss und Führung wider.

Die Zukunft der BRICS in einer sich wandelnden Welt

Schließlich wirft die Frage nach der Zukunft, die die BRICS in einer sich wandelnden Welt erwartet, die zunehmend von Herausforderungen wie dem Wettbewerb der Supermächte, globalen Krisen und einem systemischen Wandel geprägt ist, weitere Fragen auf, wie sich die Innen- und Außenpolitik dieser Nationen in der nahen Zukunft entwickeln werden. Werden sie in der Lage sein, ihre Unterschiede zu überwinden und eine zusammenhängendere und einflussreichere Koalition zu schmieden? Oder werden interne Meinungsverschiedenheiten und externe Herausforderungen ihre Auswirkungen und Kohärenz auf der internationalen Bühne begrenzen? Die Erkundung dieser Fragen bietet eine faszinierende Reise durch die Komplexität und Widersprüche der BRICS in der modernen Welt.

Bewältigung von Ungleichheit und sozialer Kohäsion

Eine weitere interessante Dimension in der Analyse der Politik der BRICS betrifft die Bewältigung von Ungleichheit und sozialer Kohäsion in diesen Ländern. Obwohl sie in den letzten Jahrzehnten erhebliche wirtschaftliche Fortschritte gemacht haben, kämpfen die BRICS-Nationen weiterhin mit akuten wirtschaftlichen Ungleichheiten, Korruptionsproblemen und Herausforderungen im Bereich der Menschenrechte.

Ungleichheit in verschiedenen Kontexten

Das Thema Ungleichheit zeigt sich in verschiedenen Kontexten. In Brasilien sind wirtschaftliche und soziale Ungleichheiten eng mit Fragen der Rasse und des Geschlechts verknüpft, und das Land steht regelmäßig unter Spannungen im Zusammenhang mit diesen sozioökonomischen Unterschieden. In Südafrika spiegeln sich die Schatten der Apartheid weiterhin in wirtschaftlichen Ungleichheiten und sozialen Spannungen wider, wobei anhaltende Probleme im Zusammenhang mit dem Zugang zu wirtschaftlichen Chancen und grundlegenden Dienstleistungen in verschiedenen Gemeinschaften bestehen.

Politische Landschaft in Russland

Russland präsentiert ein eigenes politisches Bild, in dem die Zentralisierung der Macht und der Nationalismus eine Schlüsselrolle bei der Gestaltung seiner politischen Strategie auf nationaler und internationaler Ebene spielen. Wirtschaftliche und soziale Ungleichgewichte werden oft durch eine robuste patriotische Erzählung und geschickte Medienführung überschattet. Es besteht ein fortlaufender Dialog über die Rolle von NGOs und den Raum für die Zivilgesellschaft in einem Land, das die Forderungen nach Ordnung und Stabilität mit dem Bedarf nach Innovation und Entwicklung ausgleicht.

Pluralismus in Indien

Im indischen Kontext bleibt der Pluralismus, sowohl kulturell als auch religiös, eine kennzeichnende Eigenschaft, aber auch eine Herausforderung für seine Politik. Die Verwaltung der Vielfalt und die Förderung der sozialen Kohäsion sind zentrale Themen, wenn man die verschiedenen Spannungen berücksichtigt, die aus wirtschaftlichen Ungleichheiten, religiösen Unterschieden und regionalen Disparitäten resultieren. Die Förderung einer zusammenhängenden nationalen Identität bei gleichzeitiger Bewältigung dieser Vielfalt ist eine ständige politische Herausforderung.

Chinas politischer Ansatz

Der politische Ansatz Chinas mit seinem zentralisierten Regierungssystem und der starken Kontrolle der Kommunistischen Partei zeigt ein weiteres Gesicht der BRICS. Die Betonung von sozialer Harmonie und Stabilität in Verbindung mit einer starken wirtschaftlichen Führung hat den Erfolg Chinas geprägt. Fragen wie die Spannungen in Regionen wie Tibet und Xinjiang sowie die Behandlung ethnischer und religiöser Minderheiten zeigen jedoch die Herausforderungen bei der Bewältigung der Vielfalt in einem solchen politischen Modell auf.

Die BRICS im digitalen Zeitalter

Es ist auch wichtig, die Entwicklung der BRICS im digitalen Zeitalter zu berücksichtigen, da die Technologie eine immer kritischere Rolle bei der Bestimmung von Macht und Einfluss auf globaler Ebene spielt. Jede BRICS-Nation bewältigt ihre eigenen Herausforderungen und Chancen in diesem Bereich. Zum Beispiel haben Indien und China große Fortschritte im Technologiesektor gemacht und sind in bestimmten Segmenten wie E-Commerce und mobilen Technologien führend, stehen aber vor Herausforderungen wie der Regulierung des Technologiesektors, Fragen zur Datensicherheit und Cybersicherheit sowie der internen digitalen Kluft.

Fazit

Eine gründliche Analyse der BRICS führt uns durch ein Kaleidoskop von politischen Herausforderungen und Strategien und navigiert zwischen dem Wunsch nach innerer Stabilität, wirtschaftlichem Wachstum und einem einflussreichen Auftritt auf der Weltbühne. Jede Nation verfolgt trotz gemeinsamer Ziele ihre einzigartigen Ziele und verwendet oft eine Vielzahl von Methoden und Politiken, die sowohl harmonisch als auch kontrastreich sind. Die Herausforderungen der Zukunft - einschließlich globaler Veränderungen, neuer Machtverhältnisse und innerer Herausforderungen - werden weitere Facetten und Ausrichtungen für die politische Aktion der BRICS bieten und kontinuierlich neue Bereiche und Szenarien für die Analyse und das Verständnis dieser aufstrebenden Mächte schaffen.

In Kürze, die BRICS, trotz erheblicher Unterschiede in Bezug auf politische Struktur, Governance und Ansätze zu globalen Fragen, waren in der Lage, in verschiedenen strategischen Bereichen, hauptsächlich in Wirtschaft und Entwicklung, einheitlich aufzutreten. Ihre Zusammenarbeit, die sich in einer Reihe von Gipfeltreffen und gemeinsamen Initiativen widerspiegelt, spiegelt ein gegenseitiges Verständnis für die Bedeutung wider, eine Weltordnung zu gestalten, die ihre Hoffnungen und Interessen repräsentiert.

Die Innenpolitik jedes BRICS-Landes spiegelt ein komplexes Geflecht von Entwicklungszielen, Stabilitätssuche und Bewältigung verschiedener sozioökonomischer und kultureller Herausforderungen wider. Politische Stabilität wird oft mit drängenden Fragen wie Ungleichheit, Korruption und dem Druck zur Demokratisierung in einigen Ländern abgewogen. Jeder BRICS-Staat versucht, durch die Gestaltung von Politiken, die sowohl den inneren Hoffnungen als auch denjenigen der Koalition gerecht werden können, durch seine eigenen Nuancen und Kontexte zu navigieren.

Auf internationaler Ebene versuchen die BRICS, sich als Schlüsselakteure in einer sich wandelnden Weltordnung zu positionieren. Chinas Aufstieg zur globalen Supermacht, Indiens wachsender Einfluss in Südasien, Russlands Rolle in europäischen und Nahost-Sicherheitsfragen und das Engagement Brasiliens und Südafrikas in ihren jeweiligen Regionen sind Beispiele dafür, wie diese Nationen versuchen, globale und regionale Dynamiken zu gestalten.

Dennoch ist die zukünftige Richtung der BRICS nicht frei von Unsicherheiten und Herausforderungen. Die Stärke der Zusammenarbeit zwischen den Mitgliedern, die Fähigkeit, wachsende Rivalitäten zu bewältigen (zum Beispiel zwischen China und Indien) und ihre Fähigkeit, in globalen Diskussionen einheitlich aufzutreten, werden entscheidend sein, um die zukünftige Rolle des Blocks zu bestimmen. Darüber hinaus werden Fragen wie die globale Governance von Technologie und Umwelt sowie die Bewältigung neuer wirtschaftlicher Herausforderungen wie Digitalisierung und Automatisierung Elemente erfordern, die zwischen den BRICS gemeinsame Visionen und Strategien erfordern.

Darüber hinaus wird die Art und Weise, wie die BRICS ihre Beziehungen zu bestehenden Mächten, insbesondere den Vereinigten Staaten und der Europäischen Union, sowie zu anderen aufstrebenden Ländern verhandeln, einen erheblichen Beitrag dazu leisten, nicht nur die Entwicklungsrichtungen dieser Länder zu definieren, sondern auch die Struktur der zukünftigen Weltordnung. Die Effektivität des Blocks bei der Ausbalancierung von Ambitionen, Konflikten und Zusammenarbeit wird ein Schlüsselfaktor sein, um seine Rolle und Auswirkungen in der globalen Arena in den kommenden Jahren zu bestimmen.

Daher bietet die Beobachtung der BRICS, sowohl im Inland als auch im Ausland, nicht nur Einblicke in die Art und Weise, wie diese Nationen sich in einer Zeit erheblicher globaler Veränderungen bewegen, sondern auch in die Art und Weise, wie sie diese Veränderungen nach ihren eigenen Vorstellungen und

Interessen gestalten möchten. Es deutet sich eine Zukunft an, in der der BRICS-Block weiterhin eine Schlüsselrolle spielt und die zahlreichen Facetten des dynamischen internationalen Schachbretts durchquert und beeinflusst.

7. **Internationale Beziehungen • Analyse der Beziehungen zwischen den BRICS und anderen globalen Akteuren.**

1. **Internationale Beziehungen und die BRICS** Bei der Untersuchung der internationalen Beziehungen der BRICS ist es entscheidend, nicht nur die Interaktionen zwischen den Mitgliedern der Gruppe zu betrachten, sondern auch, wie der Block und die einzelnen Länder sich zu anderen globalen und regionalen Akteuren verhalten.

2. **Intra-BRICS-Beziehungen:** • Trotz verschiedener Herausforderungen und Spannungen (wie Grenzkonflikte zwischen Indien und China) haben die BRICS in verschiedenen internationalen Foren ein relativ einheitliches Frontbild beibehalten, was auf die Zusammenarbeit im Wirtschafts- und nachhaltigen Entwicklungsbereich hinweist. • Die BRICS-Plattform wurde genutzt, um alternative Finanzmechanismen wie die New

Development Bank zu erkunden und zu
etablieren, die Finanzmittel für
Infrastrukturprojekte und nachhaltige
Entwicklung unter den Mitgliedsländern und
anderen aufstrebenden Nationen bereitstellen
soll.

3. **Beziehungen zum G7 und dem Westen:** •
   Die BRICS positionieren sich oft als eine
   alternative Stimme zu den industrialisierten
   Ländern, die vom G7 vertreten werden. • Die
   BRICS-Länder versuchen häufig, ihr Verhältnis
   zu den westlichen Nationen auszubalancieren,
   indem sie wirtschaftliche Kooperation fördern
   und gleichzeitig Bedenken in Fragen wie globalen
   Handelsregeln und internationaler Governance
   zum Ausdruck bringen.

4. **Regionale Einflussnahme:** • Länder wie
   Brasilien und Südafrika spielen in ihren
   jeweiligen Regionen (Lateinamerika und
   Subsahara-Afrika) bedeutende Rollen und
   dienen oft als Brücken zwischen den BRICS und
   ihren Regionen. • Russland und China haben mit
   ihrer beträchtlichen politischen und
   militärischen Macht nicht nur untereinander,
   sondern auch mit Ländern im Nahen Osten, in
   Zentralasien und in Südasien Bündnisse und
   Kooperationen entwickelt.

5. **Beziehungen zu Entwicklungsländern:** •
Die BRICS präsentieren sich oft als Vertreter der
Interessen von Entwicklungsländern und
betonen Themen wie globale wirtschaftliche
Gerechtigkeit, Schulden und Handel. • In vielen
Fällen haben diese Nationen versucht,
Entwicklungshilfe und wirtschaftliche
Unterstützung für andere aufstrebende Länder
bereitzustellen, Allianzen zu schmieden und
gemeinsame Interessen in internationalen Foren
zu unterstützen.

6. **Wettbewerb und Zusammenarbeit:** • Trotz
einer gewissen Kohäsion als Block konkurrieren
die BRICS-Länder auch in verschiedenen
Bereichen miteinander, wie der Anziehung
ausländischer Investitionen, der Dominanz in
bestimmten globalen Märkten und der Führung
in globalen Angelegenheiten. • Im Bereich der
Sicherheit gibt es sowohl Übereinstimmungen als
auch Divergenzen von Interessen, wie durch die
sino-indischen und russisch-chinesischen
Beziehungen aufgezeigt, die zwischen
strategischen Bündnissen und regionalen
Spannungen balancieren.

7. **Globale Probleme und Governance:** • Die
BRICS haben versucht, Einfluss auf Fragen der
globalen Governance auszuüben, wie den
Klimawandel, die internationale Sicherheit und

die globale Gesundheit. • Die Rolle der BRICS in zukünftigen Dynamiken der globalen Klimapolitik, insbesondere angesichts des wachsenden Drucks für ehrgeizige Klimamaßnahmen, wird entscheidend sein, da Länder wie China und Indien zu den größten Treibhausgasemittenten gehören.

8. Zusammenfassend lässt sich sagen, dass die BRICS ein komplexes Netzwerk internationaler Beziehungen navigieren und dabei innere Spannungen bewältigen, um eine kollektive und individuelle globale Einflussnahme zu fördern. Die Kohärenz und Wirksamkeit ihrer Außenpolitik sowie die Art und Weise, wie sie nationale Interessen mit globalen und regionalen Verpflichtungen in Einklang bringen, werden von entscheidender Bedeutung sein für die Entwicklung der geopolitischen Dynamik in den kommenden Jahren. Die Beobachtung, wie die verschiedenen BRICS-Länder diese Balance und ihre Ambitionen handhaben, wird entscheidend sein, um die zukünftigen Verläufe der Weltordnung zu verstehen.

9. Wenn wir die internationalen Beziehungen zwischen den BRICS-Nationen und anderen globalen Akteuren weiter analysieren, ist es entscheidend zu verstehen, wie sich diplomatische, wirtschaftliche und strategische

Beziehungen entwickelt haben und wie diese die zukünftigen internationalen Ereignisse prägen können.

10. **Handel und Investitionen:** • Die BRICS sind eine starke Kraft im Welthandel und beteiligen sich aktiv an globalen Wertschöpfungsketten und aufstrebenden Märkten. Zusammenarbeit und Wettbewerb innerhalb und außerhalb des Blocks bieten Chancen und Herausforderungen in Bezug auf Marktzugang, Protektionismus und Reformen internationaler Finanzinstitutionen. • Die Belt and Road Initiative Chinas ist ein Paradebeispiel dafür, wie die BRICS-Nationen ihren globalen wirtschaftlichen Einfluss ausdehnen und gleichzeitig Chancen und Spannungen innerhalb des Blocks und mit anderen internationalen Akteuren schaffen.

11. **Technologie und Innovation:** • Der Wettlauf um technologische Führerschaft zwischen den BRICS und anderen globalen Akteuren betont die zunehmende Rolle von Technologie und Innovation bei der Gestaltung der globalen Machtverhältnisse. • Die BRICS, insbesondere China und Indien, sind bedeutende Quellen technologischer Innovation geworden und bemühen sich, weltweit Standards und Normen im digitalen und technologischen Bereich zu

etablieren, wobei sie häufig die westliche
Herangehensweise und Dominanz
herausfordern.

12. **Globale und regionale Sicherheit:** •
Regionale Spannungen wie die im Himalaya
zwischen China und Indien sowie die
Sicherheitsherausforderungen, denen sich
Russland in Europa gegenübersieht, zeigen, wie
Sicherheitsfragen sowohl bilaterale als auch
globale Auswirkungen haben können. • Die
Bewältigung und Vermittlung von Konflikten und
die Art und Weise, wie die BRICS in Fragen der
globalen Sicherheit und des Weltfriedens
positioniert sind, sind von entscheidender
Bedeutung für ihren Einfluss und ihre Rolle in
der Weltordnung.

13. **Globale Governance:** • Die Beteiligung und
der Einfluss der BRICS an globalen Governance-
Institutionen wie den Vereinten Nationen, dem
Internationalen Währungsfonds und der
Weltbank bleiben zentrale Säulen ihrer
Außenpolitik. • Die Förderung einer multipolaren
Weltordnung war ein konstanter Schwerpunkt in
den gemeinsamen Erklärungen der BRICS und
stellt eine direkte Herausforderung für die
traditionelle westliche Dominanz in vielen
internationalen Institutionen und Praktiken dar.

14. **Umwelt und Nachhaltigkeit:** • Herausforderungen im Zusammenhang mit dem Klimawandel, der Biodiversität und der Umweltschonung stehen im Mittelpunkt der internationalen Agenda, und die BRICS spielen eine bedeutende Rolle, da sie sowohl große Emissionserzeuger als auch Schlüsselländer für den Naturschutz sind. • Globale Umweltgovernance, Kompromisse zwischen Entwicklung und Nachhaltigkeit und inhärente Spannungen im Zusammenhang mit der Gerechtigkeit im Kontext des Klimaschutzes und des Umweltschutzes sind Schlüsselthemen in den internationalen Beziehungen der BRICS.

15. **Nachhaltige Entwicklung:** • Die BRICS-Nationen mit ihrer erheblichen demografischen und wirtschaftlichen Bedeutung haben erheblichen Einfluss auf den globalen Fortschritt in Richtung der Nachhaltigkeitsziele der Vereinten Nationen. • Die Politik der nachhaltigen Entwicklung der BRICS und ihre Rolle in der Süd-Süd-Entwicklung stellen einen wesentlichen Aspekt ihrer internationalen Beziehungen dar, da sie bestrebt sind, die globale Entwicklungsagenda in Einklang mit ihren Interessen und Prioritäten zu gestalten.

16. **Kultur- und Völkerverständigung:** • Kulturdiplomatie und "people-to-people" - Verbindungen sind entscheidend, um die Kohäsion innerhalb der BRICS zu stärken und das Image und den Einfluss des Blocks weltweit zu verbessern. • Initiativen wie akademische Foren, kulturelle Veranstaltungen und der Austausch von Jugendlichen sind entscheidende Instrumente zum Aufbau von Brücken und zur Förderung des gegenseitigen Verständnisses zwischen den Gesellschaften der BRICS und darüber hinaus.

Während die BRICS ihren Weg zur Festigung ihres Einflusses in der internationalen Arena verfolgen, wird die Bewältigung dieser vielfältigen und komplexen dynamischen internationalen Beziehungen entscheidend sein. Wie die BRICS in diesen verschiedenen Bereichen navigieren und wie sie Zusammenarbeit und Wettbewerb, Konvergenz und Divergenz sowohl innerhalb des Blocks als auch in ihren globalen Beziehungen ausbalancieren, wird entscheidend sein für die Gestaltung der zukünftigen geopolitischen und geoeconomischen Entwicklungen. Die Untersuchung der internationalen Beziehungen der BRICS setzt sich fort, indem wir tiefer in die geopolitischen und diplomatischen Dynamiken eintauchen.

14. **Macht- und Wettbewerbsdynamik:** • Der
Wettbewerb zwischen den BRICS und den
westlichen Mächten, insbesondere den
Vereinigten Staaten und der Europäischen
Union, gestaltet eine neue Geographie der
globalen Macht. Der wachsende Einfluss der
BRICS auf der Weltbühne wird oft als
Herausforderung für die vom Westen geführte
liberale Ordnung wahrgenommen. • Die
zunehmende strategische Rivalität,
beispielsweise im Zusammenhang mit der 5G-
Technologie, bei der China als weltweiter
Marktführer hervorgeht, hat Auswirkungen auf
die globale Sicherheit und internationale
Allianzen, mit Implikationen für die digitale
Souveränität und Cybersicherheit.

15. **Multilaterale Diplomatie:** • Das Engagement
der BRICS in multilateralen Foren wie der G20,
der Welthandelsorganisation und verschiedenen
UN-Agenturen verdeutlicht ihren Anspruch,
Normen und internationale Abkommen
mitzugestalten. • Die Fähigkeit der BRICS, in
multilateralen Foren zusammenzuarbeiten und
geschlossene Fronten oder koordinierte
Positionen zu präsentieren, birgt das Potenzial,
ihren kollektiven Einfluss in der globalen
Governance-Architektur zu stärken.

16. **Verteidigung und Militärstrategien:** • Die Rüstung und militärischen Fähigkeiten der BRICS, insbesondere Russlands und Chinas, sind entscheidende Themen in ihrer globalen Machtausübung und ihren Beziehungen zu anderen Nationen. • Die Zusammenarbeit im Verteidigungsbereich, durch gemeinsame Militärübungen und Sicherheitsdialoge, stärkt die Bindungen innerhalb der BRICS und hilft, Positionen zu regionalen und globalen Sicherheitsfragen abzustimmen.

17. **Menschenrechte und Demokratie:** • Die Frage der Menschenrechte und die Förderung der Demokratie spielen eine Rolle in den Außenbeziehungen der BRICS, da ihre Perspektive oft im Widerspruch zur westlichen Herangehensweise steht. • Spannungen im Zusammenhang mit Menschenrechten und demokratischer Governance, wie sie durch internationale Kritik und Sanktionen sichtbar werden, stellen eine wichtige Dimension in den internationalen Beziehungen der BRICS dar und beeinflussen ihr Image und ihren globalen Soft Power.

18. **Epidemien und globale Gesundheit:** • Die COVID-19-Pandemie hat die Bedeutung der internationalen Zusammenarbeit und Koordination im Bereich der globalen

Gesundheit unterstrichen und sowohl Synergien als auch Spannungen zwischen den BRICS und anderen weltweiten Akteuren aufgezeigt. • Der Zugang zu Impfstoffen, Reaktionen auf globale Gesundheitsnotfälle und die Zusammenarbeit im Bereich öffentlicher Gesundheit sind Teil des breiteren Kontexts der internationalen Beziehungen der BRICS und beeinflussen die Wahrnehmung ihrer Führung und Solidarität auf globaler Ebene.

19. **Energie und natürliche Ressourcen:** • Energieversorgungssicherheit und der Zugang zu natürlichen Ressourcen sind Schlüsselthemen, bei denen die BRICS eine wichtige Rolle auf den globalen Energiemärkten und in den Ressourcendynamiken spielen. • Strategien zur Energieversorgungssicherheit, Investitionen in erneuerbare Energien und Politiken im Zusammenhang mit dem Klimawandel sind Faktoren, die bilaterale und multilaterale Beziehungen der BRICS zu anderen globalen Akteuren beeinflussen.

20. **Migration und Flüchtlinge:** • Migrationsströme und Flüchtlingskrisen stellen eine Herausforderung und eine Chance für die BRICS-Nationen sowohl intern als auch in ihren Außenbeziehungen dar. • Migrationspolitik, die Integration von Migranten und Flüchtlingen

sowie die internationale Zusammenarbeit zu Migrationsfragen haben Auswirkungen auf soziale Stabilität, wirtschaftliches Wachstum und internationale Kooperation innerhalb und außerhalb der BRICS.

Die Verwaltung und Navigation durch diese Schlüsselbereiche und die kontinuierliche Entwicklung der internationalen Beziehungen zwischen den BRICS-Nationen und anderen globalen Akteuren bieten einen komplexen und multidimensionalen Einblick. Die Auswirkungen dieser Faktoren und ihre Verflechtung erzeugen ein Mosaik von Zusammenarbeit und Konflikt, Synergie und Spannung, das die BRICS ausbalancieren müssen, um ihren Einfluss und ihre Führung auf globaler Ebene aufrechtzuerhalten und auszubauen.

21. **Technologie und Cybersicherheit:** • Die BRICS-Nationen spielen eine zentrale Rolle in der weltweiten technologischen Entwicklung und Cybersicherheit und erkunden verschiedene Szenarien der Zusammenarbeit und des Wettbewerbs. China beispielsweise ist führend bei der Einführung von 5G-Technologien, während Indien große Fortschritte in der IT und bei Software-Dienstleistungen gemacht hat. • Fragen der Cybersicherheit, wie Cyberangriffe, Cyberspionage und der Schutz von Daten, beeinflussen nicht nur die Beziehungen

innerhalb der BRICS, sondern auch die Dynamik mit anderen globalen Akteuren und schaffen neue Herausforderungen in der digitalen Diplomatie und der globalen Sicherheit.

22. **Investitionen und Handel:** • Die Handelsbeziehungen zwischen den BRICS-Nationen und dem Rest der Welt sind komplex und vielschichtig. Während es beträchtliche Investitions- und Handelsströme innerhalb des Blocks gibt, zeichnen sich Handelsspannungen, wie beispielsweise zwischen China und den Vereinigten Staaten, in einer wettbewerbsorientierten globalen Umgebung ab. • Die chinesische Seidenstraße, Investitionsinitiativen in Afrika und die regionale Integration in Lateinamerika und Asien sind Beispiele für die Tiefe und Komplexität der Handels- und Investitionsdynamiken, die die BRICS im globalen Kontext prägen.

23. **Umwelt und Klimawandel:** • Die Umweltpolitik und die Reaktionen auf den Klimawandel der BRICS-Nationen haben aufgrund ihrer Größe und wirtschaftlichen Bedeutung erheblichen Einfluss auf globaler Ebene. Insbesondere China und Indien zählen zu den größten Treibhausgasemittenten, und ihre Energie- und Umweltpolitik steht international im Fokus. • Die Beteiligung der BRICS an

internationalen Klimaabkommen wie dem
Pariser Abkommen und ihre nationalen
Strategien für die Energiewende und den Schutz
der Biodiversität stellen eine wichtige Dimension
ihrer Außenbeziehungen und ihrer globalen
Auswirkungen dar.

24.   **Terrorismus und Sicherheit:** • Die
Bedrohung durch Terrorismus und gewalttätigen
Extremismus durchzieht die internationalen
Beziehungen der BRICS. Die Zusammenarbeit im
Bereich der Terrorismusbekämpfung, der
Austausch von Geheimdienstinformationen und
die Koordination in internationalen Foren sind
entscheidend, um Querschnittsbedrohungen für
die Sicherheit anzugehen. • Von Aufständen in
verschiedenen afrikanischen Regionen über die
Spannungen in Kaschmir bis hin zu
tschetschenischen Angelegenheiten in Russland
hat die Frage des Terrorismus sowohl nationale
als auch internationale Auswirkungen auf die
BRICS, die ihre Diplomatie und
Sicherheitspolitik beeinflussen.

25.   **Wissenschaftliche Zusammenarbeit
und Forschung:** • Die Zusammenarbeit in
Wissenschaft und Forschung zwischen den
BRICS und anderen internationalen Partnern ist
entscheidend für technologischen Fortschritt und
nachhaltige Entwicklung. Die Zusammenarbeit

in Raumfahrtmissionen, medizinischer
Forschung und Künstlicher Intelligenz eröffnet
neue Horizonte für Partnerschaft und
Wettbewerb. • Wissenschaftliche Diplomatie und
akademischer Austausch sind ein weiterer Aspekt
der internationalen Beziehungen der BRICS, bei
dem die gemeinsame Nutzung und der
Wettbewerb um Wissen, Innovationen und
wissenschaftliche Entdeckungen die
Interaktionen gestalten und die globalen
Dynamiken beeinflussen.

21. **Kultur und Soft Power:** • Die Förderung von
Kultur und die Ausübung von Soft Power durch
Medien, Kunst, Sport und Bildung sind
Schlüsselstrategien, die von den BRICS
verwendet werden, um ihr Image und ihren
Einfluss auf globaler Ebene aufzubauen.
Beispielsweise die Verbreitung der chinesischen
Kultur durch Konfuzius-Institute weltweit. •
Kulturelle Diplomatie und die Förderung des
Tourismus zwischen den BRICS-Nationen und
darüber hinaus tragen zur Schaffung von
Brücken und zur Beeinflussung gegenseitiger
Wahrnehmungen bei und haben Auswirkungen
auf den zwischenmenschlichen Austausch und
die internationalen Beziehungen.

Die internationalen Beziehungen der BRICS werden
durch ein komplexes Netzwerk von Zusammenarbeit

und Wettbewerb in verschiedenen Bereichen gewebt, einschließlich, aber nicht beschränkt auf die aufgeführten. Die Wechselwirkung zwischen diesen Faktoren und ihre Auswirkungen auf die globalen Dynamiken bieten einen fruchtbaren Boden für weitere Analysen und Diskussionen und zeigen, wie die BRICS das zeitgenössische internationale Umfeld gestalten und von ihm geprägt werden.

32. **Multilaterale Diplomatie:** • Die BRICS spielen eine entscheidende Rolle in zahlreichen multilateralen Foren wie den Vereinten Nationen, der G20 und der Welthandelsorganisation (WTO) und beeinflussen die weltweite Normgebung und Governance. Der Ansatz der BRICS zur multilateralen Diplomatie wechselt oft zwischen Zusammenarbeit und Konflikt, abhängig von den Fragen und Interessen, die im Spiel sind. • Ihre Fähigkeit, die globale Ordnung zu gestalten, ist vielschichtig und vielfältig, da die Mitgliedsländer unterschiedliche internationale Agenden verfolgen. Beispielsweise drängt Indien auf eine Reform des UN-Sicherheitsrats, während China seine Rolle in der WTO stärkt.

33. **Energie und Ressourcen:** • Die BRICS sind bedeutende Akteure in der globalen Energielandschaft, wobei Russland einer der größten Exporteure von Erdgas und Öl ist und

China einer der größten Verbraucher. Die Dynamik der Energiemärkte, Pipelinerouten und Energiepolitik sind allesamt integraler Bestandteil ihrer Außenbeziehungen. • Investitionen in erneuerbare Energien, wie Solarenergie in Indien und Windprojekte in Brasilien, sowie die Notwendigkeit, den Zugang zu wichtigen Ressourcen wie seltenen Erden sicherzustellen, sind Aspekte, die die Außenpolitik der BRICS durchdringen und die Beziehungen zu anderen Ländern und regionalen Blöcken beeinflussen.

34. **Globalisierung vs. Nationalismus:** • Das Gleichgewicht zwischen Globalisierungstendenzen und nationalistischen Bestrebungen ist ein weiterer Schlüsselfaktor in der Außenpolitik der BRICS. Während China oft eine Globalisierungsnarrative fördert, verfolgt Russland beispielsweise eine Form von politischem Nationalismus auf internationaler Ebene. • Diese Dichotomie zwischen Offenheit und Isolationismus, Zusammenarbeit und Unilateralismus beeinflusst nicht nur die Innenpolitik, sondern auch die globalen Interaktionen der BRICS und schafft oft komplexe und widersprüchliche Szenarien in ihren internationalen Beziehungen.

35.   **Menschenrechte und Demokratie:** •
Die BRICS weisen ein vielfältiges Bild
hinsichtlich der Einhaltung von
Menschenrechten und demokratischen
Prinzipien auf. Während Länder wie Brasilien
und Südafrika eine Geschichte des Übergangs zur
Demokratie haben, werden China und Russland
oft für ihren autoritären Ansatz kritisiert. • Die
Unterschiede in den politischen Systemen und
den Menschenrechtsnormen sind oft ein
Hindernis in den Beziehungen zu anderen
Ländern und beeinflussen die Fähigkeit der
BRICS, sich in verschiedenen internationalen
Fragen als geeinte Front zu präsentieren.

36.   **Migration und Flüchtlinge:** •
Migrationsströme und Fragen im
Zusammenhang mit Flüchtlingen sind kritische
Themen in den internationalen Beziehungen der
BRICS. Indien hat bedeutende
Herausforderungen im Zusammenhang mit
Flüchtlingskrisen in Nachbarländern zu
bewältigen, während Brasilien erhebliche
Migrationsströme aus Venezuela erlebt hat. • Die
Verwaltung von Migration, sowohl intern als
auch international, und die Reaktionen auf
Flüchtlingskrisen betreffen verschiedene Aspekte
der Politik der BRICS, einschließlich
Entwicklung, Sicherheit und Beziehungen zu

Nachbarländern und der internationalen Gemeinschaft.

Internationale Beziehungen und die BRICS

Diese Aspekte bieten eine Linse, durch die die Komplexität der internationalen Beziehungen der BRICS betrachtet werden kann, bei der nationale Politiken, globale Trends und regionale Besonderheiten in einer komplexen und oft widersprüchlichen Matrix zusammenkommen. Die Navigation durch diese verschiedenen und manchmal konkurrierenden Themen und Dynamiken bietet ein reiches und vielfältiges Bild, das weitere Forschung und detaillierte Analysen erfordert, um die Rolle und den Einfluss der BRICS im aktuellen globalen Kontext vollständig zu verstehen.

Schlussfolgerung zum Punkt "Internationale Beziehungen und die BRICS":

Während die BRICS weiterhin als bedeutende Mächte auf der Weltbühne hervortreten, bleiben ihre Wechselwirkungen und Beziehungen zu anderen globalen Akteuren eine mehrschichtige Mischung aus Zusammenarbeit, Wettbewerb und gelegentlich Konflikten. Ihre Außenpolitik wird stark von ihren nationalen Identitäten, globalen Ambitionen und den geopolitischen und geoökonomischen Dynamiken der Gegenwart beeinflusst.

In einer sich schnell verändernden Welt, die von wachsender Polarisierung und neuen globalen Herausforderungen wie dem Klimawandel, Pandemien und Flüchtlingskrisen geprägt ist, verkörpern die BRICS eine einzigartige Realität, die in ihren eigenen Widersprüchen und inneren Unterschieden verwurzelt ist, aber auch reich an Potenzial ist, die Zukunft der weltweiten Ordnung zu gestalten.

• Rolle in internationalen Organisationen:

• Die BRICS, obwohl sie eine kritische Haltung gegenüber der bestehenden internationalen Ordnung und ihren Institutionen beibehalten, sind tief in die Dynamik der wichtigsten weltweiten und regionalen Organisationen eingebunden und tragen aktiv zur Schaffung globaler Normen und zur Entwicklung neuer multilateraler Plattformen und Foren bei.

• Rohstoffe und Nachhaltigkeit:

• Fragen im Zusammenhang mit dem Zugang zu und der Verwaltung natürlicher Ressourcen sowie Herausforderungen im Bereich Nachhaltigkeit und Klimawandel prägen nicht nur die nationalen Politiken der BRICS, sondern beeinflussen auch ihre Interaktion mit dem Rest der Welt, wobei sie auf einen Dialog

zwischen wirtschaftlicher Entwicklung, Energiesicherheit und Umweltschutz hinarbeiten.

• **Globale Governance und "Soft Power":** • In
Bezug auf globale Governance und die Ausübung von
"Soft Power" positionieren sich die BRICS als
Alternative und bieten Modelle und Praktiken an, die
ihre eigenen Erfahrungen und spezifischen Visionen
widerspiegeln und so eine Vielfalt von Stimmen und
politischen und wirtschaftlichen Entscheidungen auf
der Weltbühne etablieren.

• **Technologie und Cybersicherheit:** • Die
wachsende Bedeutung von Themen im Zusammenhang
mit Technologie, Digitalisierung und Cybersicherheit
hebt die strategische Bedeutung von Innovation und
IT-Sicherheit in den internationalen Beziehungen der
BRICS hervor, mit Auswirkungen, die von
wirtschaftlicher Entwicklung bis zur nationalen
Sicherheit und dem Schutz der Menschenrechte
reichen.

• **Zusammenarbeit vs. Divergenzen:** • Obwohl sie
von einem gemeinsamen Interesse an der Überprüfung
der globalen Ordnung vereint sind, stellen interne
Meinungsverschiedenheiten zu Schlüsselthemen wie
Demokratie, Governance und globalen strategischen
Allianzen einen kritischen Punkt dar, der sowohl die
Einheit des Blocks schwächen als auch neue Formen

der Zusammenarbeit und Synergie zwischen den Mitgliedern erzeugen könnte.

Das Bild der internationalen Beziehungen der BRICS zeigt sich daher als ein komplexes Gewebe, in dem Bestrebungen nach weltweiter Führung mit einer pragmatischen Bewältigung aufkommender Herausforderungen und Chancen verschmelzen. Der Weg zu einer gerechteren und ausgewogeneren Weltordnung, die die Stimmen und Interessen einer breiteren Palette von Akteuren berücksichtigt, führt zwangsläufig über ein tieferes und facettenreicheres Verständnis dieser aufstrebenden Akteure und ihrer Auswirkungen auf die Mechanismen der Weltpolitik.

In dieser Hinsicht erfordert eine detaillierte und inklusive Analyse der internationalen Beziehungen der BRICS einen Ansatz, der über die reine Dynamik der Macht hinausgeht und eine Vielzahl von Faktoren und Dimensionen berücksichtigt, darunter die Ambitionen der Zivilgesellschaft, regionale Dynamiken und die Rolle von Normen und Ideen bei der Gestaltung der Außenpolitik und globaler Interaktionen.

5. Neue Weltordnung • Definition und Schlüsselkonzepte der neuen Weltordnung.

Der Begriff "Neue Weltordnung" ist äußerst weit gefasst und kann aus verschiedenen Perspektiven analysiert werden. Im Allgemeinen bezieht er sich auf eine Phase oder eine Vision eines erneuerten internationalen Systems, das sich von den traditionellen Dynamiken, Regeln und Akteuren unterscheidet. Hier sind einige Schwerpunkte, die Anlass zur Vertiefung und Diskussion zu diesem Thema bieten können:

1. **Definitionen und Interpretationen:** • Untersuchung verschiedener Definitionen und Interpretationen der "Neuen Weltordnung" aus verschiedenen Blickwinkeln und internationalen Theorien. • Analyse der Veränderungen nach dem Ende des Kalten Krieges, des Rückgangs der Bipolarität und des zunehmenden Multipolarität als Hintergrund für das Aufkommen neuer Akteure und Dynamiken auf der internationalen Bühne.

2. **Polare des globalen Macht:** • Analyse des Übergangs von einer unipolaren/multipolaren Ordnung zu alternativen Szenarien und deren Auswirkungen auf das Gleichgewicht der globalen Macht. • Untersuchung der Rolle der USA, Chinas und anderer aufstrebender

Machtzentren bei der Gestaltung der neuen globalen Architektur.

3. **Institutionen und globale Governance:** • Erkundung der Rolle bestehender Institutionen (wie der UNO, des IWF, der Weltbank) und ob und wie sie sich an die sich ändernden globalen Dynamiken anpassen. • Bewertung des Aufkommens neuer Institutionen und multilateraler Plattformen wie den BRICS und ihrer Auswirkungen auf die globale Governance.

4. **Wirtschaft und Globalisierung:** • Beurteilung, wie die Trends der Globalisierung und der Aufstieg neuer Wirtschaftsakteure zur Neugestaltung der Weltwirtschaft beigetragen haben. • Analyse, wie die neue Weltordnung Fragen wie Ungleichheit, Zugang zu Ressourcen und Bewältigung von Wirtschaftskrisen angeht.

5. **Sicherheit und Konflikte:** • Untersuchung, wie Sicherheitsfragen in diesem neuen Kontext behandelt werden: nicht-traditionelle Bedrohungen, asymmetrische Kriege, Terrorismus, Cybersicherheit usw. • Untersuchung der bestehenden und potenziellen Konflikte und Spannungen zwischen verschiedenen globalen und regionalen Mächten.

6. **Technologie und Information:** • Analyse der Rolle neuer Technologien und digitaler Medien

bei der Gestaltung von Politik, Wirtschaft und Gesellschaft auf globaler Ebene. • Erforschung von Fragen zur Cybersicherheit, Industriespionage und Informationskriegsführung in der neuen Weltordnung.

7. **Menschenrechte und Demokratie:** • Erkundung der Rolle der Förderung von Menschenrechten und Demokratie in der neuen Weltordnung. • Analyse, wie unterschiedliche politische Regime und Ideologien auf internationaler Ebene nebeneinander existieren und interagieren.

8. **Umwelt und Nachhaltigkeit:** • Untersuchung, wie Umweltausforderungen, der Klimawandel und Fragen der Nachhaltigkeit in die globalen Politiken integriert sind. • Analyse, wie Strategien für nachhaltige Entwicklung mit den globalen wirtschaftlichen und politischen Dynamiken verknüpft sind.

Diese Themen sind nur einige der entscheidenden Aspekte, um die Komplexität des Konzepts der "Neuen Weltordnung" zu erforschen. Jeder Punkt könnte weiterentwickelt werden, einschließlich detaillierter Fallstudien, Vergleiche und theoretischer Einblicke, um einen umfassenden und facettenreichen Überblick über das Thema zu bieten. Darüber hinaus erfordert die Verflechtung dieser verschiedenen Themen eine Analyse, die die Komplexität der globalen Wechselwirkungen in diesem aufstrebenden internationalen Kontext erfassen kann.

Sozio-kulturelle und ideologische Aspekte der neuen Weltordnung 9. Identität und Nationalismus: • Untersuchung der Wechselwirkung zwischen Globalisierung und nationalen Identitäten, einschließlich der Analyse, wie Nationalismus im Kontext der neuen Weltordnung zum Ausdruck kommt. • Analyse, wie neue globale Allianzen und Konflikte den Aufbau von Identitäten innerhalb von Nationen beeinflussen und wie dies die globale Geopolitik beeinflussen kann.

10. Soziale Bewegungen: • Bewertung der Rolle globaler sozialer Bewegungen, wie solcher für soziale, wirtschaftliche und Umweltgerechtigkeit, im Rahmen der Dynamik der neuen Weltordnung. • Untersuchung, wie diese Bewegungen die internationale Politik beeinflussen können und auf welchen globalen Plattformen sie tätig sind.

11. Kultur und Soft Power: • Vertiefung des Konzepts der "Soft Power" und wie Kultur und Werte von Staaten und nichtstaatlichen Akteuren genutzt werden, um globalen Einfluss auszuüben. • Untersuchung der Auswirkungen der kulturellen

Verbreitung und des Wettbewerbs zwischen verschiedenen "Kulturen" oder "Zivilisationen" im neuen globalen Kontext.

12. Religion und Geopolitik: • Analyse der Rolle von Religionen und religiösen Identitäten bei der Gestaltung internationaler Dynamiken, einschließlich Konflikten, Allianzen und Außenpolitik. • Erforschung der Spannung zwischen säkularen und religiösen Prinzipien in der globalen und lokalen Governance.

Rechts- und normative Aspekte 13. Internationales Recht: • Bewertung, wie das Völkerrecht in der neuen Weltordnung angepasst und umgesetzt wird, einschließlich Themen wie Souveränität, humanitäres Völkerrecht und Seerecht. • Untersuchung der bestehenden und potenziellen rechtlichen Mechanismen zur Konfliktlösung und internationalen Streitbeilegung.

14. Normen und Standards: • Analyse, wie globale Normen und Standards (z. B. in den Bereichen Menschenrechte, Umwelt, Technologie usw.) festgelegt, umgesetzt und durchgesetzt werden. • Erforschung, wie verschiedene globale Visionen und Werte in die Schaffung internationaler Normen einfließen.

Gesundheits- und wissenschaftliche Aspekte 15. Globale Gesundheit: • Untersuchung, wie Fragen der globalen Gesundheit, wie Pandemien und öffentliche Gesundheit, gehandhabt werden und wie sie die Stabilität und internationale Zusammenarbeit beeinflussen. • Analyse der Auswirkungen globaler Gesundheitskrisen auf die Politik, Wirtschaft und Gesellschaft auf internationaler Ebene.

16. Wissenschaft und Innovation: • Untersuchung der Rolle von Wissenschaft und technologischer Innovation bei der Gestaltung der neuen Weltordnung, einschließlich ethischer, rechtlicher und sozialer Fragen. • Bewertung, wie wissenschaftliche und technologische Zusammenarbeit und Wettbewerb in nationale und internationale Strategien integriert sind.

Regionale und subregionale Dynamiken 17. Regionale Integration: • Analyse der Dynamiken und Auswirkungen regionaler Bildungen und Integrationen (z. B. EU, ASEAN, MERCOSUR) im umfassenderen globalen Kontext. • Untersuchung, wie diese regionalen Blöcke die neue Weltordnung beeinflussen und beeinflusst werden.

18. Konflikte und Kooperation auf regionaler Ebene: • Untersuchung, wie Konflikte und Kooperation auf regionaler und subregionaler Ebene entstehen und mit den globalen Dynamiken interagieren. • Bewertung der Dynamik zwischen regionalen Mächten und nichtstaatlichen Akteuren (wie terroristischen Organisationen oder

Drogenkartellen) bei der Gestaltung der lokalen und globalen Ordnung.

Globale Verflechtungen und Resonanzen 19. Transnationalismus: • Erforschung der Rolle transnationaler Akteure wie multinationaler Unternehmen und NGOs bei der Schaffung, Beeinflussung und Herausforderung der globalen Ordnung. • Analyse, wie diese Entitäten mit Staaten und internationalen Institutionen zusammenarbeiten und konkurrieren.

20. Kriegsgründe und Friedenssicherung: • Untersuchung, wie sich die Ursachen von Konflikten im Rahmen der neuen Weltordnung verändern, fortbestehen oder entwickeln. • Untersuchung von Mechanismen und Instrumenten zur Friedenssicherung und Stabilisierung nach Konflikten und wie diese in verschiedenen Kontexten anwendbar sind.

Jedes der oben genannten Themen erfordert eine eingehende Ausarbeitung und kritische Diskussion basierend auf Theorien, empirischen Daten, konkreten Beispielen und Szenarioanalysen. Das Potenzial zur Vertiefung jedes dieser Themen ist groß und erfordet sorgfältige Forschung und Analyse, um ein klares und facettenreiches Verständnis der "Neuen Weltordnung" zu vermitteln. Das Konzept der "Neuen Weltordnung" ist komplex und vielschichtig, geprägt von verschiedenen geopolitischen und soziokulturellen Perspektiven, die sich überschneiden. Es ist entscheidend, zunächst die ideologischen Vorstellungen zu untersuchen, die das Konzept der neuen Weltordnung definieren: zu verstehen, wie verschiedene Akteure, Staaten und Nicht-Staaten, es wahrnehmen und in ihren politischen und strategischen Agenden umsetzen.

Aspekte der globalen Machtverschiebung Ein Schlüsselaspekt, der weiter erkundet werden sollte, betrifft das Gleichgewicht der globalen Macht. In einem Kontext, in dem sich die globalen Kräfteverhältnisse verändern, bieten die aufstrebenden BRICS-Länder (Brasilien, Russland, Indien, China, Südafrika) einen interessanten Schwerpunkt, um zu analysieren, wie neue Machtstrukturen die internationalen Beziehungen neu definieren. Der wachsende Einfluss dieser Länder hat neue Allianzen nicht nur untereinander, sondern auch mit anderen aufstrebenden Nationen geschaffen und neue Dynamiken in internationalen Institutionen wie den Vereinten Nationen, dem Internationalen Währungsfonds und der Weltbank ausgelöst. Auf einer breiteren Ebene kann die neue Weltordnung durch die Linse des "Westens gegen den Rest" betrachtet werden. Der Begriff "Westen" kann hier als ein Konstrukt verstanden werden, das nicht nur eine geografische

Lokalisierung darstellt, sondern auch eine Reihe von Werten, Normen und politischen und wirtschaftlichen Systemen, die oft im Gegensatz zu anderen "Zivilisationen" oder politisch-wirtschaftlichen Systemen stehen. Der wachsende Einfluss von Ländern wie China, mit seinem Modell des autoritären Kapitalismus, oder Russland, mit seinem selbstbewussten Ansatz zur Geopolitik, stellt die frühere Dominanz der westlichen Nationen und ihrer liberalen Ideologien in Frage. Ein weiteres Element, das es wert ist, erkundet zu werden, ist die Rolle aufstrebender Technologien und Innovationen bei der Gestaltung der neuen Weltordnung. Der Wettlauf um technologische Führerschaft in Bereichen wie künstlicher Intelligenz, Biotechnologie und Raumfahrttechnologie ist entscheidend, um auf der globalen Bühne im Bereich Soft und Hard Power einen Vorteil zu erlangen. Die BRICS-Nationen investieren beispielsweise massiv in diese Bereiche, um sich einen Platz in der zukünftigen globalen geopolitischen Landschaft zu sichern. Andererseits bieten Umwelt- und Klimafragen eine weitere Perspektive, um die Veränderungen in der Weltordnung zu beobachten. Die zunehmende Dringlichkeit globaler Umweltprobleme, verbunden mit den Ambitionen nachhaltiger Entwicklung, gestaltet neue Allianzen und schafft neue Konflikte. Die Bewirtschaftung natürlicher Ressourcen, der Zugang zu ihnen und die Strategien zur Bewältigung und Anpassung an den Klimawandel sind alles entscheidende Dimensionen, durch die Nationen versuchen, ihren Platz im internationalen System zu finden und zu verhandeln. Darüber hinaus ist es wichtig zu beobachten, wie nationale Identitäten und damit verbundene Identitätsfragen die Wahrnehmung und Beteiligung an der neuen Weltordnung beeinflussen. Innere Politiken, ideologische Ausrichtungen und die Konstruktion der nationalen Identität eines Landes tragen erheblich dazu bei, wie dieses sich positioniert und mit anderen globalen Akteuren interagiert. Dies kann wiederum dazu verwendet werden, zu untersuchen, wie die BRICS-Nationen ihren wachsenden Einfluss nutzen, um die Erzählungen und Strukturen der globalen Macht neu zu definieren. Die Diskussion über die neue Weltordnung und die Rolle der BRICS führt zwangsläufig dazu, den globalisierten sozioökonomischen Kontext und das globale Governance-System zu berücksichtigen. Ein entscheidendes Element in dieser Hinsicht betrifft die Art und Weise, wie die Globalisierung und ihre Dynamiken sowohl etablierte als auch aufstrebende Mächte beeinflussen. Zum Beispiel, wie navigieren die BRICS-Nationen durch das globale Wirtschaftssystem, das teilweise von bereits etablierten Mächten und Machtblöcken strukturiert und gelenkt wurde? Und wie beeinflussen ihre Entwicklungs- und Industrialisierungsstrategien die Umverteilung von Reichtum und Macht auf globaler Ebene? Zusätzlich

darf die Rolle der Digitalisierung in der
zeitgenössischen Weltordnung nicht übersehen
werden. Das digitale Zeitalter hat jeden Aspekt von
Politik, Wirtschaft und Gesellschaft auf nationaler und
internationaler Ebene durchdrungen. Die
Digitalisierung, durch Phänomene wie den Cyberspace
und die Cybersicherheit, hat neue Bereiche der
Zusammenarbeit und des Konflikts eröffnet. Die
BRICS-Nationen haben ein erhebliches Interesse an
der Entwicklung digitaler Technologien gezeigt, nicht
nur als Werkzeuge für wirtschaftlichen Fortschritt,
sondern auch als Mechanismen zur Beeinflussung der
Geopolitik und zur Sicherung der nationalen
Sicherheit. Gleichzeitig ist die soziokulturelle
Dimension der neuen Weltordnung genauso weit
verbreitet und komplex. Die BRICS-Nationen, mit
ihren einzigartigen Identitäten und Kulturen,
interagieren mit dem internationalen System nicht nur
durch die wirtschaftliche oder politische Linse,
sondern auch durch die Förderung und Interaktion
ihrer Kulturen und Werte. Die Schnittstelle zwischen
Geopolitik und Kultur, die sich oft durch Soft Power
manifestiert, ist entscheidend, um zu verstehen, wie
nationale Identitäten im internationalen Kontext
projiziert und wahrgenommen werden. Ein weiterer
Schwerpunkt ist das Sicherheitsproblem. Das
Sicherheitskonzept hat eine erhebliche Entwicklung
durchlaufen, insbesondere in Bezug auf die
Herausforderungen, die sich aus der digitalen

Umgebung und den neuen Machtverhältnissen ergeben. Während herkömmliche Sicherheitsherausforderungen wie territoriale Konflikte und geopolitische Rivalitäten relevant bleiben, haben neue Fragen wie Cybersicherheit, Umweltsicherheit und globale Gesundheitssicherheit eine starke Präsenz auf der internationalen Agenda erlangt. Die jüngste COVID-19-Pandemie hat beispielsweise die Verwundbarkeit des globalen Systems und die Bedeutung des Aufbaus von Resilienz und Reaktionsfähigkeit gegenüber übergreifenden und vernetzten Herausforderungen verdeutlicht.

Legitimität und Wirksamkeit internationaler Institutionen Ein weiterer unverzichtbarer Aspekt, der erforscht werden muss, betrifft die Legitimität und Wirksamkeit internationaler Institutionen im Kontext der neuen Weltordnung. Wie sehen und interagieren die BRICS mit den bestehenden internationalen Institutionen? Wie versuchen sie, diese zu reformieren oder neue zu schaffen, um ihren Interessen und Visionen gerecht zu werden und zu unterstützen? Dies sind Schlüsselaspekte, die ihre Strategie bei der Gestaltung einer für sie vorteilhaften Weltordnung definieren. Schließlich, aber nicht weniger wichtig, spielen globale Ungleichheiten, sowohl zwischen Nationen als auch innerhalb von Nationen, eine entscheidende Rolle bei der Bestimmung der Dynamiken der neuen Weltordnung. Wie gehen die

BRICS mit Fragen der Ungleichheit und sozialen Gerechtigkeit, sowohl auf nationaler als auch auf internationaler Ebene, um? Und wie beeinflussen diese Dynamiken ihre Position und Strategie im globalen Kontext? Ihre Innen- und Außenpolitik spiegelt und reagiert auf diese kritischen Probleme, was neue Dynamiken und Spannungen schafft, die im Kontext der neuen Weltordnung sorgfältig analysiert werden sollten. Weitere Vertiefungen des Themas der neuen Weltordnung und der Position der BRICS darin sind von entscheidender Bedeutung, um den Klimawandel und die Umweltschutzsustainability als entscheidende Treiber von Entwicklung und internationaler Zusammenarbeit zu betrachten. Wie diese Länder ihre Umweltverpflichtungen verwalten und Nachhaltigkeitsziele verfolgen, hat weitreichende Auswirkungen auf ihre Interaktion mit der internationalen Gemeinschaft und auf ihr Profil als globale Führungskräfte. Der Klimawandel ist beispielsweise ein Bereich, der nicht nur ökologische, sondern auch soziale, wirtschaftliche und geopolitische Fragen betrifft. Die Auswirkungen von Politikentscheidungen im Bereich Energie, Biodiversitätsschutz und Naturressourcenmanagement sind wichtige Aspekte des internationalen Auftritts der BRICS. Der Übergang zu saubereren Energiequellen, die Anpassung an den Klimawandel und die Minderung seiner Auswirkungen sind Themen, die verschiedene Sektoren durchdringen und neue

Chancen und Herausforderungen für diese Länder schaffen. Außerdem spielt die Frage der Menschenrechte und der demokratischen Governance eine weitere wichtige Rolle, die in der Diskussion über die BRICS und die neue Weltordnung untersucht werden sollte. Die Wahrung der Menschenrechte und die Förderung der Demokratie sind zentrale Themen in der internationalen Debatte, und die BRICS tragen mit ihren unterschiedlichen Realitäten und Ansätzen in Bezug auf bürgerliche und politische Rechte erheblich dazu bei, globale Erzählungen und Praktiken zu definieren und in einigen Fällen neu zu gestalten. Die Art und Weise, wie sie Fragen wie Meinungsfreiheit, Minderheitenrechte und soziale Gerechtigkeit angehen, beeinflusst nicht nur ihre internationale Position und Reputation, sondern definiert auch interne und externe Dynamiken und Machtverhältnisse. Es ist auch relevant zu untersuchen, wie die Diplomatie der BRICS im Kontext der Süd-Süd-Dynamik und in Bezug auf Entwicklungsfragen evolviert ist. Die Beziehungen der Zusammenarbeit und des Wettbewerbs zwischen den Ländern des globalen Südens weisen besondere Dynamiken auf, die analysiert werden sollten, um zu verstehen, wie die BRICS in diesem Kontext agieren und sich als Führer in den Süd-Süd-Dynamiken positionieren. Entwicklungshilfe, Infrastrukturinvestitionen, technologische Zusammenarbeit und politische Solidarität sind alles

Aspekte, die die Rolle der BRICS in den Süd-Süd-Beziehungen charakterisieren. Darüber hinaus ist die Interaktion der BRICS mit anderen regionalen und internationalen Bündnissen und Blöcken von entscheidender Bedeutung, um zu verstehen, wie sie sich in der globalen Landschaft positionieren. Wie sie mit Organisationen wie den Vereinten Nationen, dem Internationalen Währungsfonds, der Weltbank und anderen regionalen und internationalen Initiativen und Bündnissen interagieren, gestaltet den Kontext, in dem ihre Strategien und Politiken geformt und umgesetzt werden. Zusätzlich spielt die Rolle der BRICS in internationalen Krisensituationen und in Prozessen des Friedenssicherungs- und Friedensaufbaus eine wichtige Rolle, die ihre Interaktionsdynamiken und die globalen Wahrnehmungen erheblich beeinflusst. Wie positionieren sie sich in Konfliktsituationen? Was ist ihr Ansatz zur Bewältigung von Krisen und zum Aufbau von Frieden? Diese Fragen sind entscheidend, um die Natur ihres Engagements in der globalen Governance zu verstehen und ihre Rolle in der internationalen Sicherheits- und Friedensarchitektur zu analysieren. Diese Aspekte, zusammen mit den zuvor diskutierten, tragen dazu bei, ein komplexes und vielschichtiges Bild von der Rolle der BRICS in der neuen Weltordnung zu zeichnen. Jede erforschte Dimension eröffnet neue Möglichkeiten zur Analyse und zum Verständnis der Dynamiken, die das internationale System und die Strategien seiner wichtigsten Akteure prägen. Darüber hinaus ist es entscheidend, wie die BRICS die Legitimität und die Wirksamkeit internationaler Institutionen in der neuen Weltordnung wahrnehmen und beeinflussen. Wie die BRICS die bestehenden internationalen Institutionen wahrnehmen und mit ihnen interagieren? Wie versuchen sie, diese zu reformieren oder neue zu schaffen, um ihren Interessen und Visionen gerecht zu werden und zu unterstützen? Dies sind Schlüsselaspekte, die ihre Strategie bei der Gestaltung einer für sie vorteilhaften Weltordnung definieren. Schließlich, aber nicht weniger wichtig, spielen globale Ungleichheiten, sowohl zwischen Nationen als auch innerhalb von Nationen, eine entscheidende Rolle bei der Bestimmung der Dynamiken der neuen Weltordnung. Wie gehen die BRICS mit Fragen der Ungleichheit und sozialen Gerechtigkeit, sowohl auf nationaler als auch auf internationaler Ebene, um? Und wie beeinflussen diese Dynamiken ihre Position und Strategie im globalen Kontext? Ihre Innen- und Außenpolitik spiegelt und reagiert auf diese kritischen Probleme, was neue Dynamiken und Spannungen schafft, die im Kontext der neuen Weltordnung sorgfältig analysiert werden sollten. Weitere Vertiefungen des Themas der neuen Weltordnung und der Position der BRICS darin sind von entscheidender Bedeutung, um den Klimawandel und die Umweltschutzsustainability als entscheidende

Treiber von Entwicklung und internationaler
Zusammenarbeit zu betrachten. Wie diese Länder ihre
Umweltverpflichtungen verwalten und
Nachhaltigkeitsziele verfolgen, hat weitreichende
Auswirkungen auf ihre Interaktion mit der
internationalen Gemeinschaft und auf ihr Profil als
globale Führungskräfte. Der Klimawandel ist
beispielsweise ein Bereich, der nicht nur ökologische,
sondern auch soziale, wirtschaftliche und geopolitische
Fragen betrifft. Die Auswirkungen von
Politikentscheidungen im Bereich Energie,
Biodiversitätsschutz und Naturressourcenmanagement
sind wichtige Aspekte des internationalen Auftritts der
BRICS. Der Übergang zu saubereren Energiequellen,
die Anpassung an den Klimawandel und die
Minderung seiner Auswirkungen sind Themen, die
verschiedene Sektoren durchdringen und neue
Chancen und Herausforderungen für diese Länder
schaffen. Außerdem spielt die Frage der
Menschenrechte und der demokratischen Governance
eine weitere wichtige Rolle, die in der Diskussion über
die BRICS und die neue Weltordnung untersucht
werden sollte. Die Wahrung der Menschenrechte und
die Förderung der Demokratie sind zentrale Themen in
der internationalen Debatte, und die BRICS tragen mit
ihren unterschiedlichen Realitäten und Ansätzen in
Bezug auf bürgerliche und politische Rechte erheblich
dazu bei, globale Erzählungen und Praktiken zu
definieren und in einigen Fällen neu zu gestalten. Die

Art und Weise, wie sie Fragen wie Meinungsfreiheit, Minderheitenrechte und soziale Gerechtigkeit angehen, beeinflusst nicht nur ihre internationale Position und Reputation, sondern definiert auch interne und externe Dynamiken und Machtverhältnisse. Es ist auch relevant zu untersuchen, wie die Diplomatie der BRICS im Kontext der Süd-Süd-Dynamik und in Bezug auf Entwicklungsfragen evolviert ist. Die Beziehungen der Zusammenarbeit und des Wettbewerbs zwischen den Ländern des globalen Südens weisen besondere Dynamiken auf, die analysiert werden sollten, um zu verstehen, wie die BRICS in diesem Kontext agieren und sich als Führer in den Süd-Süd-Dynamiken positionieren. Entwicklungshilfe, Infrastrukturinvestitionen, technologische Zusammenarbeit und politische Solidarität sind alles Aspekte, die die Rolle der BRICS in den Süd-Süd-Beziehungen charakterisieren. Darüber hinaus ist die Interaktion der BRICS mit anderen regionalen und internationalen Bündnissen und Blöcken von entscheidender Bedeutung, um zu verstehen, wie sie sich in der globalen Landschaft positionieren. Wie sie mit Organisationen wie den Vereinten Nationen, dem Internationalen Währungsfonds, der Weltbank und anderen regionalen und internationalen Initiativen und Bündnissen interagieren, gestaltet den Kontext, in dem ihre Strategien und Politiken geformt und umgesetzt werden. Zusätzlich spielt die Rolle der

BRICS in internationalen Krisensituationen und in Prozessen des Friedenssicherungs- und Friedensaufbaus eine wichtige Rolle, die ihre Interaktionsdynamiken und die globalen Wahrnehmungen erheblich beeinflusst. Wie positionieren sie sich in Konfliktsituationen? Was ist ihr Ansatz zur Bewältigung von Krisen und zum Aufbau von Frieden? Diese Fragen sind entscheidend, um die Natur ihres Engagements in der globalen Governance zu verstehen und ihre Rolle in der internationalen Sicherheits- und Friedensarchitektur zu analysieren. Diese Aspekte, zusammen mit den zuvor diskutierten, tragen dazu bei, ein komplexes und vielschichtiges Bild von der Rolle der BRICS in der neuen Weltordnung zu zeichnen. Jede erforschte Dimension eröffnet neue Möglichkeiten zur Analyse und zum Verständnis der Dynamiken, die das internationale System und die Strategien seiner wichtigsten Akteure prägen.

Herausforderungen des globalen sozialen und kulturellen Wandels

Eines der Schlüsselthemen, die es lohnt, weiter zu erforschen, betrifft das globale Machtgefüge. In einem Kontext, in dem sich die globalen Gleichgewichte verändern, bietet das Aufkommen der BRICS-Länder (Brasilien, Russland, Indien, China, Südafrika) einen interessanten Fokuspunkt, um zu analysieren, wie neue Machtstrukturen die internationalen

Beziehungen neu definieren. Der wachsende Einfluss dieser Länder hat neue Allianzen geschaffen, nicht nur untereinander, sondern auch mit anderen aufstrebenden Nationen, und neue Dynamiken in internationalen Institutionen wie den Vereinten Nationen, dem Internationalen Währungsfonds und der Weltbank angeregt.

In einem breiteren Kontext kann die neue Weltordnung durch die Linse des "Westens gegen den Rest" betrachtet werden. Der Begriff "Westen" kann hier nicht nur als geografische Lage, sondern auch als ein Satz von Werten, Normen und politischen und wirtschaftlichen Systemen verstanden werden, die oft im Widerspruch oder Wettbewerb zu anderen "Zivilisationen" oder politisch-wirtschaftlichen Systemen stehen. Der wachsende Einfluss von Ländern wie China mit seinem Modell des kapitalistischen Autoritarismus oder Russland mit seinem selbstbewussten geopolitischen Ansatz stellt die bisherige Dominanz westlicher Nationen und ihrer liberalen Ideologien infrage.

Ein weiteres lohnendes Thema zur Erforschung ist die Rolle aufstrebender Technologien und Innovationen bei der Gestaltung der neuen Weltordnung. Der Wettlauf um technologische Führungspositionen in Bereichen wie künstlicher Intelligenz, Biotechnologie und Raumfahrttechnologie ist entscheidend, um im globalen Bühnenbild an Soft- und Hardpower zu gewinnen. Die BRICS-Nationen investieren beispielsweise massiv in diese Bereiche, um sich einen Platz in der zukünftigen globalen geopolitischen Landschaft zu sichern.

Auf der anderen Seite bieten Umwelt- und Klimafragen eine weitere Perspektive, um die Veränderungen in der Weltordnung zu beobachten. Die zunehmende Dringlichkeit globaler Umweltprobleme, wie Pandemien und öffentliche Gesundheit, gestaltet neue Allianzen und schafft neue Konflikte. Die Verwaltung natürlicher Ressourcen, der Zugang zu ihnen und die Strategien zur Bewältigung des Klimawandels werden zu entscheidenden Dimensionen, durch die Nationen versuchen, ihren Platz im internationalen System zu finden und zu verhandeln.

Es ist auch entscheidend zu betrachten, wie nationale Identitäten und damit zusammenhängende Fragen die Wahrnehmung und Teilnahme an der neuen Weltordnung beeinflussen. Die Innenpolitik, ideologische Ausrichtungen und der Aufbau der nationalen Identität eines Landes tragen erheblich dazu bei, wie es sich positioniert und mit anderen globalen Akteuren interagiert. Dies kann wiederum dazu verwendet werden, zu untersuchen, wie die BRICS-Nationen ihren wachsenden Einfluss nutzen, um die Erzählungen und Strukturen der globalen Macht neu zu definieren.

Die Diskussion über die neue Weltordnung und die Rolle der BRICS führt zwangsläufig zur Betrachtung des globalisierten sozioökonomischen Kontexts und des globalen Governance-Systems. Ein kritischer Aspekt in diesem Zusammenhang betrifft die Art und Weise, wie die Globalisierung und ihre Dynamiken sowohl etablierte als auch aufstrebende Mächte beeinflussen. Zum Beispiel: Wie navigieren die BRICS-Nationen durch das globale Wirtschaftssystem, das teilweise von bereits etablierten Mächten und Machtblöcken geprägt wurde? Und wie beeinflussen ihre Entwicklungs- und Industrialisierungsstrategien die Umverteilung von Reichtum und Macht auf globaler Ebene?

Weiterhin darf die Rolle der Digitalisierung in der zeitgenössischen Weltordnung nicht vernachlässigt werden. Das digitale Zeitalter hat alle Aspekte der Gesellschaft und der globalen Governance durchdrungen und beeinflusst Politik, Wirtschaft und Gesellschaft sowohl auf nationaler als auch auf internationaler Ebene. Die Digitalisierung, durch Phänomene wie den Cyberspace und die Cybersicherheit, hat neue Fronten für Zusammenarbeit und Konflikte eröffnet. Die BRICS-Nationen haben ein signifikantes Interesse an der Entwicklung digitaler Technologien gezeigt, nicht nur als Instrumente für wirtschaftlichen Fortschritt, sondern auch als

Mechanismen zur Beeinflussung der Geopolitik und zur Sicherung nationaler Interessen.

Gleichzeitig ist die soziokulturelle Dimension der neuen Weltordnung ebenso allgegenwärtig und komplex. Die BRICS-Nationen mit ihren einzigartigen Identitäten und Kulturen interagieren nicht nur durch wirtschaftliche oder politische Linsen, sondern auch durch die Förderung und Interaktion ihrer Kulturen und Werte mit dem internationalen System. Die Schnittstelle zwischen Geopolitik und Kultur, die oft durch Soft Power zum Ausdruck kommt, ist entscheidend, um zu verstehen, wie nationale Identitäten im internationalen Kontext projiziert und wahrgenommen werden.

Ein weiterer wichtiger Punkt ist die Frage der Sicherheit. Das Konzept der Sicherheit hat eine signifikante Entwicklung erfahren, insbesondere im Zusammenhang mit den Herausforderungen der digitalen Umgebung und der neuen Machtstrukturen. Während traditionelle Sicherheitsherausforderungen wie territoriale Konflikte und geopolitische Rivalitäten relevant bleiben, sind neue Fragen wie Cybersicherheit, Umweltsicherheit und globale Gesundheitssicherheit in den internationalen Fokus gerückt. Die jüngste COVID-19-Pandemie hat beispielsweise die Verwundbarkeit des globalen Systems und die Bedeutung des Aufbaus von Resilienz und Reaktionsfähigkeit gegenüber übergreifenden und miteinander verknüpften Herausforderungen deutlich gemacht.

Die Sicherheits- und Verteidigungsdimensionen im Kontext von BRICS-NOM zu erforschen, ist von entscheidender Bedeutung. Wie die BRICS-Länder Bedrohungen für die Sicherheit auf regionaler und globaler Ebene wahrnehmen und angehen, und wie sie in diesen Angelegenheiten koordinieren und zusammenarbeiten, ist entscheidend, um ihre Rollen und Einflüsse in der globalen Landschaft zu verstehen.

Zusätzlich sind die Natur und die Dynamiken internationaler Koalitionen und Allianzen entscheidend für die Gestaltung der zukünftigen Perspektiven des NOM und der Position der BRICS darin. In einer Welt, in der die Spannungen zwischen den wichtigsten Weltmächten zunehmen, werden Allianzen und Partnerschaften neu definiert und entwickeln sich weiter.

Die Analyse der BRICS und des Neuen Weltordnungs (NOM) führt zu weiteren Facetten der Präsenz und des Einflusses dieser Länder auf der internationalen Bühne. Technologie, Cybersicherheit und Digitalisierung sind entscheidende Aspekte, wenn es um die Position dieser Nationen in der globalen Machtgeometrie geht.

Die Rolle der BRICS im digitalen Zeitalter ist besonders signifikant in einer zunehmend vernetzten Welt. China hat sich beispielsweise als digitale Supermacht positioniert und investiert massiv in Technologien wie künstliche Intelligenz, 5G und Blockchain. Seine Digital Belt and Road Initiative zielt darauf ab, seinen digitalen Einfluss weltweit auszudehnen, indem es Telekommunikationsinfrastrukturen verbindet, E-Commerce- und digitale Finanzprojekte entwickelt und seine Vision des Cyberspace international fördert.

Indien, mit einer stark vernetzten Bevölkerung und einem rasant wachsenden IT-Sektor, ist ebenfalls ein wichtiger Akteur im digitalen Bereich. Das Land steht vor Herausforderungen und Chancen im Zusammenhang mit seiner Rolle als eine der größten digitalen Demokratien, einschließlich Fragen zur Datenschutz, Internet Governance und Digitalisierung der Wirtschaft.

Russland, mit seiner Expertise in Cybersicherheit und seiner aktiven Präsenz im Cyberspace, spielt eine einflussreiche Rolle im globalen Bereich der Cybersicherheit. Seine Fähigkeiten im Bereich Cyber-Intelligence und Cyber-Defense sind relevant für die Dynamiken des NOM und die weltweiten Cyber-Politikspannungen.

Kryptowährungen und digitale Finanzierung sind ein weiteres wichtiges Thema, das die BRICS und den NOM miteinander verknüpft. China hat seine eigene digitale Währung eingeführt, während andere BRICS-Länder aktiv die Chancen und Herausforderungen von digitalen Finanztechnologien und Kryptowährungen erforschen. Die Digitalisierung der Finanzwelt hat das Potenzial, die globale Wirtschaft umzugestalten und neue Mechanismen für Handel, Investitionen und wirtschaftliche Governance zu bieten.

Fragen zur sozialen Gerechtigkeit und zur Ungleichheit sind ebenfalls von entscheidender Bedeutung, wenn es um die BRICS und den NOM geht. Jedes BRICS-Mitglied steht erheblichen Herausforderungen in Bezug auf Ungleichheit, sowohl auf nationaler als auch auf internationaler Ebene, gegenüber. Der Kampf gegen Armut, die Förderung der Geschlechtergerechtigkeit und der Zugang zu Bildung und Gesundheit sind Themen, die die nationalen Agenden widerspiegeln und die internationalen Positionen der BRICS-Länder beeinflussen.

Die Frage des Klimawandels ist von entscheidender Bedeutung. Die BRICS, mit Indien, China und Brasilien als weltweit größte Umweltverschmutzer, haben eine bedeutende Rolle in der globalen Bekämpfung des Klimawandels zu spielen. Ihre Energiepolitiken, internationalen Verpflichtungen und Strategien für nachhaltige Entwicklung sind entscheidende Bestandteile ihrer internationalen Präsenz und der Dynamiken des NOM.

Demografische Dynamiken und die Steuerung von Migrationsströmen sind weitere Aspekte, die die BRICS und den NOM miteinander verflechten. Die Verwaltung von Migration, sowohl innerhalb der Länder als auch international, sowie die demografischen Politiken der BRICS-Länder haben Auswirkungen auf Arbeit, Entwicklung und Sicherheit auf nationaler und globaler Ebene.

Die diplomatischen Strategien und die Verwendung von öffentlicher und kultureller Diplomatie durch die BRICS, ihre nationalen Erzählungen und das Bild, das sie international projizieren, sind entscheidend, um zu verstehen, wie diese Länder die sich entwickelnden und transformierenden Dynamiken des neuen Weltordnungs beeinflussen und beeinflusst werden.

In diesem komplexen und vielschichtigen Szenario setzen die BRICS ihre Navigationsbemühungen fort und tragen aktiv dazu bei, die Dynamiken und Veränderungen des aufkommenden neuen Weltordnungs zu gestalten und gestaltet zu werden. Durch die weitere Erforschung dieser und anderer miteinander verbundener Themen entsteht ein komplexes und facettenreiches Bild von der Präsenz der BRICS im aktuellen und zukünftigen internationalen Kontext.

Die Herausforderung für die globale Governance, die von den BRICS dargestellt wird, wird durch ihre Bemühungen deutlich, bestehende Normen und Institutionen mit neuen Ideen und Plattformen in Einklang zu bringen. Zum Beispiel stellt die BRICS-Entwicklungsbank einen Versuch dieser Länder dar, eine Alternative zu bestehenden internationalen Finanzinstitutionen wie dem Internationalen Währungsfonds und der Weltbank zu schaffen.

Das Konzept der Souveränität, insbesondere im Zusammenhang mit dem Cyberspace und der Informations- und Kommunikationstechnologie, ist von grundlegender Bedeutung, wenn es um die BRICS und den NOM geht. Die zunehmende Digitalisierung und der Übergang zu einer globalen Wissensökonomie erfordern die Neugestaltung von Normen, Politiken und internationalen Gesetzen. Die BRICS-Länder beeinflussen maßgeblich die Strukturierung des globalen Cyberspace, wobei China und Russland beispielsweise ein Konzept der "digitalen Souveränität" befürworten.

Die Konzepte von Frieden und Sicherheit sind ebenfalls entscheidend, um die Position der BRICS im NOM zu untersuchen. Die Wahrnehmung und Projektion militärischer Macht sowie der Ansatz zur Konfliktlösung und Mediation betonen die grundlegenden Philosophien dieser Staaten in Bezug auf internationale Sicherheit. Die Zusammenarbeit und

Konkurrenz in Bereichen wie dem Indischen Ozean und dem Pazifik sowie Aspekte der Energiesicherheit sind Bereiche, in denen die Politik und Strategien der BRICS-Länder die Geopolitik und die globalen Machtverhältnisse maßgeblich beeinflussen.

Die Frage der globalen Ungleichheit, sowohl zwischen den BRICS-Ländern selbst als auch zwischen den BRICS-Ländern und anderen Nationen, ist ein weiterer entscheidender Aspekt. Das Gleichgewicht zwischen wirtschaftlichem Wachstum und Nachhaltigkeit, der Kampf gegen Armut und soziale Inklusion sind grundlegende Dimensionen der globalen Präsenz der BRICS. Jedes Mitgliedsland steht vor spezifischen und unterschiedlichen Herausforderungen, aber die Spannung zwischen Wohlstand und Gleichheit ist ein gemeinsames Thema, das ihre nationalen und internationalen Agenden durchzieht.

Die Themen Innovation und technologische Entwicklung sind entscheidend, um zu verstehen, wie sich die BRICS im globalen Kontext positionieren. Der Wettbewerb, aber auch die Zusammenarbeit im Bereich Forschung und Entwicklung, künstliche Intelligenz, Biotechnologie und anderen Bereichen der technologischen Innovation werden entscheidend sein, um den zukünftigen Einfluss dieser Länder auf den NOM zu bestimmen.

Die kulturelle und soziale Dimension ist ein weiterer Schlüsselaspekt bei der Untersuchung der Rolle der BRICS im globalen Kontext. Die Förderung von Kultur, Werten und sozialen Normen durch Mittel wie kulturelle Diplomatie und Medienplattformen ist ein wesentlicher Bestandteil des internationalen Einflusses.

In jedem Kontext müssen die BRICS-Staaten in einem komplexen Mosaik aus Herausforderungen und Chancen navigieren und dynamische Gleichgewichte zwischen ihren nationalen Agenden und internationalen Verpflichtungen und Drücken finden. Ihre Entwicklungswege, beeinflusst von sowohl internen als auch externen Faktoren, werden nicht nur die zukünftigen Entwicklungswege dieser Länder definieren, sondern auch die Form und Substanz des aufstrebenden neuen Weltordnungs in der nahen Zukunft gestalten.

Die Erforschung des neuen Weltordnungs (NOM) und der Rolle der BRICS darin führt zwangsläufig zu der Frage, wie diese fünf Nationen (Brasilien, Russland, Indien, China und Südafrika) mit bestehenden Institutionen kooperieren und konkurrieren können und wie ihre Aktionen die globale Governance-Architektur neu definieren können.

Die Untersuchung des NOM-Phänomens erfordert eine sorgfältige Bewertung seiner Struktur, die nicht nur von politischen, sondern auch von wirtschaftlichen, sozialen, technologischen und kulturellen Faktoren geleitet wird. Der NOM wird oft als ein System wahrgenommen, in dem globale Macht und Einfluss vielfältiger und multipolarer verteilt sind, wobei nichtstaatliche Akteure wie internationale Organisationen, multinationale Unternehmen und zivilgesellschaftliche Gruppen eine immer wichtigere Rolle spielen.

Die BRICS, mit ihren rasch wachsenden Volkswirtschaften und großen Bevölkerungen, stellen eine bedeutende Kraft innerhalb dieses neuen Paradigmas dar. Jedes Land hat jedoch einen einzigartigen Ansatz für den NOM, der auf seinen eigenen Bedürfnissen, Zielen und nationalen Herausforderungen basiert.

China wird oft als Schlüsselspieler bei der Gestaltung eines neuen NOM-Paradigmas angesehen. Durch Initiativen wie die Belt-and-Road-Initiative (BRI) hat Peking versucht, seine Position in der globalen Geopolitik neu zu definieren, wobei die Betonung auf Zusammenarbeit und Konnektivität anstelle von Dominanz liegt. China strebt auch an, sich als führender Akteur im globalen Dialog zu Themen wie Klimawandel und Nachhaltigkeit zu etablieren.

Indien, mit seiner pluralistischen Demokratie und seiner schnell wachsenden Wirtschaft, ist ein weiterer wichtiger Akteur innerhalb der BRICS. Das Land verfolgt aktiv eine multilaterale Agenda, indem es sich aktiv an internationalen Foren und Initiativen beteiligt, und strebt danach, geschickt zwischen wirtschaftlicher Zusammenarbeit und geopolitischen Spannungen zu balancieren, insbesondere im Hinblick auf Grenzen und regionale Sicherheit.

Russland, mit seiner militärischen Machtprojektion und seinen Energieressourcen, spielt eine entscheidende Rolle bei der Bestimmung der Machtverhältnisse des NOM. Seine Aktionen in der Ukraine und in Syrien sowie seine Beziehungen zu Europa und den USA prägen weiterhin die Sicherheit und Stabilität der internationalen Politik. Russland ist auch ein aktiver Akteur in der Arktis, einer Region, die aufgrund des Klimawandels und unerschlossener natürlicher Ressourcen immer strategischer wird.

Brasilien, mit seinen reichen natürlichen Ressourcen und seiner vielfältigen Wirtschaft, bemüht sich um ein Gleichgewicht zwischen Entwicklungsbedürfnissen und Umweltverantwortung. Die Abholzung des Amazonas und das Gleichgewicht zwischen Landwirtschaft, Industrie und Nachhaltigkeit sind nach wie vor wichtige Fragen für die Position Brasiliens im NOM, ebenso wie seine Sozialpolitik und der Umgang mit Vielfalt und Ungleichheit im Land.

Südafrika innerhalb der BRICS

Südafrika, das für den afrikanischen Kontinent innerhalb der BRICS eine Referenz darstellt, steht vor Herausforderungen wie Ungleichheit, Armut und der Notwendigkeit struktureller Reformen. Das Land spielt eine Schlüsselrolle bei der Förderung von Stabilität und Entwicklung in Afrika und versucht, dies mit seiner Position und seinen Verpflichtungen im größeren globalen Kontext in Einklang zu bringen.

Die Säulen der Präsenz der BRICS in der NWO

All diese Aspekte - von innenpolitischen Herausforderungen über die Teilnahme an internationalen Foren und Organisationen, von bilateralen Beziehungen bis hin zu multilateralen Verpflichtungen und von wirtschaftlicher Governance bis zur Förderung von Menschenrechten und nachhaltiger Entwicklung - bilden die Bausteine, mit denen die BRICS ihre Rolle in der NWO aufbauen, indem sie ständig ihre Position in den globalen Macht- und Kooperationsdynamiken neu formulieren und neu verhandeln.

Strategien der BRICS in der NWO

Bei der weiteren Auseinandersetzung mit dem Konzept der Neuen Weltordnung (NWO) und der Rolle der BRICS wird die Bedeutung vertieft, die Strategien,

Ziele und Methoden zu untersuchen, die von diesen Ländern verwendet werden, um durch das komplexe Netzwerk internationaler Beziehungen und die Herausforderungen der globalen Geopolitik zu navigieren. Die BRICS sind nicht nur ein wirtschaftliches Konglomerat; sie repräsentieren eine Koalition, in der jedes Mitglied seine eigenen Ressourcen, Herausforderungen und Ambitionen einbringt.

Die sich wandelnde Natur der NWO

Die NWO ist kein statisches und monolithisches Konzept. Sie wird von der sich ständig ändernden Natur der Machtbalance, der Ideologien, der Politik und der Wirtschaft der beteiligten Länder geformt und kontinuierlich neu definiert. Die BRICS, von denen jede ihre eigene Agenda und Weltanschauung hat, versuchen auf einzigartige und vielfältige Weise, die NWO zu beeinflussen.

Chinas strategischer Ansatz

China hat beispielsweise eine Strategie der "Schuldenfallen-Diplomatie" umgesetzt, indem es massive Infrastrukturprojekte in Entwicklungsländern finanziert, gleichzeitig finanzielle Abhängigkeiten schafft und seinen geopolitischen Einfluss erhöht. Seine Initiative "Ein Gürtel, eine Straße" zielt darauf ab, Handelsrouten zu stärken und zu diversifizieren, während gleichzeitig die Abhängigkeit von Routen reduziert wird, die von westlichen Mächten kontrolliert werden.

Indiens strategischer Ansatz

Indien seinerseits bemüht sich, seine Macht und seinen Einfluss sowohl in der südasiatischen Region als auch im globalen Kontext zu steigern. Das Land hat Initiativen ergriffen, um seine maritime Präsenz zu stärken, die Beziehungen zu den Nachbarländern in Südasien zu verbessern und Partnerschaften mit anderen globalen Mächten aufzubauen. Die Diplomatie Indiens bewegt sich auf einem komplexen Terrain, auf dem es Wettbewerb mit China und Pakistan ausbalancieren muss, während es gleichzeitig solide Beziehungen zu den USA, Russland und der Europäischen Union aufbaut.

Russlands strategischer Ansatz

Russland hat eine Außenpolitik verfolgt, die oft im Widerspruch zur Politik des Westens steht. Die Annexion der Krim im Jahr 2014 und die Unterstützung von Regimen wie dem syrischen zeigen eine klare Abweichung von westlichen Politiken. Russland nutzt seine Energieressourcen als Instrument politischen Einflusses und versucht gleichzeitig, seine Allianzen und Handelspartner zu diversifizieren, einschließlich externer Akteure wie China und anderer BRICS-Mitglieder.

Brasiliens strategischer Ansatz

Brasilien hat zwischen einer multilateral ausgerichteten Außenpolitik und Phasen, in denen es sich auf nationale Interessen konzentriert hat, geschwankt. Der Schutz seiner immensen natürlichen Ressourcen, zusammen mit wirtschaftlicher und sozialer Entwicklung, ist eine ständige Herausforderung. Brasilien versucht oft, wirtschaftliches Wachstum mit der Notwendigkeit, den Amazonas zu schützen und zu erhalten, in Einklang zu bringen, ein Thema, das sowohl auf nationaler als auch auf internationaler Ebene Spannungen ausgelöst hat.

Südafrika und seine Führungsrolle in Afrika

Südafrika hat eine Führungsrolle bei der Entwicklung und Integration Afrikas übernommen. Durch die Afrikanische Union und andere regionale Foren versucht Südafrika, Themen wie Sicherheit, nachhaltige Entwicklung und wirtschaftliche Zusammenarbeit anzugehen, während es gleichzeitig mit inneren Herausforderungen wie wirtschaftlicher Ungleichheit, sozialen Fragen und der Notwendigkeit eines stabilen und inklusiven Wachstums konfrontiert ist.

Zusammenarbeit und Rivalität der BRICS

Die weitere Untersuchung dieser Aspekte zeigt, dass die BRICS sowohl in bilateraler als auch in multilateraler Hinsicht sowohl Partner als auch Rivalen sind. Die Herausforderung für die Zukunft wird darin bestehen, diese Dynamiken zu bewältigen, Spannungen zu managen und einen Dialog zu fördern, der nicht nur nationale Interessen, sondern auch nachhaltige globale Zusammenarbeit und Entwicklung unterstützt. In diesem Kontext entwickelt sich das Konzept der NWO weiter und wird von den Trajektorien und Interaktionen dieser bedeutenden Akteure auf der Weltbühne beeinflusst.

Die wandelbare Natur der Neuen Weltordnung

Das Konzept der Neuen Weltordnung, das ebenso elastisch wie komplex ist, geht über reine geopolitische oder wirtschaftliche Konstruktionen hinaus und dringt in die Bereiche Ideologie, Kultur und internationale Normen vor. Seine Verwirklichung oder auch nur seine Konfiguration variiert erheblich je nach den Perspektiven, durch die es betrachtet wird: Der westliche Kapitalist, der Sozialist, der Autoritäre oder der Theoretiker der Entwicklung der südlichen Welt werden jeweils eine unterschiedliche Vorstellung davon haben, was die NWO repräsentiert oder repräsentieren sollte.

Die BRICS als Vielfalt der Ansätze

Im Gegensatz zu einer monolithischen westlichen Entität bieten die BRICS eine Palette von Ansätzen zur Globalisierung, Souveränität, Demokratie,

Entwicklung und internationalen Sicherheit. Diese Vielfalt, sowohl in Bezug auf innere Herausforderungen als auch auf externe Ziele, stellt sowohl eine Chance als auch eine Herausforderung für die Gestaltung einer aufstrebenden Weltordnung dar.

Die Dynamik der Neuen Weltordnung (NWO) und die Rolle der BRICS

Die Dynamik der Neuen Weltordnung wird weitgehend davon geprägt sein, wie die Mächte der BRICS ihre bilateralen und multilateralen Beziehungen sowohl mit dem Westen als auch untereinander verhandeln. Die Art und Weise, wie sie ihre inländischen Agenden mit den internationalen Erwartungen und Druckpunkten in Einklang bringen, wird in diesem Kontext eine Schlüsselrolle spielen.

Die Rolle Chinas

China, mit seinem riesigen wirtschaftlichen Gewicht und seiner wachsenden militärischen Präsenz, wird weiterhin eine Schlüsselrolle im Rahmen der NWO spielen und versuchen, die globalen Normen und Institutionen zugunsten eines Systems neu zu gestalten, das seine nationalen Interessen und Werte besser widerspiegelt. Insbesondere seine Beziehung zu Indien wird entscheidend sein, da beide Nationen nach größerem globalen Einfluss streben, aber auch mit ungelösten regionalen Problemen und bilateralen Sicherheitsfragen konfrontiert sind.

Die Rolle Indiens

Indien wiederum wird sich in einer Position des Machtgleichgewichts bewegen, zwischen der Unterstützung einer regelbasierten liberalen Ordnung und der Notwendigkeit, eine komplexe und manchmal konfliktreiche Beziehung zu China zu bewältigen. Sein Bekenntnis zu demokratischen Prinzipien stellt es in einen einzigartigen Kontext innerhalb der BRICS, die oft in Richtung staatlichem Autoritarismus oder illiberaler Demokratie tendieren.

Die Rolle Russlands

Russland, isoliert durch westliche Sanktionen und getrieben von einer verstärkten Innenpolitik und außenpolitischem Aktivismus, navigiert zwischen der Notwendigkeit zur Zusammenarbeit mit China und Indien und dem Schutz seiner Interessen in den ehemaligen Sowjetrepubliken, einer Region, die es als von nationalem vitaler Bedeutung betrachtet.

Die Rolle Brasiliens und Südafrikas

Brasilien und Südafrika, beide regionale Mächte mit erheblichen inneren Herausforderungen, werden Schlüsselakteure dabei sein, wie die Südliche Hemisphäre, insbesondere Afrika und Lateinamerika, sich im Kontext der NWO positionieren. Ihre Fähigkeit, wirtschaftliche Entwicklung, Umweltschutz und die Erwartungen der internationalen

Gemeinschaft in Einklang zu bringen, wird ihren
Einfluss und ihre Führung nicht nur in ihren jeweiligen
Regionen, sondern auch im weiteren Kontext der NWO
definieren.

Fazit und Ausblick

Zusammenfassend wird die NWO und die Rolle der
BRICS darin stark von den inneren und äußeren
Dynamiken dieser Länder, ihren gegenseitigen
Interaktionen und ihren Beziehungen zu anderen
globalen und regionalen Mächten beeinflusst. Ein
Geflecht aus Zusammenarbeit und Konflikt,
Konvergenz und Divergenz von Interessen und
Werten, wird die globale Bühne in den kommenden
Jahren und Jahrzehnten prägen. Die Tiefe und
Substanz der Diskussion und Analyse zu diesen
Themen werden daher entscheidend sein, um die
komplexe und sich ständig verändernde Landschaft
der zukünftigen Weltordnung zu verstehen und zu
navigieren.

6. Einfluss der BRICS auf die Neue Weltordnung • Wie die BRICS die Neue Weltordnung gestalten.

6. Einfluss der BRICS auf die Neue Weltordnung

Die BRICS, sowohl als Kollektiv als auch als
individuelle Akteure, sind von entscheidender

Bedeutung für die Gestaltung der Neuen Weltordnung (NWO), nicht nur aufgrund ihrer Wirtschaftskraft, sondern auch aufgrund ihres geopolitischen Gewichts und ihrer Außenpolitik.

A. Globale wirtschaftliche Bedeutung

1. **Wirtschaftlicher Einfluss:** Die Summe der Wirtschaftskraft der BRICS ist global signifikant, und wirtschaftliche Entscheidungen dieser Länder haben oft Auswirkungen weit über ihre Grenzen hinaus.

2. **Direkte Investitionen:** Die BRICS sind Quellen und Ziele erheblicher ausländischer Direktinvestitionen, die dazu beitragen, wirtschaftliche Bindungen in verschiedene Weltregionen zu etablieren.

3. **Handel:** Der Anstieg des Handels innerhalb der BRICS und mit anderen Nationen beeinflusst die weltweiten Handelsdynamiken, schafft neue Handelswege und verändert bestehende Gleichgewichte.

B. Beitrag zur globalen Governance

1. **Multilaterale Institutionen:** Die Beteiligung und gelegentliche Infragestellung der BRICS an bestehenden multilateralen Institutionen

unterstreicht ihr Interesse an der Reform der globalen Governance.

2. **Schaffung neuer Plattformen:** Die Einrichtung neuer Plattformen und Institutionen wie die BRICS-Entwicklungsbank zeigt ein Interesse daran, Alternativen zu den traditionellen westlichen Mechanismen zu schaffen.

C. Ansatz zur Souveränität und Intervention

1. **Prinzip der Nichteinmischung:** Die gemeinsame Verpflichtung zum Prinzip der Nichteinmischung in innere Angelegenheiten beeinflusst auch ihren Ansatz zu internationalen Angelegenheiten.

2. **Reaktion auf Konflikte:** Die Position der BRICS zu Konflikten und internationalen Krisen steht oft im Gegensatz zu der der westlichen Mächte, indem sie alternative Lösungen bieten oder vorgeschlagene Lösungen herausfordern.

D. Regionale und bilaterale Dynamiken

1. **Bilaterale Beziehungen:** Die bilateralen Beziehungen zwischen den Mitgliedern der BRICS und anderen Nationen beeinflussen weltweite Allianzen und Konflikte.

2. **Regionale Führung:** Wie die BRICS ihre jeweiligen Regionen beeinflussen und führen, bestimmt ebenfalls die Entwicklung globaler Machtverhältnisse.

Abschließend

Zusammenfassend wird die NWO und die Rolle der BRICS darin stark von den inneren und äußeren Dynamiken dieser Länder, ihren gegenseitigen Interaktionen und ihren Beziehungen zu anderen globalen und regionalen Mächten beeinflusst. Ein Geflecht aus Zusammenarbeit und Konflikt, Konvergenz und Divergenz von Interessen und Werten, wird die globale Bühne in den kommenden Jahren und Jahrzehnten prägen. Die Tiefe und Substanz der Diskussion und Analyse zu diesen Themen werden daher entscheidend sein, um die komplexe und sich ständig verändernde Landschaft der zukünftigen Weltordnung zu verstehen und zu navigieren.

E. Fragen zur globalen Sicherheit

1. **Sicherheitspolitik:** Die BRICS sind entscheidend bei der Bewältigung von Sicherheitsfragen wie nuklearer Proliferation, Cybersicherheit und Terrorismus.

2. **Militärische Zusammenarbeit:** Die militärische Zusammenarbeit innerhalb der BRICS und mit anderen Nationen kann Machtgleichgewichte beeinflussen und neue Sicherheitskoalitionen etablieren.

F. Umwelt- und Klimaherausforderungen

1. **Klimawandel:** Aufgrund ihres Ausmaßes sind Umweltpolitiken, die von den BRICS angenommen werden, entscheidend für die Gestaltung globaler Bemühungen gegen den Klimawandel.

2. **Nachhaltigkeit:** Das Wirtschaftswachstum der BRICS wirft Fragen zur Nachhaltigkeit und zum Gleichgewicht zwischen Entwicklung und Erhaltung auf.

Die BRICS formen aufgrund ihrer erheblichen Vielfalt in Bezug auf politische Systeme, wirtschaftliche Entwicklungsstufen und außenpolitische Profile die NWO nicht einheitlich und manchmal widersprüchlich. Sie fordern das System in einigen Aspekten heraus, stärken es in anderen oder versuchen, sich stärker in dieses zu integrieren.

Die NWO wird daher nicht nur das Ergebnis von Aktionen eines einzelnen Akteurs oder einer Gruppe von Akteuren sein, sondern vielmehr das Ergebnis einer komplexen und fortlaufenden Reihe von

Interaktionen, Kompromissen, Konflikten und
Kooperationen zwischen den BRICS, den westlichen
Mächten und anderen globalen und regionalen
Akteuren sein. Zukünftige Herausforderungen werden
vielfältig sein und reichen von der Aufrechterhaltung
der wirtschaftlichen Stabilität über die Bewältigung
von Konflikten bis zur Überwindung globaler und
interner Ungleichheiten sowie dem Schutz der Umwelt
und der Erhaltung der weltweiten Biodiversität.

G. Ungleichheit und sozioökonomische Entwicklung

- **Wachstum und Ungleichheit:** Das
  wirtschaftliche Wachstum der BRICS hat
  erhebliche Vorteile gebracht, aber auch
  Ungleichheiten sowohl innerhalb der Länder als
  auch zwischen ihnen geschaffen, was Fragen
  darüber aufwirft, wie wirtschaftliches Wachstum
  mit sozialer Gerechtigkeit und
  Armutsbekämpfung in Einklang gebracht werden
  kann.

- **Migration:** Die wirtschaftliche Attraktivität und
  die Chancen in den BRICS führen zu sowohl
  innerer als auch internationaler Migration, die
  demografische und soziale Dynamiken
  beeinflussen und wiederum Auswirkungen auf
  politische Entscheidungen und internationale
  Beziehungen haben.

H. Innovation und globale Wettbewerbsfähigkeit

- **Technologie und Digitalisierung:** Die digitale Revolution und technologische Innovation in den BRICS stärken nicht nur ihre Wirtschaften, sondern stellen auch neue Herausforderungen in Bezug auf Regulierung, Sicherheit und weltweite Wettbewerbsfähigkeit dar.

- **Bildung und Forschung:** Investitionen in Bildung und Forschung sind entscheidend, um die globale Wettbewerbsfähigkeit der BRICS zu erhalten und zu steigern, und erfordern eine gründliche Analyse, wie diese Bereiche die internationalen Dynamiken beeinflussen und von ihnen beeinflusst werden.

I. Demografische und gesellschaftliche Fragen

- **Altern und Jugendliche:** Die verschiedenen demografischen Nuancen innerhalb der BRICS, wie alternde Gesellschaften und junge Bevölkerungen, schaffen eine Matrix von Herausforderungen und Chancen, die Innenpolitik und internationale Beziehungen beeinflussen.

- **Kultur und Identität:** Die kulturelle Vielfalt und Identitätsfragen innerhalb der BRICS sind relevant, um die Wege der Innenpolitik zu verstehen und wie diese mit Außenpolitik und internationalen Beziehungen verknüpft sind.

J. Gesundheitspolitik und Pandemien

- **Globale Gesundheit:** Die BRICS spielen eine entscheidende Rolle in der globalen Gesundheitspolitik, und das Management von Gesundheitskrisen wie der COVID-19-Pandemie unterstreicht die Bedeutung der internationalen Zusammenarbeit und Gesundheitsführung.

- **Zugang und Innovation im Gesundheitswesen:** Der Zugang zu Gesundheitsdiensten und Innovationen im Gesundheitswesen beeinflussen und werden ihrerseits von den globalen wirtschaftlichen und politischen Dynamiken beeinflusst, in die die BRICS tief verwoben sind.

K. Macht- und Führungsstrukturen

- **Soft Power:** Die Ausübung von Soft Power durch die BRICS durch Kultur, Medien und internationale Beziehungen ist ein Bereich, der eine gründliche Analyse verdient, um die Auswirkungen auf die globalen Machtstrukturen zu verstehen.

- **Internationale Führung:** Die Art und Weise, wie die BRICS Führung ausüben und die internationale Normsetzung in verschiedenen Bereichen beeinflussen, von Umweltfragen bis zu Menschenrechten, ist entscheidend, um die zukünftigen Entwicklungen der NWO zu verstehen.

L. Ressourcen und Umwelt

- **Ressourcenmanagement:** Die Politik und Praktiken im Zusammenhang mit der Verwaltung natürlicher Ressourcen in den BRICS beeinflussen nicht nur ihre eigenen Wirtschaften, sondern auch die weltweiten, mit Implikationen für Sicherheit, Zusammenarbeit und Konflikt.

- **Umweltpolitik:** Die BRICS spielen eine zentrale Rolle in den weltweiten Umweltdynamiken, und ihr Ansatz zu Klima- und Umweltpolitik wird entscheidend sein, um die ökologischen Herausforderungen der Zukunft anzugehen.

Die BRICS sind in all diesen Dimensionen wichtige Akteure bei der Gestaltung globaler Dynamiken, sowohl in wirtschaftlicher als auch geopolitischer Hinsicht. Ihre Entwicklung, internen Herausforderungen und ihre Herangehensweise an Außenpolitik sind daher von entscheidender Bedeutung, um die Entwicklung der neuen

Weltordnung zu verstehen. Eine kritische und analytische Untersuchung jeder dieser Bereiche wird dazu beitragen, die Rolle und die Auswirkungen der BRICS im breiteren globalen Kontext besser zu verstehen und potenzielle zukünftige Szenarien und Herausforderungen in den kommenden Jahren und Jahrzehnten aufzuzeigen.

6. Einfluss der BRICS auf die Neue Weltordnung A. Multilateralismus und internationale Institutionen

- **Institutionelle Interaktionen:** Die BRICS interagieren aufgrund ihres kollektiven Einflusses mit den bestehenden internationalen Institutionen wie den Vereinten Nationen, dem Internationalen Währungsfonds (IWF) und der Weltbank. Sie fordern und versuchen manchmal, diese Institutionen zu reformieren, um ihre eigenen Interessen und Prioritäten widerzuspiegeln.

- **Multilaterale Zusammenarbeit:** Oft versuchen sie, das Unilateralismus einiger Mächte durch eine verstärkte multilaterale Zusammenarbeit auszugleichen und streben eine größere Gerechtigkeit und Vertretung im internationalen System an.

B. Süd-Süd-Kooperation

- **Wirtschaftliche und politische Bindungen:** Die BRICS bemühen sich aktiv darum, wirtschaftliche und politische Bindungen zwischen den Ländern der südlichen Hemisphäre zu entwickeln und zu stärken, um eine Alternative zur traditionellen Dominanz der westlichen Mächte zu bieten.

- **Dialogplattformen:** Sie schaffen und nutzen Dialog- und Kooperationsplattformen wie den BRICS-Gipfel, um die Süd-Süd-Zusammenarbeit zu fördern und gemeinsame Agenden zu globalen Fragen voranzutreiben.

C. Aufbau neuer Strukturen

- **Wirtschaftliche Initiativen:** Die BRICS sind aktiv am Aufbau neuer wirtschaftlicher Strukturen und Initiativen beteiligt, wie der New Development Bank, die darauf abzielt, alternative Finanzierungsmöglichkeiten für Entwicklungsprojekte in Entwicklungsländern anzubieten.

- **Netzwerke für Handel und Investitionen:** Sie versuchen, Handels- und Investitionsnetzwerke aufzubauen, die ihre Wirtschaften diversifizieren, die Abhängigkeit von westlichen Mächten reduzieren und die

gegenseitige wirtschaftliche
Widerstandsfähigkeit erhöhen können.

D. Sicherheits- und Verteidigungspolitik

- **Regionale Stabilität:** Die BRICS sind aktiv
  daran beteiligt, die Regionen, in denen sie sich
  befinden, zu erhalten und in einigen Fällen zu
  stabilisieren, indem sie Herausforderungen wie
  Terrorismus, Piraterie und regionale Konflikte
  angehen.

- **Sicherheitszusammenarbeit:** Sie erkunden
  auch Bereiche der Sicherheits- und
  Verteidigungszusammenarbeit, indem sie ihre
  nationalen Sicherheitspolitiken mit der
  Notwendigkeit in Einklang bringen, gemeinsame
  transnationale Herausforderungen anzugehen.

E. Investitions- und Entwicklungsstrategien

- **Direktinvestitionen:** Die BRICS sind zu
  bedeutenden Quellen ausländischer
  Direktinvestitionen geworden, die die
  wirtschaftliche Entwicklung in vielen Regionen
  durch Infrastrukturfinanzierung, Schaffung von
  Arbeitsplätzen und Steigerung des Handels
  beeinflussen.

- **Wirtschaftlicher Einfluss:** Durch
  Investitionen in Entwicklungsländer erhöhen sie

auch ihren wirtschaftlichen und politischen Einfluss und gestalten die Dynamik der globalen und regionalen Macht.

F. Förderung von Werten und Normen

- **Entwicklungsmodelle:** Die BRICS bieten alternative Entwicklungs- und Governance-Modelle an, die oft mit denen der westlichen liberalen Demokratien in Konflikt stehen und bestehende Paradigmen in Fragen wie weltweiter Governance und nachhaltiger Entwicklung herausfordern.

- **Werte und Prinzipien:** Während sie die Nichteinmischung und die Achtung der Souveränität fördern, spiegeln und gestalten die Maßnahmen der BRICS auch aufkommende globale Normen wider, die die internationalen Regeln und Praktiken beeinflussen.

G. Veränderungen im globalen Handel

- **Lieferketten:** Die BRICS beeinflussen die globalen Lieferketten erheblich, nicht nur als wichtige Produzenten und Exporteure, sondern auch durch den Aufbau und die Entwicklung neuer Märkte und Handelspartnerschaften.

- **Neue Handelsrouten:** Durch Investitionen in globale Infrastrukturprojekte wie Chinas Belt

and Road Initiative gestalten sie auch
Handelsrouten und Transportnetzwerke neu, was
die Weltwirtschaft und die Machtverhältnisse
beeinflusst.

H. Globale Herausforderungen und Lösungen

- **Klimawandel:** Als einige der größten
  Umweltverschmutzer und
  Ressourcenverbraucher stehen die BRICS im
  Mittelpunkt von Diskussionen und Maßnahmen
  zum Klimawandel. Ihre Energie- und
  Umweltpolitik wird einen erheblichen Einfluss
  auf die Fähigkeit der Welt haben, zukünftige
  ökologische Krisen zu bewältigen.

- **Globale Gesundheit:** Nach der COVID-19-
  Pandemie sind das Management globaler
  Gesundheitskrisen und der Zugang zu globalen
  öffentlichen Gütern wie Impfstoffen in den
  Mittelpunkt gerückt. Die Politik und Maßnahmen
  der BRICS in diesen Bereichen werden
  entscheidend dafür sein, wie zukünftige globale
  Gesundheitssysteme gestaltet werden.

Durch diese Themen kann der Einfluss der BRICS auf
die Neue Weltordnung in einer Vielzahl von
Dimensionen betrachtet und verstanden werden. Mit
ihrem wachsenden Einfluss und den komplexen
internen und externen Dynamiken spielen die BRICS
weiterhin eine Schlüsselrolle bei der Neugestaltung

globaler Strukturen und Prozesse. Sie bieten neue
Wege und Perspektiven, stellen jedoch auch neue
Herausforderungen und Spannungen dar, die eine
sorgfältige Analyse und ein Verständnis erfordern. Ihre
Fähigkeit, diese Dynamiken zu navigieren, interne
Kohäsion aufzubauen und effektive externe
Beziehungen zu pflegen, wird entscheidend sein für
ihre zukünftige Rolle und ihren Einfluss im
internationalen System.

Der Einfluss der BRICS im Kontext der Neuen
Weltordnung bleibt eng mit verschiedenen Aspekten
wie Technologiepolitik, kultureller Diplomatie und
Einflussnahme in internationalen Foren verbunden.

Technologie und Innovation

- **Forschung und Entwicklung:** Die BRICS
  legen einen starken Schwerpunkt auf Forschung
  und Entwicklung und investieren in Bereiche wie
  künstliche Intelligenz, Biotechnologie und
  erneuerbare Energien. Innovationen aus diesen
  Ländern, wie Fortschritte in der
  Impfstoffproduktion und in grünen
  Technologien, haben einen direkten Einfluss auf
  die globale Gemeinschaft.

- **Cybernormen:** In der heutigen digitalisierten
  Welt werden die Internetgovernance und
  Cybernormen immer wichtiger. Als große Märkte
  für digitale Verbraucher und bedeutende Akteure
  bei der Festlegung der Regeln des Cyberraums
  üben die BRICS erheblichen Einfluss auf globale
  Diskussionen zur Cybersicherheit und zum
  Datenschutz aus.

Kulturelle Diplomatie

- **Soft Power:** Die kulturelle Diplomatie über Soft
  Power ist ein weiteres Mittel, durch das die
  BRICS versuchen, die Neue Weltordnung zu
  gestalten. Ob es sich um Bollywood-Filme,
  brasilianische Kunst oder die Förderung der
  russischen Sprache handelt, die Bemühungen zur
  Projektion von Soft Power erhöhen nicht nur
  ihren kulturellen Einfluss, sondern bauen auch
  Brücken und schaffen Wahrnehmungen über
  Grenzen hinweg.

- **Bildung:** Darüber hinaus bieten Bildung und
  akademischer Austausch ein weiteres Mittel,
  durch das die BRICS Verbindungen aufbauen
  und den globalen Diskurs beeinflussen.
  Universitäten wie die Tsinghua-Universität in
  China oder das Indian Institute of Technology
  (IIT) in Indien gewinnen zunehmend an Einfluss

bei der Ausbildung der nächsten Generation globaler Führungskräfte.

Globale Foren und Plattformen

- **Globale Führung:** Die Präsenz der BRICS in globalen Foren wie der G20, der WTO und anderen multilateralen Räumen wird immer bedeutsamer. Unter Verwendung dieser Plattformen können sie globale wirtschaftliche Entscheidungen beeinflussen und die Agenda zu Themen wie internationalem Handel, digitaler Besteuerung und Staatsschulden gestalten.

- **Zusammenarbeit und Wettbewerb:** Während die BRICS in einigen Foren und Kontexten zusammenarbeiten, befinden sie sich auch in Wettbewerbs- und Rivalitätssituationen, sowohl untereinander als auch mit anderen globalen Mächten. Diese dualistische Dynamik von Zusammenarbeit und Wettbewerb spiegelt sich oft in der Art und Weise wider, wie die BRICS versuchen, aufkommende globale Strukturen und Herausforderungen zu gestalten und darauf zu reagieren.

Demografische und soziale Veränderungen

- **Bevölkerungsdynamik:** Die demografischen Veränderungen innerhalb der BRICS, einschließlich der Herausforderungen einer

alternden Bevölkerung in Ländern wie China und
Russland im Vergleich zum
Bevölkerungswachstum in Ländern wie Indien,
schaffen sowohl Chancen als auch
Herausforderungen. Der Einfluss der BRICS und
ihre Fähigkeit zur Gestaltung der Weltordnung
sind eng mit der Bewältigung ihrer internen
demografischen und sozialen Dynamiken
verbunden.

- **Soziale Angelegenheiten:** Das Engagement
  für soziale Gerechtigkeit, Gleichheit und
  inklusive Entwicklung innerhalb der BRICS
  manifestiert sich auch in einer Reihe von
  Politiken und Ansätzen, die globale Normen und
  Werte sowie deren Akzeptanz und Umsetzung
  von internationalen Abkommen und
  Entwicklungszielen beeinflussen können.

Naturressourcen und Umwelt

- **Ressourcensicherheit:** Die BRICS, reich an
  natürlichen Ressourcen, spielen eine
  Schlüsselrolle bei der Verwaltung und
  nachhaltigen Nutzung natürlicher Ressourcen,
  was die globalen Dynamiken in Bezug auf
  Ressourcensicherheit, Umweltmanagement und
  den Klimawandel beeinflusst.

- **Umweltstrategien:** Die Einführung grüner
  Technologien und Strategien zur Bewältigung des

Klimawandels sowie ihr Engagement für die Ziele für nachhaltige Entwicklung der Vereinten Nationen werden die globalen Umweltpolitiken und die Dynamik der nachhaltigen Entwicklung auf globaler Ebene maßgeblich beeinflussen.

Diese Übersicht, wenn auch nicht erschöpfend, zeigt, wie die BRICS Einfluss auf das größere Umfeld der globalen Dynamiken nehmen und das Neue Weltordnungsmodell durch verschiedene Kanäle und Mechanismen gestalten. Ihre zukünftige Entwicklung und Entscheidungsfindung werden weiterhin ein entscheidender Faktor bei der Gestaltung globaler Trends in den kommenden Jahrzehnten sein.

Nachhaltige Entwicklung und Umweltprobleme
Die BRICS stehen aufgrund ihres anhaltenden und raschen wirtschaftlichen Wachstums vor verschiedenen Herausforderungen im Bereich Umweltschutz und nachhaltige Entwicklung. Wie diese Länder mit Umwelt- und Nachhaltigkeitsfragen umgehen, wird angesichts ihrer erheblichen ökologischen Auswirkungen weltweit von großer Bedeutung sein.

- **Umweltengagement:** Die BRICS setzen sich zunehmend als Schlüsselakteure in internationalen Diskussionen zu Klimawandel und Biodiversität ein. Ihre Ansätze und Verpflichtungen zur Erreichung der UN-Ziele für

nachhaltige Entwicklung und der Ziele des
Pariser Abkommens werden die Zukunft des
Planeten maßgeblich beeinflussen.

Regionale Sicherheit und Stabilität Die
Sicherheits- und Verteidigungspolitik der BRICS und
die Art und Weise, wie sie mit regionalen Konflikten
und Spannungen umgehen, beeinflussen die globale
Stabilität.

- **Regionale Spannungen:** In Asien
  beispielsweise können das Machtgleichgewicht
  und die Spannungen zwischen Indien und China
  die regionale und globale Geopolitik gestalten.
  Ebenso sind die Beziehungen Russlands zu
  seinen europäischen Nachbarn und die Haltung
  Brasiliens und Südafrikas in ihren regionalen
  Kontexten wichtige Dynamiken.

Gesundheitszusammenarbeit Die
Gesundheitszusammenarbeit zwischen den BRICS-
Ländern hat angesichts der COVID-19-Pandemie
zugenommen.

- **Pandemiemanagement:** Der kollektive
  Ansatz der BRICS bei der Bewältigung von
  Gesundheitskrisen, der Produktion und
  Verteilung von Impfstoffen sowie der
  Zusammenarbeit in wissenschaftlicher
  Forschung beeinflusst die globale Gesundheit
  und die Reaktion auf Pandemien maßgeblich.

Wirtschaftliche und Handelsintegration Die wirtschaftliche und handelspolitische Integration zwischen den BRICS ist ein weiterer grundlegender Aspekt.

- **Handelsabkommen:** Die Entwicklung bilateraler und multilateraler Handelsabkommen sowie die Art und Weise, wie die BRICS mit anderen aufstrebenden und entwickelten Volkswirtschaften interagieren, werden die Zukunft der weltwirtschaftlichen Ordnung mitgestalten.

Kampf gegen Korruption Die BRICS haben sich auch auf kollektiver und individueller Ebene dem Kampf gegen Korruption verschrieben.

- **Antikorruptionsnormen:** Die Einführung und Umsetzung von Vorschriften und Antikorruptionsgesetzen wirkt sich nicht nur auf nationaler Ebene aus, sondern auch auf internationaler Ebene, da sie die globale Governance und die Standards in den Finanz- und Unternehmenssektoren beeinflussen.

Infrastrukturentwicklung Die BRICS investieren massiv in die Entwicklung von Infrastrukturen, die für das wirtschaftliche Wachstum von entscheidender Bedeutung sind.

- **Infrastrukturinitiativen:** Die Belt and Road Initiative Chinas, Infrastrukturprojekte in Indien und ähnliche Bemühungen in Brasilien, Russland und Südafrika verändern nicht nur das physische Erscheinungsbild dieser Nationen, sondern auch die wirtschaftlichen und geopolitischen Dynamiken in der Region.

Innovation im Finanzsektor

- **BRICS-Finanzinstitutionen:** Die Schaffung von Finanzinstitutionen wie der New Development Bank (NDB) der BRICS ist ein deutliches Beispiel für den Wunsch der Gruppe, die globale Finanzarchitektur zu gestalten und Alternativen zu westlich geführten Institutionen anzubieten.

In diesen Dynamiken spiegelt sich die gegenseitige Verflechtung und Beeinflussung der BRICS im globalen Kontext wider, wobei deutlich wird, wie ihre Innen- und Außenpolitik mit den Herausforderungen und Chancen der Neuen Weltordnung verknüpft sind. Die Fähigkeit der BRICS zur Zusammenarbeit, zur Koordination von Politiken und zur Schaffung gemeinsamer Lösungen für globale Herausforderungen wird für ihre zukünftige globale Bedeutung entscheidend sein.

Sozialpolitik und Ungleichheit

- **Soziale Ungerechtigkeit:** Innerhalb der BRICS sind Einkommensunterschiede, soziale Ungleichheiten und Herausforderungen in Bezug auf Geschlechter- und ethnische Fragen wichtige Anliegen, die sich auf ihre Innen- und Wirtschaftspolitik sowie auf ihre Herangehensweise an internationale Zusammenarbeit und Entwicklung auswirken.

Demografischer Wandel

- **Demografische Dynamik:** Indien zeichnet sich beispielsweise durch eine vergleichsweise junge Bevölkerung und rasche Urbanisierung aus, während China mit einer alternden Bevölkerung aufgrund seiner früheren Ein-Kind-Politik konfrontiert ist. Diese verschiedenen demografischen Trends beeinflussen die Innenpolitik und langfristigen Entwicklungsstrategien.

Energiesicherheit

- **Energieabhängigkeit:** Die Energiesicherheit und die Abhängigkeit von fossilen Brennstoffen, insbesondere vor dem Hintergrund des Klimawandels und der Entwicklung erneuerbarer Energien, sind zentrale Themen. Russland ist ein Nettoexporteur von Energie, während Indien einer der weltweit größten Ölimporteure ist. Diese Dynamiken haben tiefgreifende

Auswirkungen auf ihre Energiepolitik und ihr Engagement im Bereich der Energieumstellung.

Kultur und Soft Power

- **Kultureller Einfluss:** Die BRICS versuchen auch, ihren kulturellen Einfluss und Soft Power global auszubauen, indem sie verschiedene Mittel wie Medien, Kultur, Bildung und öffentliche Diplomatie einsetzen, um ihre Wirkung und Anziehungskraft auf der weltweiten Bühne zu erhöhen.

Impfstoffdiplomatie

- **Impfungen:** Die Verteilung von Impfstoffen, insbesondere während der COVID-19-Pandemie, ist zu einem diplomatischen Instrument geworden. China und Russland haben beispielsweise die Lieferung von Impfstoffen als Instrument der globalen Diplomatie eingesetzt, um ihren Einfluss in strategischen Regionen zu erhöhen.

Technologie und Cybersicherheit

- **Cyberkriegsführung:** In einer Ära, die von Technologie und Information geprägt ist, erforschen die BRICS auch das Gebiet der Cybersicherheit. Die Cybersicherheit und Cyberkriegsführung sind nicht nur für die nationale Sicherheit von Bedeutung, sondern auch für die wirtschaftliche Stabilität und den täglichen Betrieb.

Tourismus und kultureller Austausch

- **Interkultureller Austausch:** Der Tourismus und der kulturelle Austausch zwischen den BRICS und anderen Nationen stellen einen weiteren Mechanismus dar, mit dem diese Länder das gegenseitige Verständnis fördern und Beziehungen auf verschiedenen Ebenen stärken.

Zusammenarbeit im Raumfahrtsektor

- **Weltraumerkundung:** Die BRICS arbeiten auch im Bereich der Raumfahrt zusammen. Zum Beispiel haben China und Russland gemeinsame Pläne für den Bau einer Mondbasis angekündigt.

Die BRICS werden aufgrund ihrer vielfältigen und komplexen Herausforderungen und Chancen weiterhin eine entscheidende Rolle bei der Gestaltung zukünftiger Entwicklungen in der neuen Weltordnung spielen. Wie sie ihre internen Herausforderungen bewältigen und sich in den internationalen Dynamiken zurechtfinden, wird nicht nur ihre eigene Zukunft, sondern auch einen erheblichen Einfluss auf die globale Geopolitik und Wirtschaft in naher Zukunft haben.

Einfluss der BRICS auf die Neue Weltordnung

Die BRICS sind aufgrund ihrer wachsenden wirtschaftlichen, politischen und militärischen Bedeutung zu immer dominanteren Akteuren in der Weltordnung geworden. Dieser Punkt könnte besonders in den folgenden Unterpunkten ausgearbeitet werden: Wirtschaftlicher Einfluss: Die BRICS sind eine signifikante treibende Kraft in der globalen Wirtschaft, mit erheblichem Einfluss auf das weltweite BIP und den internationalen Handel. Die Expansion ihrer Volkswirtschaften hat die internationalen Handels- und Finanzdynamiken verändert und den globalen wirtschaftlichen Schwerpunkt allmählich verschoben. China ist beispielsweise zur zweitgrößten Volkswirtschaft der Welt aufgestiegen und ein wesentlicher Eckpfeiler des globalen Wachstums.

Leadership Politica: Die BRICS sind mutiger geworden in der Ausübung ihres politischen Einflusses und der Gestaltung der globalen Governance. Ihre Zusammenarbeit in multilateralen Foren und die Bildung von Allianzen (wie die BRICS-Organisation selbst) haben neue Plattformen und Instrumente für politisches Handeln und globalen Einfluss geschaffen.

Sicherheit und Verteidigung: Im militärischen und sicherheitspolitischen Bereich verstärken die BRICS ihre Verteidigungs- und Sicherheitsfähigkeiten. Ihre Beteiligung und ihr Engagement in regionalen Konflikten und Fragen der globalen Sicherheit, beispielsweise durch UN-Friedensmissionen, definieren neue Machtverhältnisse.

Umwelt und Nachhaltigkeit: Die BRICS, als einige der größten Treibhausgasemittenten mit einer erheblichen ökologischen Fußabdruck, spielen eine entscheidende Rolle in den globalen Umweltthemen. Ihre Politiken und Verpflichtungen in Bezug auf den Klimawandel und Nachhaltigkeit sind entscheidend für die Zukunft des Planeten.

Technologie und Innovation: Im Bereich Technologie und Innovation sind die BRICS führend in der Entwicklung und Implementierung aufstrebender Technologien wie künstliche Intelligenz und Biotechnologie, was Normen, Ethik und globale Wettbewerbsdynamiken beeinflusst.

Internationale Beziehungen: Die Beziehungen zwischen den BRICS und anderen globalen Mächten sind ein weiterer entscheidender Aspekt. Die Art und Weise, wie die BRICS mit Nationen wie den Vereinigten Staaten, der Europäischen Union und anderen aufstrebenden Mächten interagieren, schafft neue Dynamiken und Polarisierungen in der internationalen Arena.

Herausforderungen und Chancen: Herausforderungen wie innere Ungleichheit, soziale Probleme und politische Spannungen sowie Chancen wie das Potenzial für wirtschaftliches Wachstum und technologische Entwicklung definieren die zukünftigen Wege der BRICS und ihren Einfluss auf die Weltordnung.

Abschließend gestalten die BRICS durch ihre globalen Politiken, Strategien und Interaktionen das neue Weltordnungsgefüge, beeinflussen globale wirtschaftliche, politische und soziale Dynamiken. Ihre Zusammenarbeit, interne Spannungen und externe Beziehungen schaffen ein komplexes Geflecht aus Kooperation und Wettbewerb, das entscheidend für die zukünftige Gestaltung der internationalen Politik, Wirtschaft und Gesellschaft ist.

7. Technologie und Innovation: Rolle der BRICS im technologischen und innovativen Bereich

Technologie und Innovation in den BRICS: Die Rolle der BRICS (Brasilien, Russland, Indien, China und Südafrika) in der technologischen Entwicklung und Innovation ist besonders prägnant und bietet eine breite und komplexe Landschaft zur Erkundung, aufgrund der Vielfalt und Besonderheiten jedes Mitgliedslandes. Im Folgenden werden verschiedene Aspekte im Zusammenhang mit der Rolle der BRICS auf globaler Ebene im Bereich Technologie und Innovation behandelt.

A. Dynamik der Innovation und technologischen Entwicklung: Die BRICS sind bedeutende Akteure in der Welt der technologischen Innovation, mit wachsendem globalen Einfluss.

1. **China:** Mit seiner massiven Industrialisierung und der Strategie "Made in China 2025" verfolgt das Land das Ziel, in verschiedenen High-Tech-Bereichen, darunter künstliche Intelligenz, Robotik, Informationstechnologie, erneuerbare Energien und Elektrofahrzeuge, führend zu werden.

2. **Indien:** Bekannt für seinen robusten IT-Sektor und Innovationen im Bereich technologischer Dienstleistungen, hat Indien eine schnell wachsende Start-up-Szene und Fortschritte in den Bereichen Biotechnologie, Raumfahrt und erneuerbare Energien gemacht.

3. **Brasilien:** Das Land zeichnet sich durch seine Forschung im Bereich erneuerbarer Energien aus, insbesondere in der Produktion von Bioethanol und fortschrittlicher Landwirtschaft, obwohl es Herausforderungen bei der Ressourcenallokation für Forschung und Entwicklung gibt.

4. **Russland:** Russland hat Stärken im Bereich Luft- und Raumfahrt sowie Nukleartechnologie und bemüht sich, seine Wirtschaft zu diversifizieren, indem es Investitionen in Innovation und Technologie erhöht.

5. **Südafrika:** Obwohl es mit verschiedenen Herausforderungen konfrontiert ist, spielt das Land eine wichtige Rolle in der technologischen Entwicklung auf dem afrikanischen Kontinent, mit Schwerpunkten auf Informationstechnologie, erneuerbaren Energien und Astronomie.

B. Technologische Zusammenarbeit und Wettbewerb: Die BRICS arbeiten im Bereich Innovation und Technologie zusammen und konkurrieren gleichzeitig miteinander, wodurch ein komplexes Netzwerk von Partnerschaften und Rivalitäten entsteht.

- **Zusammenarbeit:** Es gibt zahlreiche Beispiele für Zusammenarbeit zwischen den BRICS, darunter gemeinsame Forschungs- und Entwicklungsinitiativen, wissenschaftliche Konferenzen und Partnerschaften im Raumfahrtsektor.

- **Wettbewerb:** Der Wettbewerb um die Vorherrschaft in Schlüsselbereichen wie künstliche Intelligenz und Telekommunikation (z. B. das 5G-Netzwerk) ist unter den BRICS-

Mitgliedern spürbar, insbesondere zwischen China und Indien.

C. Globale Auswirkungen der Technologie und Innovation der BRICS: Der wachsende Einfluss der BRICS auf Innovation und Technologie hat weitreichende globale Auswirkungen:

- **Weltwirtschaft:** Technologische Innovationen in den BRICS beeinflussen globale wirtschaftliche Dynamiken, bieten neue Marktchancen und schaffen neue Zentren für Produktion und technologische Entwicklung.

- **Cybersicherheit:** Fortschrittliche technologische Fähigkeiten bedeuten auch eine zunehmende Fähigkeit, den Cyberspace zu beeinflussen, wobei die BRICS eine wichtige Rolle in der Cybersecurity und im Cyberkrieg spielen.

- **Umwelt:** Die Entwicklung grüner Technologien und innovative Lösungen für den Klimawandel seitens der BRICS kann erhebliche Auswirkungen auf die globalen Umweltthemen haben.

D. Herausforderungen und Chancen: Die BRICS stehen vor einer Reihe von Herausforderungen im Zusammenhang mit Innovation, darunter der Schutz des geistigen Eigentums, die Förderung von Forschung und Entwicklung sowie die Ausbildung von wissenschaftlichen und technologischen Talenten.

- **Chancen:** Die BRICS können ihre Fähigkeiten und Ressourcen nutzen, um Innovationen anzukurbeln, beispielsweise durch die Förderung von Start-ups und die Anziehung ausländischer Investitionen.

- **Herausforderungen:** Fragen wie die Gerechtigkeit beim Zugang zu Technologie, die Patentierbarkeit und die Ethik der Innovation sind von entscheidender Bedeutung und stellen erhebliche Herausforderungen dar.

Die BRICS und ihre einzigartigen Dynamiken in Technologieentwicklung und Innovation gestalten nicht nur ihre eigenen Wachstumspfade, sondern beeinflussen auch die globale technologische und innovative Architektur. Die Balance zwischen Zusammenarbeit und Wettbewerb, die internen Herausforderungen und die globalen Auswirkungen ihres technologischen Aufstiegs formen einen reichen und vielschichtigen Kontext, der eine gründliche und vielschichtige Analyse erfordert, um die zukünftigen

Dynamiken der globalen Technologie- und Innovationsentwicklung umfassend zu verstehen.

Erweiterung der Diskussion über Technologie und Innovation in den BRICS:

E. Digitalisierung und Technologiesektor: Die Digitalisierung spielt eine herausragende Rolle in den Wirtschaften der BRICS und führt zu einer digitalen Transformation, die verschiedene Sektoren durchdringt. Zum Beispiel haben die Einführung und Nutzung digitaler Technologien in den BRICS erheblichen Einfluss auf bestehende Infrastrukturen und das sozioökonomische Umfeld der Mitgliedsländer gehabt.

- **Fintech:** Der Technologiesektor im Finanzwesen (Fintech) hat in den BRICS-Ländern, insbesondere in China und Indien, erhebliche Entwicklungen erlebt, wobei die Einführung digitaler Zahlungsplattformen wie Alipay und Paytm finanzielle Transaktionen und das Kreditwesen revolutioniert hat.

- **E-Commerce:** Der E-Commerce-Sektor wächst, wobei Giganten wie Alibaba und Flipkart die lokalen Märkte dominieren und zunehmend internationale Aktivitäten entwickeln.

F. Technologische Nachhaltigkeit: Die technologische Innovation in den BRICS-Ländern betrifft nicht nur den technologischen Fortschritt, sondern auch dessen Nachhaltigkeit.

- **Energie:** Nachhaltige Technologien, insbesondere im Bereich erneuerbarer Energien, stehen im Mittelpunkt von Forschung und Entwicklung. China ist beispielsweise einer der weltweit größten Hersteller von Solarpanels.

- **Elektrofahrzeuge:** Die Einführung und Produktion von Elektrofahrzeugen ist ein weiteres Gebiet, in das die BRICS-Länder erheblich investieren, um die Abhängigkeit von fossilen Brennstoffen zu reduzieren und die CO_2-Emissionen zu begrenzen.

G. Start-up-Umgebung: Das Start-up-Umfeld in den BRICS-Ländern bietet eine vielfältige Landschaft mit Chancen, aber auch Herausforderungen.

- **Innovationsunternehmertum:** Obwohl Orte wie Bangalore und Shenzhen als Innovationszentren anerkannt sind, gibt es immer noch Hindernisse wie Bürokratie und den Zugang zu Finanzierung, denen Start-ups in diesen Ländern gegenüberstehen.

- **Investitionen:** Die Verfügbarkeit von Risikokapital, Business Angels und Inkubatoren hat eine entscheidende Rolle bei der Förderung des Start-up-Ökosystems gespielt, obwohl die Investitionsdynamik zwischen den BRICS-Ländern erheblich variiert.

H. Digitale Inklusion und Ungleichheit: Trotz der raschen Digitalisierung bleibt ein erheblicher Teil der Bevölkerung in den BRICS-Ländern von den Vorteilen der digitalen Revolution ausgeschlossen.

- **Zugang zur Technologie:** Die Ungleichheit beim Zugang zum Internet und zu digitalen Technologien zwischen städtischen und ländlichen Gebieten ist ein anhaltendes Problem, das die Chancengleichheit in der technologischen Innovation beeinflusst.

- **Digitale Alphabetisierung:** Die digitale Alphabetisierung ist eine weitere Herausforderung, da ein erheblicher Teil der Bevölkerung nicht über die erforderlichen Fähigkeiten verfügt, um sich in der digitalen Welt zurechtzufinden.

I. Forschung und Entwicklung (FuE): Forschung und Entwicklung (FuE) sind wesentliche Bestandteile der Innovation, und die BRICS-Länder bemühen sich, ihre Investitionen in diesem Bereich zu steigern.

- **Internationale Zusammenarbeit:** Es gibt zahlreiche Beispiele für FuE-Zusammenarbeit sowohl innerhalb der BRICS-Gruppe als auch mit anderen Ländern und internationalen Organisationen.

- **Brexit und Innovation:** Länder wie Indien und China haben neue Möglichkeiten für die FuE-Zusammenarbeit mit dem Vereinigten Königreich nach dem Brexit erkundet und neue Kanäle für den wissenschaftlichen und technologischen Austausch geschaffen.

J. Biotechnologie und Gesundheit: Die BRICS-Länder erkunden auch das Gebiet der Biotechnologie, insbesondere im Gesundheitsbereich.

- **Impfstoffe:** Die COVID-19-Pandemie hat die Bedeutung von Forschung und Entwicklung in der Biotechnologie aufgezeigt, wobei Indien und China zu wichtigen Akteuren in der globalen Produktion und Verteilung von Impfstoffen geworden sind.

- **Genomik:** Die Forschung in den Bereichen Genomik und genetische Medizin wächst, mit der Schaffung von Genbanken und Großprojekten zur Genomsequenzierung.

Die BRICS-Länder haben also eine äußerst vielfältige und facettenreiche Landschaft im Bereich Technologie und Innovation, die erhebliche Auswirkungen auf globaler Ebene hat, nicht nur auf die Wirtschaft und

Politik der Mitgliedsländer, sondern auch auf die anderer Nationen und Wirtschaftsblöcke. Die Dynamiken entwickeln sich ständig weiter, und es wird entscheidend sein, zu beobachten, wie sich diese in der nahen Zukunft entwickeln und den internationalen Kontext der technologischen Innovation und Entwicklung beeinflussen werden.

K. Künstliche Intelligenz und Automatisierung: Die BRICS haben künstliche Intelligenz (KI) und Automatisierung als Schlüsselsektoren für zukünftiges Wirtschaftswachstum und globale Wettbewerbsfähigkeit erkannt.

- **KI-Adoption:** China positioniert sich als weltweiter Vorreiter bei der Annahme und Entwicklung von KI, mit dem Ziel, bis 2030 zum führenden globalen Innovationszentrum für KI zu werden.

- **Ethik und KI:** Es gibt zunehmende Diskussionen über die ethischen Implikationen von KI und die erforderlichen Richtlinien, um eine ethisch akzeptable und gesellschaftlich vorteilhafte Entwicklung und Anwendung von KI zu gewährleisten.

L. Cybersicherheit: In einer Zeit des zunehmenden digitalen Wandels wird Cybersicherheit entscheidend.

- **Cyberangriffe:** Mit der Zunahme der Cyberbedrohungen engagieren sich die BRICS aktiv in der Entwicklung fortschrittlicher Cybersicherheitslösungen und der Ausbildung von Experten auf diesem Gebiet.

- **Cybersicherheitsrichtlinien:** Die Schaffung robuster Richtlinien und Protokolle zur Sicherung kritischer Infrastrukturen und Benutzerdaten ist von grundlegender Bedeutung.

M. Raumfahrt und Satellitentechnologie: Die Raumfahrttechnologie ist ein weiterer Bereich, in dem die BRICS-Länder bedeutende Fortschritte anstreben.

- **Raumfahrtmissionen:** China und Indien haben erfolgreich verschiedene Raumfahrtmissionen gestartet, die von der Erforschung des Mondes bis zur Bereitstellung von Satelliten zur Klimaüberwachung reichen.

- **Raumfahrtkooperation:** Die Zusammenarbeit innerhalb der BRICS-Gruppe kann zu einem Austausch von Ressourcen und Wissen im Bereich der Raumfahrttechnologie führen.

N. Bildung und technische Ausbildung: Eine solide Investition in Bildung ist entscheidend, damit das Wachstum im Technologiesektor nachhaltig ist.

- **STEM-Ausbildung:** Eine starke Betonung der Ausbildung in den Bereichen Naturwissenschaft, Technologie, Ingenieurwissenschaften und Mathematik (STEM) ist entscheidend, um Talente zu entwickeln, die zukünftige Innovationen vorantreiben können.

- **Universitäten und Forschung:** Die Universitäten in den BRICS-Ländern werden zunehmend für Forschung in fortgeschrittenen technologischen Bereichen anerkannt.

O. Regulierungs- und Gesetzgebungspolitik: Technologische Innovation erfordert auch einen angemessenen rechtlichen Rahmen, der die sichere Entwicklung neuer Technologien unterstützen und leiten kann.

- **Geistiges Eigentum:** Fragen des geistigen Eigentums und von Patenten sind entscheidend, um Innovationen zu schützen und weitere Forschung und Entwicklung anzuregen.

- **KI-Regulierung:** Die Regulierung von KI, einschließlich Fragen der Privatsphäre und der Datenverwendung, ist ein Bereich, der die Aufmerksamkeit und Entwicklung der BRICS-Länder erfordert.

P. Agrartechnik und Innovation in der Landwirtschaft: Technologische Innovation beschränkt sich nicht nur auf städtische Zentren oder traditionelle IT-Sektoren, sondern hat auch erhebliche Auswirkungen auf die Landwirtschaft.

- **Landwirtschaftstechnologien:** Neue Technologien, einschließlich Drohnen, das Internet der Dinge (IoT) und Robotik, finden innovative Anwendungen in der Landwirtschaft, insbesondere im Hinblick auf Nachhaltigkeit und Effizienz.

- **Bioengineering:** Die Forschung im Bereich Landwirtschaft erstreckt sich von der Schaffung neuer Pflanzensorten bis zur effizienteren und nachhaltigeren Lebensmittelproduktion.

Jeder dieser Punkte repräsentiert einen wichtigen Sektor und einen Aspekt der Innovation und technologischen Entwicklung innerhalb der BRICS-Nationen. Die Entwicklungswege, Ziele und Herausforderungen variieren zwischen den Mitgliedern, aber sie teilen ein gemeinsames Interesse daran, technologische Fortschritte zu fördern und eine führende Rolle auf der globalen Bühne der Innovation zu behalten. Da die globale Technologielandschaft sich weiterentwickelt, werden die BRICS-Länder wahrscheinlich weiterhin Schlüsselakteure bei der Gestaltung der Zukunft der weltweiten technologischen

Innovation sein, wobei jedes Land seine eigenen Spezialisierungen und Exzellenzbereiche hat.

Q. Biotechnologie und Gesundheit: Die Herausforderung der globalen Gesundheit und der Fortschritt in der Biotechnologie sind ein entscheidender Bereich für die BRICS-Nationen.

- **Entwicklung von Impfstoffen:** Während der COVID-19-Pandemie haben Länder wie Russland und Indien eine wichtige Rolle bei der Entwicklung und Produktion von Impfstoffen gespielt und dabei bedeutende Fähigkeiten in Biotechnologie und pharmazeutischer Produktion gezeigt.

- **Genetische Forschung:** Die Innovation in der Genetik und der Gen- und Zelltherapie sind wichtige Forschungs- und Entwicklungsgebiete, mit Anwendungen, die von der Behandlung genetischer Krankheiten bis zur Entwicklung neuer Arzneimitteltherapien reichen.

R. Smart Cities und Urbanisierung: Mit zunehmender Urbanisierung entwickeln die BRICS-Länder Infrastrukturen und Technologien für intelligentere und nachhaltigere Städte.

- **Intelligente Infrastrukturen:** Der Bau intelligenter städtischer Infrastrukturen, von vernetzter Straßenbeleuchtung bis zu effizienten Transportsystemen, hat Priorität.

- **Stadt-Sicherheit:** Die Anwendung von Technologien wie Gesichtserkennung und intelligenten Verkehrsüberwachungssystemen trägt zur Sicherheit und effizienten Verwaltung von Metropolen bei.

S. Industrie 4.0 und Produktion: Die BRICS haben eine entscheidende Rolle in der Evolution zur Industrie 4.0.

- **Robotik:** Die Anwendung von Robotik in der industriellen Produktion ist entscheidend, um die Effizienz zu steigern, die Kosten zu senken und die Qualität der Produktion zu verbessern.

- **Vernetzung:** Produktionssysteme werden zunehmend vernetzt und intelligent, wobei das Internet der Dinge (IoT) und andere digitale Technologien zur Optimierung der Prozesse genutzt werden.

T. E-Commerce und Digitalisierung: Die Expansion des E-Commerce und die Digitalisierung des Einzelhandels sind in den BRICS-Ländern offensichtliche Phänomene.

- **Digitale Plattformen:** Der E-Commerce wächst exponentiell, und Plattformen wie

Alibaba (China) sind zu globalen Giganten im Bereich des Online-Einzelhandels geworden.

- **Digitale Zahlungen:** Die Einführung digitaler und verschlüsselter Zahlungssysteme verändert die Finanz- und Einzelhandelslandschaft in den BRICS-Ländern.

U. Umwelt und Grüne Technologien: Die Umweltschonung durch technologische Innovation ist ein weiterer Schlüsselbereich von Interesse und Entwicklung.

- **Erneuerbare Energien:** Investitionen und die Entwicklung von Technologien im Bereich erneuerbarer Energien wie Solar- und Windenergie sind entscheidend für eine nachhaltige Energiezukunft.

- **Technologien zur Dekarbonisierung:** Technologien, die zur Dekarbonisierung verschiedener Industriezweige beitragen, einschließlich CCS (Carbon Capture and Storage) und Lösungen für die Kreislaufwirtschaft, gewinnen an Bedeutung.

Die Technologie und Innovation in den BRICS-Nationen umfassen ein unglaublich breites Spektrum von Branchen und Anwendungen. In jedem dieser Bereiche erkunden und implementieren diese Länder Lösungen, um sowohl nationale als auch globale

Herausforderungen anzugehen, oft durch eine Mischung aus privaten und öffentlichen Initiativen. Die Weite und Tiefe der technologischen Innovation und Entwicklung innerhalb der BRICS sind außergewöhnlich und werden weiterhin die globale Zukunft der technologischen Innovation auf signifikante und manchmal unerwartete Weise gestalten. Die Zusammenarbeit zwischen diesen Ländern könnte auch die Entwicklung und Einführung neuer Technologien beschleunigen und möglicherweise neue Chancen und Herausforderungen schaffen.

V. Künstliche Intelligenz und Big Data: Die BRICS haben auch einen Fokus auf die Entwicklung von Künstlicher Intelligenz (KI) und Big-Data-Technologien gelegt, wobei sie die transformative Wirkung dieser Technologien auf verschiedene Branchen berücksichtigen.

- **KI in der Industrie:** In China wurde KI in der Fertigungsindustrie massiv eingesetzt, um Prozesse zu optimieren und die Produktqualität durch kontinuierliche Überwachung und Datenanalyse zu verbessern.

- **Empfehlungssysteme:** Im E-Commerce-Bereich werden KI-basierte Empfehlungssysteme verwendet, um das Einkaufserlebnis zu personalisieren, indem sie Benutzerdaten analysieren und deren Vorlieben vorhersagen.

W. Raumfahrt und Luftfahrttechnologie: Die BRICS haben erhebliche Ambitionen in der Entwicklung von Luft- und Raumfahrttechnologien und Raumfahrtforschung.

- **Raummissionen:** China hat Raumfahrtmissionen gestartet, darunter die Erkundung des Mondes und von Mars, während Indien Anerkennung für seine kostengünstigen Raumfahrtmissionen erhalten hat.

- **Satelliten:** Der Start und die Nutzung von Satelliten für Kommunikation, Meteorologie und die Beobachtung der Erde sind entscheidende Aspekte der Raumfahrtpolitik dieser Länder.

X. Cybersicherheit und Datenschutz: Die zunehmende Digitalisierung hat die Cybersicherheit und den Schutz von Daten zu absoluten Prioritäten für die BRICS-Nationen gemacht.

- **Sicherheit kritischer Infrastrukturen:** Die Sicherung kritischer Infrastrukturen vor Cyberangriffen ist entscheidend für die nationale Sicherheit und die Wirtschaft jeder BRICS-Nation.

- **Schutz personenbezogener Daten:** Der
  Schutz von Daten und die Privatsphäre der
  Nutzer sind zu zentralen Anliegen geworden,
  wobei Länder wie Indien und Brasilien
  Vorschriften zur Sicherung der
  Bürgerinformationen implementieren.

**Y. Nanotechnologie und fortschrittliche
Materialien:** Forschung und Entwicklung im Bereich
Nanotechnologie und fortschrittlicher Materialien
bieten enorme Potenziale in verschiedenen Bereichen.

- **Medizin:** Nanotechnologie findet innovative
  Anwendungen im medizinischen Bereich, wie
  zielgerichtete Therapien und die
  Arzneimittelverabreichung.

- **Elektronik:** Fortschrittliche Materialien wie
  neuartige Halbleiter treiben die Innovation in der
  Elektronik und bei intelligenten Geräten voran.

Z. Ozeanographie und Meeres technologie: Die
Erforschung und nachhaltige Nutzung der Ozeane sind
entscheidend für die zukünftige Entwicklung, da sie
riesige Ressourcen in Bezug auf Biodiversität und
Mineralien bieten.

- **Meeresenergie:** Die Erforschung von
  Technologien zur Nutzung von Gezeiten- und
  Wellenenergie ist ein Bereich von besonderem
  Interesse für eine nachhaltigere Energiezukunft.

- **Meeresbiologie:** Die Meeresbiotechnologie, die die Verwendung von Meeresorganismen zur Entwicklung neuer Arzneimittel und Materialien erforscht, ist ein wachsender Sektor.

Die BRICS-Nationen erweitern ihren Einfluss und ihre Wirkung im Bereich fortschrittlicher Technologien und Innovationen allmählich durch eine Kombination staatlicher Initiativen, internationaler Zusammenarbeit und branchengetriebener Innovationen. Die zunehmende Ausdehnung auf verschiedene Technologiefelder verspricht, das globale Gleichgewicht der technologischen Macht zu gestalten und könnte die Art und Weise, wie Technologie weltweit entwickelt, geteilt und umgesetzt wird, revolutionieren. Die anhaltende Herausforderung wird darin bestehen, Innovation und aufkommende ethische, rechtliche und soziale Überlegungen in diesen sich entwickelnden Bereichen auszubalancieren. Die BRICS-Nationen haben sich tatsächlich auf eine breite Palette von Technologie- und Innovationsbereichen konzentriert, um auf globaler Ebene wettbewerbsfähig zu bleiben, und entwickeln verschiedene Aspekte der Technologie weiter, um Forschung und Innovation in vielen Bereichen zu fördern.

AA. Umwelttechnologien und Nachhaltigkeit:

- **Erneuerbare Energien:** Die BRICS investieren umfassend in erneuerbare Energien. China ist zum Beispiel einer der weltweit größten Produzenten von Solarmodulen. Indien hingegen bemüht sich um den Ausbau seiner Kapazitäten im Bereich Wind- und Solarenergie, um zu einem Schlüsselakteur im Bereich erneuerbarer Energien zu werden.

- **Elektrofahrzeuge:** Im Bereich nachhaltige Mobilität investieren die BRICS-Länder in die Umstellung auf Elektrofahrzeuge (EVs), wobei besondere Anstrengungen unternommen werden, um die Ladeinfrastruktur zu verbessern und effizientere Batterien zu entwickeln.

BB. Biotechnologie:

- **Genetische Ingenieurwissenschaften:** Biotechnologie ist ein Schlüsselbereich für die BRICS. Genetische Ingenieurwissenschaften und CRISPR-Technologien werden in Bereichen wie Landwirtschaft zur Entwicklung von GVO-Pflanzen, die resistent gegen Schädlinge und Krankheiten sind, sowie in der Medizin für die Erforschung von Gen- und personalisierten Therapien eingesetzt.

- **Biopharmazeutik:** Der Biopharmazeutik-Sektor der BRICS verzeichnet ein rasches Wachstum mit zunehmenden Investitionen in

Forschung und Entwicklung für die Herstellung von Impfstoffen, innovativen Therapien und biotechnologischen Pharmaprodukten.

CC. Bildung und Technische Ausbildung:

- **STEM-Bildung:** Die Bildung in den Bereichen Naturwissenschaften, Technologie, Ingenieurwissenschaften und Mathematik (STEM) wird als entscheidend angesehen, um die zukünftige Arbeitskraft der BRICS zu fördern und ihre Innovations- und Technologieambitionen zu unterstützen.

- **Berufsausbildung:** Es wird auch Wert auf berufliche Bildung und die Entwicklung der erforderlichen Fähigkeiten gelegt, um in technologisch fortschrittlichen Branchen zu arbeiten.

DD. Robotik und Automatisierung:

- **Industrierobotik:** Die BRICS erweitern den Einsatz von Robotik in den Bereichen Fertigung und Industrie, indem sie Prozesse automatisieren und intelligente Roboter in verschiedenen Produktions- und Logistiklinien implementieren.

- **Medizinische Robotik:** Das Gesundheitswesen erlebt die Einführung von Robotertechnologien, wie chirurgische Roboter,

die Ärzte bei Eingriffen unterstützen, oder
automatisierte Patientenbetreuungssysteme.

EE. Internet der Dinge (IoT):

- **Smart Cities:** Das IoT spielt eine zentrale Rolle bei der Entwicklung von Smart Cities in den BRICS-Nationen, wo vernetzte Sensoren und Geräte eingesetzt werden, um die Effizienz städtischer Dienstleistungen und die Lebensqualität der Bürger zu verbessern.

- **Industrie 4.0:** Das IoT ist auch ein wesentlicher Bestandteil von Industrie 4.0, indem es Maschinen und industrielle Geräte miteinander verbindet und eine effizientere Verwaltung und Wartung der Ausrüstung ermöglicht.

Während die BRICS-Nationen weiterhin ihre Fähigkeiten in den genannten Bereichen erkunden und entwickeln, wird offensichtlich, dass geopolitische Rahmenbedingungen, internationale Zusammenarbeit, Handelsabkommen und globale technologische Entwicklungen einen signifikanten Einfluss darauf haben werden, wie diese Nationen die Zukunft ihrer technologischen und innovativen Landschaft gestalten und gestalten. Die Zusammenarbeit zwischen den BRICS-Nationen, zusammen mit einer sorgfältigen Berücksichtigung der ethischen und sozialen Auswirkungen aufkommender Technologien, wird weiterhin entscheidend sein, um eine nachhaltige und inklusive Entwicklung in einer globalisierten und vernetzten Gesellschaft zu unterstützen. Das Gleichgewicht zwischen Wachstum, Innovation, Nachhaltigkeit und Inklusivität wird in den kommenden Jahren eine grundlegende Herausforderung darstellen, da die BRICS verschiedene Strategien erkunden werden, um einen fairen und widerstandsfähigen Übergang in die Zukunft zu gewährleisten.

Schlussfolgerung: Technologie und Innovation in den BRICS Eine globale Brutstätte für Innovation Die BRICS-Nationen sind aufgrund ihrer fortgesetzten Investitionen und ihres Engagements in verschiedenen Bereichen der Technologie und Innovation zu treibenden Kräften in der globalen Technologielandschaft geworden. Diese Länder haben spezifisches Interesse und strategische Umsetzung im Bereich der aufstrebenden Technologien gezeigt, indem sie erhebliche Ressourcen darauf verwendet haben, Führungspositionen in verschiedenen Sektoren zu erreichen, wie dies in verschiedenen Beispielen im Bereich der grünen Technologie, Biotechnologie und Robotik deutlich wird. Überwindung von Ungleichheiten Obwohl die BRICS-Nationen Fortschritte machen, besteht ein dringender Bedarf, bestehende nationale und internationale Ungleichheiten anzugehen. Die Kluft zwischen städtischen und ländlichen Gebieten beim Zugang zu Technologie sowie die Unterschiede in den Innovationsfähigkeiten zwischen den BRICS-Nationen sind Fragen, die Aufmerksamkeit und Handeln erfordern. Daher sind inklusive Politiken und koordinierte Anstrengungen entscheidend, um sicherzustellen, dass die Vorteile von Technologie und Innovation gerecht auf alle Bereiche der Gesellschaft verteilt werden.

Zusammenarbeit und Partnerschaften Partnerschaften, sowohl auf nationaler als auch auf internationaler Ebene, sind entscheidend für den Erfolg der BRICS im Technologiebereich. Die Zusammenarbeit mit verschiedenen Einrichtungen wie Unternehmen, Universitäten, Forschungsinstituten und anderen Ländern ist entscheidend, um den Wissens- und Kompetenzpool zu erweitern. Partnerschaften können auch die gemeinsame Nutzung von Technologien, die Beteiligung an gemeinsamen Forschungsprojekten und den Zugang zu globalen Märkten erleichtern, alles Elemente, die Innovation und Wettbewerbsfähigkeit der BRICS auf der Weltbühne verstärken können.

Ethik und Regulierungsherausforderungen Die ethischen und regulatorischen Implikationen neuer Technologien müssen von den BRICS-Nationen sorgfältig geprüft und navigiert werden. Themen wie Datenschutz, Datensicherheit und sozioökonomische Auswirkungen aufkommender Technologien müssen durch strenge Vorschriften, öffentlichen Dialog und gegebenenfalls internationale Zusammenarbeit angegangen werden, um weltweit gültige Normen festzulegen.

Richtung einer nachhaltigen und innovativen Zukunft Schließlich, wenn wir in die Zukunft blicken, haben die BRICS mit ihrem erheblichen Potenzial für Innovation und Wachstum die Verantwortung und die Gelegenheit, die Welt in eine nachhaltigere und technologisch fortschrittlichere Zukunft zu führen. Das Engagement für die Schaffung von Technologien, die nicht nur das wirtschaftliche Wachstum fördern, sondern auch drängende Fragen wie den Klimawandel, die Ungleichheit und die Sicherheit angehen, ist von entscheidender Bedeutung. Dies erfordert einen ausgewogenen, multidimensionalen Ansatz, der Nachhaltigkeit, Gerechtigkeit und Widerstandsfähigkeit in den Vordergrund stellt und sicherstellt, dass technologische Innovationen nicht nur den BRICS-Wirtschaften, sondern der Gesellschaft insgesamt zugutekommen. Zusammenfassend lässt sich sagen, dass Technologie und Innovation in den BRICS-Nationen nicht nur ein Motor für wirtschaftliches Wachstum und Entwicklung sind, sondern auch ein Mittel, mit dem diese Länder die gemeinsamen globalen Ziele erreichen und dazu beitragen können, eine Zukunft zu schaffen, in der

Technologie ein gemeinsames, zugängliches und vorteilhaftes Gut für alle ist.

8. Nachhaltige Entwicklung:

- **Nachhaltigkeitspolitik und -praktiken der BRICS.**

Nachhaltige Entwicklung in den BRICS: Die BRICS-Nationen (Brasilien, Russland, Indien, China und Südafrika) spielen eine entscheidende Rolle bei der Ausrichtung der Welt auf einen nachhaltigen Entwicklungspfad. Jede dieser Nationen verfügt über reichhaltige Ressourcen und eine bedeutende Bevölkerung, was bedeutet, dass ihre Nachhaltigkeitspolitik und -praktiken weltweit erheblichen Einfluss haben.

Brasilien: Biodiversität und Erneuerbare Energien: Brasilien hat aufgrund seiner vielfältigen Biodiversität und weitläufigen Ökosysteme besonderen Wert auf den Schutz der Biodiversität und die nachhaltige Nutzung von Ressourcen gelegt. Es wurde auch auf die Förderung erneuerbarer Energien, insbesondere Wasserkraft und die Herstellung von Biokraftstoffen, geachtet, gleichzeitig aber auch Herausforderungen wie Abholzung und den Schutz indigener Gebiete angegangen.

Russland: Naturressourcenmanagement und Naturschutz: Russland, mit seinen umfangreichen Vorräten an Erdgas und Erdöl, steht vor der Herausforderung, die Nutzung dieser Ressourcen mit dem Ziel des Umweltschutzes in Einklang zu bringen. Die Erhaltung seiner weitläufigen Wildnis und die nachhaltige Bewirtschaftung seiner natürlichen Ressourcen sind Schlüsselthemen in seiner Nachhaltigkeitspolitik.

Indien: Inklusives Wachstum und Grüne Lösungen: Indien konzentriert sich auf ein inklusives Wachstum, wobei versucht wird, wirtschaftliche Entwicklung mit der Notwendigkeit von Gerechtigkeit und Nachhaltigkeit in Einklang zu bringen. Die Förderung grüner Technologien, die Verbesserung der Energieeffizienz und die Armutsbekämpfung sind einige der Hauptziele seiner Nachhaltigkeitspolitik.

China: Grüne Industrialisierung und Innovation: China hat den Weg der grünen Industrialisierung erkundet und setzt auf saubere Technologien und nachhaltige Produktionspraktiken, um die Umweltauswirkungen seiner massiven industriellen Produktion zu reduzieren. Die Innovation in Umwelttechnologien und die Entwicklung ökologischer Städte sind wesentliche Bestandteile seiner Nachhaltigkeitsstrategie.

Südafrika: Ungleichheitsabbau und Umweltschutz: Südafrika legt den Schwerpunkt auf die Verringerung von Ungleichheiten und den Schutz der Umwelt. Das Gleichgewicht zwischen Industrialisierung und dem Schutz seiner reichen Artenvielfalt und Ökosysteme ist ein Schlüsselelement seiner Politik.

Zusammenarbeit und gemeinsame Herausforderungen: Die BRICS-Nationen teilen trotz unterschiedlicher Wege zur nachhaltigen Entwicklung gemeinsame Herausforderungen und haben daher Kooperationen in verschiedenen Foren und Plattformen initiiert. Dies umfasst den Dialog zu Themen wie Klimawandel, Naturressourcenmanagement und Förderung sauberer Energie. Die Zusammenarbeit und der Wissensaustausch zwischen diesen Nationen sind entscheidend, um gemeinsame Maßnahmen zu fördern und die individuellen Bemühungen zur Nachhaltigkeit zu unterstützen.

Abschließende Überlegungen: Die BRICS-Nationen haben als aufstrebende Mächte die Möglichkeit und die Verantwortung, einen Entwicklungspfad zu gestalten, der nicht nur die unmittelbaren Bedürfnisse ihrer Bürger erfüllt, sondern auch die Zukunft des Planeten sichert. Die von diesen Nationen ergriffenen Politiken und Praktiken werden maßgeblich die Fähigkeit der Welt beeinflussen, die Nachhaltigen Entwicklungsziele (SDGs) der Vereinten Nationen zu erreichen und auf einen gerechteren und nachhaltigeren Zukunftskurs einzuschwenken. Die Integration von wirtschaftlichen, sozialen und Umweltstrategien durch nationale Politik und internationale Zusammenarbeit wird entscheidend sein, um den Erfolg der BRICS im Bereich nachhaltiger Entwicklung zu definieren. Das Thema nachhaltige Entwicklung in den BRICS-Nationen bleibt im globalen Kontext besonders relevant, wenn man bedenkt, welch enorme Auswirkungen diese Länder wirtschaftlich, sozial und ökologisch auf die internationale Bühne haben. Obwohl bereits ein Überblick darüber gegeben wurde, wie jede Nation dieses Thema angeht, kann es weiter vertieft werden, indem verschiedene Unteraspekte und Facetten erkundet werden. Die Herausforderungen im Zusammenhang mit nachhaltiger Entwicklung für die BRICS-Nationen sind äußerst vielfältig und resultieren aus den einzigartigen geografischen, kulturellen, wirtschaftlichen und sozialen Kontexten jeder Nation. Beispielsweise hat jede der BRICS-Nationen eine unterschiedliche Demografie und sozioökonomische Profile, die den Konsummustern, dem Energie- und Ressourcenbedarf sowie der Fähigkeit zur Bewältigung und Anpassung an den Klimawandel beeinflussen. Gleichzeitig gehören die BRICS zu den weltweit größten Emittenten von Treibhausgasen, wobei China und Indien zu den weltweit führenden Emittenten

gehören. Die Implikationen dieser Tatsache für die
Notwendigkeit, nachhaltige Technologien und
Praktiken zu entwickeln und umzusetzen, sind enorm,
sowohl auf nationaler Ebene als auch hinsichtlich ihres
globalen Einflusses. Es ist auch interessant zu
untersuchen, wie Nachhaltigkeitspolitik beeinflusst
wird und wiederum innen- und außenpolitische
Dynamiken beeinflusst. Die Notwendigkeit der
Sicherstellung der Energieversorgung kann
beispielsweise zu Investitionen in erneuerbare
Energien, aber auch zu Lösungen auf der Grundlage
fossiler Brennstoffe führen. Die Spannung zwischen
der Förderung wirtschaftlichen Wachstums und dem
Umweltschutz ist eine anhaltende Herausforderung in
der Politik zur nachhaltigen Entwicklung.
Bemühungen zur Stimulierung der Wirtschaft können
oft im Widerspruch zu Nachhaltigkeitszielen stehen,
und das Finden eines Gleichgewichts zwischen diesen
beiden Bedürfnissen erfordert politisches Geschick und
Entschlossenheit. Auf der anderen Seite kann
Umweltschutz auch wirtschaftliche Chancen bieten.
Die erneuerbare Energiewirtschaft, einschließlich der
Produktion von Solarenergie, Windenergie und
anderen erneuerbaren Energiequellen, hat das
Potenzial, Arbeitsplätze zu schaffen und das
wirtschaftliche Wachstum anzukurbeln, während
gleichzeitig die Klimakrise bekämpft wird. Die
Urbanisierungsmodelle und die Expansion von Städten
in den BRICS-Nationen sind ein weiterer

entscheidender Bereich für nachhaltige Entwicklung. Schnelle und oft unkoordinierte Urbanisierung kann erhebliche Herausforderungen in Bezug auf Abfallmanagement, Luft- und Wasserverschmutzung und andere Umweltfragen mit sich bringen. Gleichzeitig sind Städte Quellen von Innovation und wirtschaftlicher Entwicklung, und ihre Rolle bei der Gestaltung einer nachhaltigen Zukunft sollte nicht unterschätzt werden.

- Die BRICS spielen eine Schlüsselrolle bei der Gestaltung der Agenda für nachhaltige Entwicklung, die nicht nur die Entwicklungspfade ihrer eigenen Länder beeinflusst, sondern auch internationale Dynamiken in Bezug auf Klimawandel, Biodiversität und andere wichtige Umweltfragen. Daher wird der Schnittpunkt zwischen nationalen Politiken und internationalen Maßnahmen zu einem relevanten Bereich, der weiter erkundet werden sollte.

Analyse der politischen Maßnahmen: Die Analyse spezifischer Politiken, Programme und Initiativen, die von den BRICS-Nationen zur Förderung der nachhaltigen Entwicklung umgesetzt wurden, kann Einblicke darüber liefern, wie die gewonnenen Erkenntnisse und bewährten Verfahren in verschiedenen nationalen und regionalen Kontexten geteilt und angepasst werden können. Dies wiederum kann die Diskussion und Praxis der globalen nachhaltigen Entwicklung bereichern und dazu beitragen, eine Zukunft zu gestalten, die die Bedürfnisse von Wirtschaft, Gesellschaft und Umwelt fair und widerstandsfähig ausbalanciert. Diese Analyse kann weiter vertieft werden, um verschiedene Aspekte und Facetten jeder einzelnen Praxis und Politik im Kontext einer ganzheitlichen und integrierten Vision der nachhaltigen Entwicklung zu erkunden.

Weiterführende Untersuchung der nachhaltigen Entwicklung: Eine vertiefte Untersuchung der nachhaltigen Entwicklung in den BRICS-Nationen ermöglicht es uns, zu erforschen, wie jede Nation die Balance zwischen wirtschaftlicher Entwicklung und Umweltschutz durch verschiedene Strategien und Methoden bewältigt.

Investitionen in erneuerbare Energien: Beispielsweise erhöhen die BRICS-Nationen allmählich ihre Investitionen im Bereich erneuerbarer Energien. China ist zu einem der weltweit führenden Hersteller und Verbraucher von Solarenergie geworden, während Indien ehrgeizige Projekte zur Wind- und Solarenergie gestartet hat, um die Abhängigkeit von fossilen Brennstoffen zu reduzieren. Russland, das über umfangreiche Energievorräte verfügt, implementiert schrittweise Politiken zur Diversifizierung seiner Energiequellen und zur Integration erneuerbarer Energien in den nationalen Energiemix. Diese Investitionen werden nicht nur durch die Notwendigkeit der Reduzierung von

Treibhausgasemissionen motiviert, sondern auch durch den Wunsch, das Wirtschaftswachstum durch die Entwicklung neuer Industriezweige zu unterstützen.

Nachhaltige Infrastrukturen: Nachhaltige Infrastrukturen sind ein weiterer Schlüsselbereich, in dem die BRICS-Nationen versuchen, Entwicklung und Nachhaltigkeit in Einklang zu bringen. Dies umfasst die Schaffung nachhaltigerer Städte durch Stadtplanung, den Bau energieeffizienter Gebäude und die Entwicklung von öffentlichen Verkehrssystemen mit geringen Kohlenstoffemissionen. Dies bietet sowohl die Möglichkeit, die Lebensqualität der Bürger zu verbessern, als auch die Innovation und die Schaffung von Arbeitsplätzen zu fördern.

Nachhaltige Lieferketten: Die Nachhaltigkeit von Produktionsketten ist ein weiterer entscheidender Aspekt, den die BRICS-Nationen erkunden. Die Förderung nachhaltiger landwirtschaftlicher Praktiken, die verantwortungsvolle Bewirtschaftung natürlicher Ressourcen und die Umsetzung von Strategien für verantwortungsbewusste Produktion und Konsum sind entscheidend, um sicherzustellen, dass wirtschaftliche Entwicklung nicht auf Kosten der Umwelt und der lokalen Gemeinschaften erfolgt.

Finanzielle Instrumente für eine grünere Wirtschaft: Darüber hinaus entwickeln die BRICS-

Nationen verschiedene politische Maßnahmen und finanzielle Instrumente, um den Übergang zu einer grüneren und widerstandsfähigeren Wirtschaft zu unterstützen. Dies beinhaltet die Nutzung von Steueranreizen zur Förderung von Investitionen in nachhaltige Branchen, die Schaffung von Fonds zur Unterstützung von Umweltschutzprojekten und die Förderung von sozial verantwortlichen Investitionen.

Bildung und Schulung für Nachhaltigkeit: Langfristig spielen Bildung und Schulung eine entscheidende Rolle bei der Förderung von Nachhaltigkeit in den BRICS-Nationen. Die Integration von Nachhaltigkeit in Lehrpläne, die Förderung von Forschung und Innovation in Bereichen im Zusammenhang mit nachhaltiger Entwicklung und die Schaffung von Fähigkeiten und Kompetenzen auf dem Arbeitsmarkt zur Unterstützung des Übergangs zu grüneren Sektoren sind allesamt Strategien, die verfolgt werden.

Gerechter und nachhaltiger Zugang zu Ressourcen: Gleichzeitig stellen der gerechte und nachhaltige Zugang zu Ressourcen, insbesondere Wasser und Energie, eine bedeutende Herausforderung in den BRICS-Nationen dar, die von erheblichen sozioökonomischen Ungleichheiten geprägt sind. Die Schaffung von Systemen, die einen universellen und nachhaltigen Zugang zu grundlegenden Dienstleistungen und Ressourcen gewährleisten, ist entscheidend, um sicherzustellen, dass nachhaltige Entwicklung allen Bürgern zugutekommt.

Engagement in internationalen Foren: Die BRICS-Länder sind auch aktiv in internationalen Foren zur nachhaltigen Entwicklung, wie der Agenda 2030 der Vereinten Nationen und dem Pariser Abkommen zum Klimawandel, engagiert. In diesen Kontexten agieren sie sowohl als Vertreter ihrer nationalen Interessen als auch als einflussreiche Stimmen der Entwicklungsländer im Allgemeinen.

Governance, Transparenz und Beteiligung: Schließlich sind Fragen der Governance, Transparenz und öffentlichen Beteiligung ebenfalls von entscheidender Bedeutung, wenn es um nachhaltige Entwicklung in den BRICS-Nationen geht. Die Beteiligung aller Stakeholder, einschließlich des Privatsektors, der Zivilgesellschaft und lokaler Gemeinschaften, ist entscheidend, um nachhaltige und inklusive Lösungen zu schaffen, die in den Bedürfnissen und Ambitionen der Menschen verwurzelt sind.

Diese Überlegungen sind nur einige der vielen Facetten der nachhaltigen Entwicklung in den BRICS-Ländern, und es könnte weiterhin vertiefende Analysen zu jedem dieser Aspekte geben, indem die implementierten

Politiken, Strategien und Initiativen sowie die Herausforderungen und Chancen in jedem nationalen und regionalen Kontext bewertet werden.

Zusammenfassung: Die Politiken und Praktiken der nachhaltigen Entwicklung in den BRICS-Ländern sind ein grundlegendes Element in der Vielfalt ihrer wirtschaftlichen und sozialen Entwicklung, da sie gleichzeitig Umwelt-, Wirtschafts- und soziale Fragen angehen. Auf der einen Seite besteht die Hauptaufgabe dieser Länder darin, das dringende Bedürfnis nach sozioökonomischer Entwicklung, einschließlich Industrialisierung, Urbanisierung und wirtschaftlichem Wachstum, mit dem Schutz der Umwelt und der verantwortungsvollen Nutzung natürlicher Ressourcen in Einklang zu bringen.

Herausforderungen und Lösungen: Die BRICS-Länder mit ihren wachsenden Volkswirtschaften und Bevölkerungen haben einen erheblichen Einfluss auf das globale Klima und die Umwelt, erleben aber auch die Auswirkungen des Klimawandels und der Umweltverschlechterung aus erster Hand. Probleme wie Luftqualität, Wasserressourcenmanagement und Biodiversitätsverlust sind nur einige der entscheidenden Fragen, mit denen sie konfrontiert sind und die intelligente und nachhaltige Lösungen erfordern.

Gemeinsame Bestrebungen: Während jede der BRICS-Nationen einzigartige Herausforderungen im Hinblick auf nachhaltige Entwicklung bewältigt, teilen sie alle das gemeinsame Bestreben, eine Entwicklung zu fördern, die nicht nur die aktuellen Bedürfnisse befriedigt, sondern auch die Stabilität und den Wohlstand zukünftiger Generationen sicherstellt. In diesem Kontext wird das Konzept der nachhaltigen Entwicklung in nationale Politiken und Umsetzungsstrategien übersetzt, die versuchen, manchmal gegensätzliche Ziele auszubalancieren, während gleichzeitig eine gerechte Verteilung von Entwicklungschancen und -vorteilen gewährleistet wird.

Globale Bedeutung: Die Anstrengungen der BRICS-Länder zur Förderung der nachhaltigen Entwicklung durch die Energieumstellung, technologische Innovation, nachhaltige Bewirtschaftung natürlicher Ressourcen und die Förderung sozialer Gerechtigkeit sind im globalen Kontext besonders relevant. Ihre Initiativen beeinflussen nicht nur die Entwicklungspfade innerhalb ihrer Grenzen, sondern gestalten auch die Umweltregierung und die nachhaltige Entwicklung auf globaler Ebene.

Bedeutung der Zusammenarbeit: Ein weiterer Aspekt, der hervorgehoben wird, ist die Bedeutung der Zusammenarbeit sowohl auf regionaler als auch auf internationaler Ebene. Die Zusammenarbeit zwischen den BRICS-Ländern sowie zwischen den BRICS und anderen Nationen und Regionen ist entscheidend, um Wissen, Erfahrungen und bewährte Praktiken im Bereich der nachhaltigen Entwicklung auszutauschen. Dieser gegenseitige Austausch stärkt nicht nur die Fähigkeit jedes Landes, nachhaltige Entwicklungsziele zu verfolgen, sondern fördert auch den Aufbau einer gerechteren und nachhaltigeren internationalen Ordnung.

Schlussfolgerung: Zusammenfassend lässt sich sagen, dass der Weg der BRICS-Länder zur Sicherung einer nachhaltigen Entwicklung eine fortwährende Verpflichtung, gut durchdachte Strategien und eine entschlossene politische Willenskraft erfordern wird. Die Rolle der BRICS in der globalen Arena, ihre internen Herausforderungen und Chancen sowie die Verknüpfung von Fragen der nachhaltigen Entwicklung mit anderen Bereichen wie Sicherheit, Technologie und Gesundheit machen ihre Politik- und Praxisgestaltung in Bezug auf nachhaltige Entwicklung zu einem global relevanten Thema, das zweifellos die wirtschaftlichen, sozialen und Umweltbelange des 21. Jahrhunderts beeinflussen wird.

9. Ungleichheit und Disparitäten: Untersuchung von Ungleichheiten und Disparitäten innerhalb und zwischen den BRICS-Ländern.

Innere Ungleichheiten:

1. **Wirtschaftliche Ungleichheit:** Es besteht eine sichtbare Einkommens- und Vermögensungleichheit innerhalb dieser Länder. Die Verteilung von Reichtum ist stark unausgeglichen, wobei wohlhabende Minderheiten einen erheblichen Anteil der nationalen Ressourcen kontrollieren.

2. **Soziale Ungleichheit:** Soziale Ungleichheiten manifestieren sich in vielerlei Hinsicht, wie dem begrenzten Zugang zu Gesundheitsversorgung, Bildung und anderen wesentlichen Ressourcen und Chancen für bestimmte Bevölkerungsgruppen.

3. **Geschlechterungleichheit:** In verschiedenen BRICS-Ländern stehen Frauen und Mädchen erheblichen Ungleichheiten im Hinblick auf den Zugang zu Bildung, Beschäftigungsmöglichkeiten, politische Vertretung und die Kontrolle über Ressourcen gegenüber.

4. **Ethnische und kulturelle Ungleichheiten:** Es gibt auch erhebliche Unterschiede zwischen verschiedenen ethnischen und kulturellen Gruppen, die sowohl wirtschaftliche Möglichkeiten als auch den Zugang zu Rechten und Chancen betreffen.

Ungleichheiten zwischen den BRICS-Ländern:

1. **Wirtschaftliche Entwicklung:** Obwohl sie alle als aufstrebende Volkswirtschaften gelten, gibt es erhebliche Unterschiede beim BIP, der Wirtschaftsgröße und der Produktionskapazität zwischen den BRICS-Ländern.

2. **Politische Strukturen:** Jedes BRICS-Land hat seine eigene politische und Regierungsstruktur, die sich in unterschiedlichen Reaktionsfähigkeiten und Ansätzen zur Bewältigung von Ungleichheit niederschlägt.

3. **Sozialpolitik:** Es bestehen erhebliche Unterschiede in Bezug auf Sozialpolitik, einschließlich der Systeme der sozialen Sicherung und des sozialen Schutzes.

4. **Umweltmanagement:** Die BRICS-Länder zeigen eine Vielfalt von Ansätzen und Fähigkeiten im Umgang mit Umweltfragen und Klimaherausforderungen.

Spezifische Herausforderungen in den BRICS-Ländern: Indien beispielsweise steht vor enormen Herausforderungen im Zusammenhang mit Kasten- und Religionsungleichheit, während Brasilien mit wirtschaftlicher Ungleichheit und Gewalt zu kämpfen hat. Russland sieht sich wachsender wirtschaftlicher Ungleichheit und einer Konzentration von Reichtum in einer kleinen Elite gegenüber. China hat erhebliche regionale Ungleichheiten in wirtschaftlicher Entwicklung zwischen Küstengebieten und Binnenregionen. Südafrika wiederum hat eine der höchsten Einkommensungleichheiten weltweit, die sowohl auf historische Faktoren als auch auf aktuelle Herausforderungen zurückzuführen ist.

Betrachtung im internationalen Kontext: Im internationalen Kontext nimmt China aufgrund seiner Wirtschaftsgröße und globalen Einfluss eine dominierende Rolle ein, während Länder wie Südafrika stärker ausgeprägte Herausforderungen in Bezug auf wirtschaftliche Stabilität und Wachstum bewältigen müssen. Indien ist aufgrund seiner Bevölkerungsstruktur und der Größe seiner Entwicklungsherausforderungen besonders bemerkenswert. Russland spielt eine wichtige geopolitische Rolle, steht jedoch vor wirtschaftlichen und demografischen Problemen. Brasilien, das von politischer Instabilität und sozialen Problemen geplagt wird, kämpft weiterhin für soziale Gerechtigkeit und wirtschaftliche Stabilität.

Umgang mit Ungleichheit und Disparität: Die Bewältigung dieser Ungleichheiten und Disparitäten erfordert sowohl eine gerechte Innenpolitik als auch

internationale Zusammenarbeit und Solidarität, damit
die BRICS-Länder voneinander lernen und sich
gegenseitig auf dem Weg zu einer inklusiveren und
nachhaltigeren Entwicklung unterstützen können.

**Betrachtung von soziokulturellen Aspekten
und Zukunftsaussichten:** Im Rahmen der
Diskussion über Ungleichheiten und Disparitäten in
den BRICS-Ländern ist es auch entscheidend, die
soziokulturelle Matrix, die demografische Dynamik,
zukünftige Perspektiven und die Geopolitik jedes
Landes und des Blocks als Ganzes eingehend zu
erforschen.

**Demografische Dynamik und
Zukunftsaussichten:** Die Demografie spielt eine
entscheidende Rolle bei den Ungleichheiten zwischen
den BRICS-Ländern. In Indien beispielsweise stellt
eine junge Bevölkerung mit einem hohen Anteil an
Menschen ohne Zugang zu qualitativ hochwertiger
Bildung und Gesundheitsversorgung eine erhebliche
Herausforderung für die Realisierung ihres
demografischen Potenzials dar. China hingegen sieht
sich mit einer alternden Bevölkerung konfrontiert, was
sich auf sein Wirtschaftswachstum und seine soziale
Nachhaltigkeit auswirken könnte. Brasilien und
Südafrika stehen vor einem anderen demografischen
Druck, da sie Möglichkeiten für eine wachsende junge
Arbeitsbevölkerung schaffen müssen. Russland
hingegen, mit einer demografischen Tendenz zur

Überalterung und einer abnehmenden aktiven
Bevölkerung, hat seine eigenen einzigartigen
Herausforderungen in Bezug auf die Nachhaltigkeit der
Entwicklung.

Geopolitik und externe Einflüsse: Die
geopolitische Lage und die Geschichte jedes BRICS-
Landes beeinflussen stark seine Entwicklungspfade
und die damit verbundenen Ungleichheiten. Zum
Beispiel hatten die Wirtschaftssanktionen, denen
Russland ausgesetzt war, Auswirkungen auf
verschiedene Bereiche seiner Wirtschaft und
Gesellschaft. China befindet sich derzeit im Zentrum
zahlreicher geopolitischer Spannungen, und wie diese
sich auf seine Wirtschaft und Gesellschaft auswirken
könnten, ist eine entscheidende Frage. Indien, in einer
Region mit verschiedenen grenzüberschreitenden
Spannungen, muss seine Entwicklungsziele mit
strategischen und sicherheitspolitischen
Anforderungen in Einklang bringen.

Aufkommende globale Herausforderungen:
Aufkommende globale Herausforderungen wie
Klimawandel, Pandemien und Digitalisierung werfen
neue Fragen bezüglich der Ungleichheit auf. So kann
die Digitalisierung zwar Chancen für wirtschaftliche
und soziale Entwicklung bieten, gleichzeitig jedoch
bestehende Ungleichheiten sowohl innerhalb als auch
zwischen den Ländern verschärfen. Die globale
Gesundheitskrise im Zusammenhang mit COVID-19

hat bestehende Ungleichheiten offengelegt und verstärkt, indem sie die Schwächen der Gesundheitssysteme und sozialen Sicherheitsnetze aufgedeckt hat.

Politikgestaltung und internationale Zusammenarbeit: Die Entwicklung von Politiken, die gezielt darauf abzielen, Ungleichheiten zu verringern, ist von entscheidender Bedeutung. Dies umfasst Maßnahmen zur Verringerung der Einkommensungleichheit, zur Verbesserung des Zugangs zu Bildung und Gesundheitsversorgung sowie zur Förderung der Geschlechtergerechtigkeit. Darüber hinaus, obwohl jedes BRICS-Land seine einzigartige Ungleichheitsmatrix hat, gibt es Lehren und bewährte Verfahren, die zwischen ihnen geteilt werden können, um einen Rahmen für die Süd-Süd-Zusammenarbeit zu schaffen.

Städtische und ländliche Entwicklung: Die Ungleichheit in der urbanen und ländlichen Entwicklung ist ein weiterer entscheidender Faktor, wenn es um Ungleichheiten geht. Während einige städtische Gebiete innerhalb der BRICS-Länder ein schnelles Wachstum und Modernisierung erleben, bleiben viele ländliche Gebiete zurück, was zu einer Kluft im Wohlstand und den verfügbaren Chancen für die Menschen in diesen verschiedenen Regionen führt.

Herausforderungen und Kooperation zwischen den BRICS-Ländern: Die Herausforderungen sind vielfältig und komplex und erfordern ausgefeilte Strategien und wohlüberlegte Politiken sowie effektive multilaterale Zusammenarbeit, um effektiv bewältigt zu werden. In diesem Zusammenhang kann die Zusammenarbeit zwischen den BRICS-Ländern sowie mit anderen globalen Partnern eine bedeutende Rolle dabei spielen, Wissen, Expertise und Ressourcen zur Bewältigung der anhaltenden und aufkommenden Herausforderungen von Ungleichheiten und Disparitäten zu teilen.

Investitionen und Kapitalflüsse: Die Analyse der Ungleichheiten und Disparitäten in den BRICS-Ländern kann nicht ohne eine Bewertung der Investitionen und Kapitalflüsse erfolgen. Ausländische Direktinvestitionen (FDI) und Kapitalflüsse innerhalb der BRICS-Länder zeigen erhebliche Unterschiede auf. Einige Regionen und Sektoren ziehen erhebliche Investitionen an, während andere vernachlässigt werden und so dazu beitragen, Ungleichheiten zu schaffen und aufrechtzuerhalten. China hat beispielsweise erhebliche ausländische Direktinvestitionen angezogen und ist zu einem weltweiten Hub für die Fertigung geworden. Dies hat jedoch auch schwerwiegende regionale Ungleichheiten verursacht, wobei die Küstengebiete weitaus besser florieren als die Binnenregionen.

Fiskalpolitik und Ungleichheiten: Fiskalpolitiken, also wie Regierungen Ressourcen erheben und ausgeben, spielen eine entscheidende Rolle bei der Bestimmung des Maßes an Ungleichheit in einem Land. Zum Beispiel bleiben in Brasilien trotz einer Reihe von Sozialpolitiken Ungleichheiten aufgrund anhaltender Ungerechtigkeiten im Steuersystem und den Ausgabenstrukturen stark sichtbar, die oft Eliten eher als sozial benachteiligte Gruppen begünstigen.

Bildungssysteme und Disparitäten: Der Zugang und die Qualität der Bildung sind weitere wichtige Aspekte der Ungleichheit zwischen und innerhalb der BRICS-Länder. In Indien beispielsweise ist der Zugang zur Hochschulbildung entlang sozioökonomischer und geografischer Linien stark polarisiert, was dazu beiträgt, intergenerationale Armut und Ungleichheit fortzusetzen. Bildungspolitiken, die es nicht schaffen, die benachteiligsten Bevölkerungsgruppen zu erreichen, tragen dazu bei, einen Kreislauf der Ungleichheit zu schaffen, der schwer zu durchbrechen ist.

Geschlechterungleichheit und soziale Inklusion: Geschlechterungleichheit ist ein akutes Problem in den BRICS-Ländern. Trotz Fortschritten sehen sich Frauen in den BRICS-Ländern oft erheblichen Hindernissen in Bezug auf den Zugang zur Arbeit, Lohngleichheit und die Vertretung in Führungspositionen gegenüber. Südafrika hat beispielsweise aktiv daran gearbeitet, die Geschlechtergleichheit durch verschiedene Gesetze und Initiativen zu verbessern, aber es bleiben signifikante Herausforderungen im Zusammenhang mit strukturellen und kulturellen Problemen bestehen.

Regionale Integration und Konnektivität: Die regionale Integration und Konnektivität zwischen verschiedenen Teilen der BRICS-Länder zeigen Unterschiede in Bezug auf Entwicklung und Chancen auf. In weitläufigen Ländern wie Russland ist die regionale Ungleichheit erheblich, und die Gleichheit im Zugang zu Chancen, Dienstleistungen und Infrastruktur zwischen den verschiedenen Regionen bleibt ein hartnäckiges Problem, das sozioökonomische Ungleichheiten fördert.

Umweltpolitik und nachhaltige Entwicklung: Der Ansatz zur nachhaltigen Entwicklung und Umweltpolitik in den BRICS-Ländern spiegelt ein weiteres Spektrum von Ungleichheiten wider. Länder wie China haben aufgrund der schnellen Industrialisierung erhebliche Umweltschäden erlebt, was einen überproportionalen Einfluss auf gefährdete Bevölkerungsgruppen hatte, die oft in Gebieten mit hoher Umweltverschmutzung leben.

Soziale Mobilität und Arbeit: Soziale Mobilität, also die Fähigkeit von Individuen, ihren sozioökonomischen Status zu verbessern, hängt eng mit Arbeits- und Bildungsmöglichkeiten zusammen. In den BRICS-Ländern variiert die soziale Mobilität erheblich, und in einigen Fällen, wie in Brasilien, gibt es erhebliche Barrieren, die Menschen daran hindern, wirtschaftlich und sozial voranzukommen und den Kreislauf der Armut und Ungleichheit zu verstärken.

Konflikte und Ungleichheiten: Die Präsenz von Konflikten, sowohl intern als auch mit benachbarten Nationen, beeinflusst stark die Ungleichheiten innerhalb der BRICS-Länder. Zum Beispiel hat der langanhaltende Konflikt in Regionen wie Jammu und Kaschmir in Indien Ungleichheiten und Disparitäten nicht nur auf regionaler Ebene, sondern auch auf nationaler Ebene beeinflusst und die politischen Prioritäten beeinflusst.

Vorläufige Schlussfolgerungen: Obwohl jedes BRICS-Land seine einzigartigen Herausforderungen in Bezug auf Ungleichheiten und Disparitäten bewältigt, gibt es gemeinsame und geteilte Themen, die im gesamten Block auftauchen, darunter regionale Ungleichheiten, Geschlechterungleichheit und Ungleichheiten im Zugang zu grundlegenden Dienstleistungen wie Bildung und Gesundheitsversorgung. Diese Elemente sind entscheidend, um ein umfassendes Verständnis der

Ungleichheiten und Disparitäten in den BRICS zu entwickeln, und erfordern weitere Analyse und detaillierte Überlegungen in politischen und akademischen Diskussionen.

Fazit: Die BRICS-Länder, obwohl sie einige Wachstums- und Entwicklungsmerkmale gemeinsam haben, weisen erhebliche soziale, wirtschaftliche und Umweltungleichheiten und -disparitäten auf. Die Realitäten von Brasilien, Russland, Indien, China und Südafrika überschneiden sich und unterscheiden sich auf mehreren Ebenen, einschließlich sozioökonomischer, geschlechtsspezifischer, umweltbezogener und regionaler Aspekte.

Sozioökonomische Ungleichheiten und soziale Mobilität: Die sozioökonomischen Ungleichheiten in den BRICS-Ländern sind mit sozialer Mobilität verbunden. Strukturelle Barrieren beim Zugang zu Bildung, qualifizierten Arbeitsmöglichkeiten und qualitativ hochwertiger Gesundheitsversorgung behindern soziale Mobilität und halten bestehende Unterschiede aufrecht. Die Festigung einer wirtschaftlichen Elite auf Kosten der verarmten Massen verschärft diese Ungleichheiten weiter. Die Verteilung von Reichtum und Chancenzugang wird zu einem zentralen Thema, und Politiken zur Bekämpfung der wachsenden Kluft zwischen den Reichen und den Armen sind unerlässlich für eine nachhaltige und gerechte Zukunft.

Geschlecht und Ungleichheit: Die Geschlechterungleichheit durchdringt weiterhin die BRICS-Gesellschaften, trotz politischer und sozialer Bemühungen. Geschlechterdiskriminierung zeigt sich in Bereichen wie Lohn, Beschäftigung, Bildung und politischer Vertretung. Die Bewältigung dieser Fragen ist nicht nur aus Sicht der Menschenrechte zwingend erforderlich, sondern auch für den sozioökonomischen Fortschritt von entscheidender Bedeutung, da die Stärkung von Frauen eng mit nachhaltiger Entwicklung verbunden ist.

Regionale Disparitäten: Die regionalen Unterschiede, insbesondere in großen Ländern wie Russland und China, sind erheblich. Die zentralen und Küstenregionen, die oft besser entwickelt sind, stehen im Gegensatz zu den inneren und peripheren Gebieten, die mit unzureichender Infrastruktur, begrenzten Chancen und Entwicklungsherausforderungen zu kämpfen haben. Diese geografischen Ungleichheiten erfordern gezielte Strategien, um die Entwicklung auszugleichen und sicherzustellen, dass Ressourcen und Chancen gleichmäßiger verteilt werden.

Umwelt und nachhaltige Entwicklung: Der Dialog zwischen Entwicklung und Umweltschutz ist mit Ungleichheiten verknüpft, wobei oft die ärmsten Gemeinschaften die Last der Umweltzerstörung tragen. Die Umweltpolitik der BRICS-Länder muss daher in

Betracht ziehen, wie Nachhaltigkeitsstrategien inklusiv sein können und keine weiteren Disparitäten erzeugen.

Instrumente und Strategien für den Wandel: Um die Entwicklung der Ungleichheiten und Disparitäten in den BRICS-Ländern umzukehren, ist die Schaffung und Umsetzung inklusiver Politiken entscheidend. Dies erfordert eine Kombination aus proaktiven Steuerpolitiken, Investitionen in Bildung und Gesundheit, Strategien für regionale Entwicklung und Programme zur Stärkung der Geschlechter. Darüber hinaus könnte der fortlaufende Dialog zwischen den BRICS-Ländern, um Wissen und bewährte Verfahren auszutauschen, als Katalysator dienen, um innovative und gemeinschaftliche Lösungen für diese gemeinsamen Herausforderungen zu entwickeln.

Richtung zu einer gerechteren und nachhaltigeren Zukunft: Der Weg zu einer gerechteren Zukunft für die BRICS-Länder ist zweifellos anspruchsvoll und erfordert das gemeinsame Engagement von Regierungen, dem privaten Sektor und der Zivilgesellschaft. Die Bewältigung von Ungleichheiten und Disparitäten erfordert den Aufbau einer widerstandsfähigeren und integrierten sozialen und wirtschaftlichen Struktur, in der die Vorteile der Entwicklung breiter geteilt werden und in der jeder Bürger die Möglichkeit hat, sein volles Potenzial auszuschöpfen.

In dieser Hinsicht sollten die Erfahrungen, die jedes BRICS-Land gesammelt hat, den Weg zu inklusiveren und gerechteren Strategien weisen, die sicherstellen, dass die zukünftige Entwicklung nicht nur wirtschaftlich robust, sondern auch gleichmäßig auf alle Bereiche der Gesellschaft verteilt ist.

10. Konflikte und Zusammenarbeit • Analyse von Konflikten und Kooperationsbereichen zwischen den BRICS-Mitgliedern.

Konflikte und Zusammenarbeit zwischen den BRICS-Mitgliedern:

1. Überblick Die BRICS-Länder (Brasilien, Russland, Indien, China und Südafrika) haben in der globalen Politik und Wirtschaft eine bedeutende Rolle gespielt. Obwohl sie gemeinsame Interessen wie wirtschaftliche Entwicklung und die Reform internationaler Finanzinstitutionen teilen, zeigen sie eine Reihe von Meinungsverschiedenheiten und Konflikten, die neben Kooperationsbereichen existieren.

2. Offensichtliche Konflikte zwischen den BRICS-Mitgliedern a. Wirtschaftliche und Handelsdivergenzen China und Indien hatten Spannungen im Zusammenhang mit Handelsungleichgewichten und Zollsperren.

Brasilien äußerte ebenfalls Bedenken hinsichtlich chinesischer Handelspraktiken und des Wettbewerbs im Agrarsektor. b. Territoriale Konflikte Der offensichtlichste territoriale Konflikt innerhalb der BRICS besteht zwischen Indien und China, insbesondere entlang ihrer ausgedehnten Berggrenze, mit historischen Streitigkeiten und jüngsten militärischen Auseinandersetzungen. c. Ideologische und politische Meinungsverschiedenheiten Politische und ideologische Meinungsverschiedenheiten zwischen den Mitgliedern, wie die zwischen dem indischen parlamentarischen Demokratiesystem und dem zentralisierten System Chinas, haben Reibungen und Unstimmigkeiten in der Außen- und Innenpolitik verursacht.

3. Kooperationsbereiche a. Wirtschaftliche Zusammenarbeit Trotz der Konflikte haben die BRICS-Mitglieder Bereiche wirtschaftlicher Zusammenarbeit identifiziert und verfolgt, wie die New Development Bank, die zur Finanzierung von nachhaltigen Entwicklungs- und Infrastrukturprojekten in den BRICS-Ländern und anderen Schwellenländern geschaffen wurde. b. Sicherheit und Politik Die BRICS arbeiten in einigen internationalen Foren gemeinsam an Sicherheits- und Politikfragen, um ihr Gewicht und ihren Einfluss im

internationalen System zu stärken und die Reform globaler Institutionen wie des IWF und der Weltbank zu fördern. c. Kultureller und Bildungsaustausch Die Länder haben Initiativen zur Intensivierung des kulturellen und bildungspolitischen Austauschs gefördert, um Brücken zu bauen und gegenseitiges Verständnis zwischen den Völkern der BRICS-Länder zu fördern.

4. Ein empfindliches Gleichgewicht zwischen Konflikt und Kooperation Die Beziehung zwischen den BRICS-Ländern ist ein empfindliches Gleichgewicht zwischen Kooperation und Wettbewerb. Auf der einen Seite besteht ein gemeinsamer Wille zur Zusammenarbeit in Bereichen von gegenseitigem Interesse. Auf der anderen Seite stellen historische und aktuelle Rivalitäten und Konflikte erhebliche Hindernisse für die volle Entfaltung des Gruppenpotenzials dar. Sicherheits-, Handels- und globale Einflussfragen sind besonders sensible Bereiche. Zum Beispiel wird Chinas zunehmende globale Präsenz, sowohl wirtschaftlich als auch militärisch, von anderen Mitgliedern, insbesondere Indien, mit Skepsis betrachtet, was Spannungen und Verdächtigungen schürt.

5. Auf dem Weg zu einer Zukunft mit mehr Zusammenarbeit? Die Herausforderung für die BRICS in der nahen Zukunft wird darin bestehen, durch diese stürmischen Gewässer zu navigieren und Konflikte zu minimieren und Kooperationsbereiche zu maximieren. Dies könnte Kompromisse, Flexibilität und erneuerte Bemühungen um Dialog und gegenseitiges Verständnis erfordern. Langfristig wird die Fähigkeit der BRICS, Meinungsverschiedenheiten zu überwinden und sich auf gemeinsame Ziele und Interessen zu konzentrieren, den Erfolg und den Einfluss der Gruppe in der globalen Arena bestimmen. In einer zunehmend multipolaren und vernetzten Welt wird multilaterale Zusammenarbeit zwischen Ländern mit erheblichen Ressourcen und Einfluss, wie den BRICS, entscheidend sein, um die globalen Herausforderungen anzugehen, die vor uns liegen. Die Dynamik von Konflikt und Kooperation innerhalb der BRICS ist auch in Bezug auf externe Einflüsse und globale Dynamiken verwoben und entwickelt sich ständig weiter. Die Aufspaltung und die Synergien zwischen diesen aufstrebenden Staaten spiegeln sowohl die Spannungen als auch die gemeinsamen Interessen wider, die ihre Interaktionen prägen. Zum Beispiel hatte der Handelskrieg zwischen China und den USA, der

2018-2019 seinen Höhepunkt erreichte, Auswirkungen auf alle BRICS-Wirtschaften. Insbesondere China versuchte, seine Handelspartner zu diversifizieren und in neue Märkte zu investieren, was sowohl wettbewerbsfähige als auch kooperative Auswirkungen auf Brasilien, Russland, Indien und Südafrika hatte. Während diese Länder von der Umgestaltung von Handels- und Produktionsrouten profitieren könnten, entstehen auch neue Spannungen in Bezug auf Handelsüberschüsse und -defizite sowie auf das Wachstum bestimmter Wirtschaftszweige. Auch die digitale Sphäre wird als ein dynamisches Feld der Zusammenarbeit und Rivalität immer wichtiger. Zum Beispiel unterstützte China Indien bei der Entwicklung digitaler Infrastrukturen durch Direktinvestitionen in Start-ups und aufstrebende Technologien. Dennoch bleiben Bedenken hinsichtlich nationaler Sicherheit, Datenschutz und geistigem Eigentum Quellen von Spannungen zwischen den beiden Ländern, Spannungen, die sich auch auf ihre Interaktionen mit Brasilien, Russland und Südafrika auswirken.

Parallel dazu schaffen der globale Energiewandel und das Bekenntnis zu mehr Nachhaltigkeit neue Dynamiken zwischen den BRICS-Mitgliedern. China hat beispielsweise bedeutende Verpflichtungen zur Kohlenstoffneutralität übernommen, während Indien massive Investitionen in Solarenergie tätigt. Russland wiederum, obwohl es eine dominante Rolle als Exporteur von Gas und Öl spielt, erkundet auch Möglichkeiten im Bereich erneuerbarer Energien. Diese Entwicklungen schaffen kooperative Szenarien, in denen die BRICS-Länder Technologien und Fachwissen teilen können, aber auch potenzielle Konflikte in Bezug auf Energiemärkte, Investitionen und Umweltpolitik.

Darüber hinaus versuchen die BRICS als Einheit, ein Gegengewicht zum westlichen Einfluss in Bezug auf die globale Wirtschaftsgovernance zu etablieren und müssen dafür ihre interne Kohäsion stärken, indem sie Dialoge und gemeinsame Initiativen fördern, obwohl politische und wirtschaftliche Meinungsverschiedenheiten offensichtlich bleiben. Dies zeigt sich oft in multilateralen Foren, in denen die BRICS-Länder geschlossen bei wichtigen Fragen wie institutioneller Reform und der Förderung einer gerechteren globalen Machtaufteilung auftreten.

Dennoch kann die Beziehung zwischen den BRICS-Ländern nicht vollständig verstanden werden, ohne auch den sozialpolitischen Kontext in jedem Mitgliedsland zu berücksichtigen. Wirtschaftswachstum, der Aufstieg der Mittelschicht, Ungleichheiten und innenpolitische Stabilität in jedem

Land beeinflussen maßgeblich die Ausrichtung der Außenpolitik und die Positionen gegenüber anderen BRICS-Mitgliedern und im allgemeinen in der internationalen Arena.

Die Zukunft der BRICS und ihre Auswirkungen auf das internationale System werden daher weiterhin von einer komplexen Matrix aus Konflikten und Kooperationen geprägt sein, wobei Bereiche wie Handel, Sicherheit, Technologie und Nachhaltigkeit miteinander verknüpft sind. Es wird entscheidend sein, wie sich diese Dynamiken im Kontext einer sich wandelnden Weltordnung und zunehmend drängender globaler Herausforderungen entwickeln.**

**Die BRICS suchen weiterhin nach Strategien, um in einem sich ständig ändernden internationalen Umfeld eine Balance zwischen Kooperation und Wettbewerb zu finden. Interne Rivalitäten und Solidaritäten innerhalb der Gruppe zeigen sich nicht nur wirtschaftlich, sondern auch in Fragen der Sicherheit und Geopolitik, was den kooperativen Weg der BRICS sowohl fruchtbar als auch komplex macht.

Ein besonders interessanter Blickwinkel, um diese Themen weiter zu erforschen, ist die Geopolitik der COVID-19-Impfungen. Die Pandemie stellte eine beispiellose Herausforderung für die internationale Zusammenarbeit dar und verschärfte und betonte einige der bestehenden Spannungen zwischen und innerhalb der BRICS. Zum Beispiel führten Indien und Südafrika weltweit die Bemühungen an, die Patente für COVID-19-Impfstoffe freizugeben, indem sie einen Verzicht bei der Welthandelsorganisation (WTO) vorschlugen, um die Impfstoffproduktion in Entwicklungsländern zu erleichtern. Diese Position beleuchtete nicht nur die Nord-Süd-Dynamik in der Produktion und Verteilung von Impfstoffen, sondern betonte auch den Wunsch der BRICS, die globalen Normen und Praktiken so zu gestalten, dass sie für Schwellen- und Entwicklungsländer gerechter sind.

Darüber hinaus hat der wachsende Trend des Impfnationalismus eine weitere Spannungsquelle dargestellt, wobei Länder wie China und Russland die "Impf-Diplomatie" nutzen, um ihren Einfluss in Schlüsselregionen wie Afrika und Lateinamerika auszudehnen. Dies wirft Fragen darüber auf, wie die BRICS-Länder nationale Interessen mit kollektiven Interessen abwägen können, insbesondere wenn es darum geht, auf globale Herausforderungen mit koordinierten und solidarischen Maßnahmen zu reagieren.

Darüber hinaus wird der Weg der BRICS im internationalen Umfeld auch von den internen Kooperationsstrukturen der Gruppe beeinflusst. Die New Development Bank (NDB) der BRICS stellt beispielsweise ein entscheidendes Instrument zur Finanzierung von Infrastrukturprojekten in den

Mitgliedsländern dar und bietet eine Alternative zu westlichen Kreditmechanismen. Die NDB muss jedoch auch die Spannungen und unterschiedlichen Interessen ihrer Mitglieder bewältigen und dabei das Bedürfnis nach Finanzierung von Projekten, die sowohl wirtschaftlich nachhaltig als auch geopolitisch akzeptabel für alle BRICS-Länder sind, in Einklang bringen.

Die Ausweitung der 5G-Technologie stellt ein weiteres Feld für potenzielle Zusammenarbeit und Konflikte zwischen den BRICS-Ländern dar. China hat sich mit Technologiegiganten wie Huawei deutlich in der Entwicklung und Bereitstellung von 5G-Technologie positioniert und gilt als weltweiter Marktführer. Bedenken hinsichtlich der Datensicherheit und des Datenschutzes, insbesondere seitens Indiens, zeigen, wie die BRICS sowohl Partner als auch Rivalen im globalen Technologiewettlauf sein können.

Die Schnittstelle dieser und vieler anderer Fragen, von Cybersicherheit bis zur künstlichen Intelligenz, von der Weltraumkooperation bis zur Ressourcenverwaltung, wird die zukünftige Ausrichtung der BRICS im internationalen Kontext skizzieren und ihre Fähigkeit formen, sowohl als kooperative Blöcke als auch als konkurrierende Nationen zu agieren, jede mit ihrer eigenen geopolitischen und geoökonomischen Agenda und Prioritäten. Die fortlaufende Erforschung dieser Dynamiken ist daher entscheidend, um potenzielle zukünftige Verläufe der internationalen Beziehungen und die Konfiguration der globalen Macht in der heutigen Ära zu verstehen. Um die Nuancen der Beziehungen innerhalb der BRICS weiter zu analysieren, könnten wir feststellen, wie die Interaktion zwischen diesen Staaten eine aufregende Mischung aus Erwartungen, Ambitionen und Vorsicht offenbart. Während wirtschaftliche Beziehungen zwischen diesen Ländern oft die Aufmerksamkeit der globalen Medien auf sich ziehen, ist ein weniger erforschter, aber ebenso entscheidender Aspekt der Bereich der Sicherheit und militärischen Bündnisse. Es ist erwähnenswert, dass, obwohl die BRICS in vielen globalen wirtschaftlichen und politischen Fragen als Einheit auftreten, die Sicherheitskooperation keinen parallelen Weg eingeschlagen hat. Regionale Rivalitäten, territoriale Konflikte und Unterschiede in den Allianz- und Sicherheitsmodellen haben zu einer gewissen Verzögerung bei der Bildung einer gemeinsamen Sicherheitsfront geführt. Nehmen wir zum Beispiel das komplexe Dreiecksverhältnis zwischen China, Indien und Russland. Während Russland und Indien langjährige positive bilaterale Beziehungen genossen haben, insbesondere im Bereich der militärischen Zusammenarbeit und Waffenkäufe, waren die Beziehungen zwischen Indien und China von Spannungen geprägt, die durch territoriale

Streitigkeiten und einen Grenzkrieg hervorgehoben wurden. Ebenso sind die Beziehungen zwischen Russland und China komplex und mischen Elemente der Zusammenarbeit und des gegenseitigen Verdachts, trotz einer äußeren Fassade strategischer Allianz. Die Verwaltung dieser komplexen trilateralen Beziehungen im breiteren Kontext der BRICS ist ein äußerst delikater geopolitischer Tanz. Während der Block erfolgreich eine gemeinsame Vision für eine multipolare Weltordnung formuliert hat und in internationalen Foren wie den Vereinten Nationen zusammenarbeitet, um diese Ziele zu fördern, ist der Aufbau einer kohärenten Struktur für die Sicherheitszusammenarbeit entgangen. Ein weiterer Punkt, der besondere Aufmerksamkeit verdient, ist die zunehmende wirtschaftliche Ungleichheit innerhalb der BRICS-Länder. Obwohl diese Länder oft in internationalen Foren gemeinsame Sache machen und die Notwendigkeit einer größeren Vertretung und Einflussnahme für aufstrebende Länder betonen, sehen sie sich intern mit Fragen der Einkommens- und Vermögensungleichheit konfrontiert. Zum Beispiel, obwohl China und Indien in den letzten Jahrzehnten erhebliche Fortschritte bei der Armutsbekämpfung gemacht haben, stehen beide Länder erheblichen Herausforderungen in Bezug auf Einkommens- und Vermögensungleichheit gegenüber. Auch das Umweltthema ist von grundlegender Bedeutung. Die BRICS-Nationen gehörten zu den größten

Treibhausgasemittenten und wurden für ihre Umweltpolitik kritisiert. Es ist jedoch wichtig zu betonen, dass diese Länder auch aktiv versuchen, wirtschaftliches Wachstum und Umweltschutz in Einklang zu bringen, um ihre Rolle als Führungsmächte in der südlichen Hemisphäre mit den Anforderungen eines inklusiven und nachhaltigen Wirtschaftswachstums in Einklang zu bringen. China hat beispielsweise massive Investitionen in erneuerbare Energien getätigt und sich verpflichtet, bis 2060 Kohlenstoffneutralität zu erreichen. Zusammenfassend lässt sich sagen, dass die BRICS zwar als aufstrebender Wirtschaftsblock auftreten, die Dynamiken innerhalb der Gruppe, einschließlich wirtschaftlicher Zusammenarbeit, strategischer Rivalität und geopolitischer Spannungen, ein reiches Forschungsfeld für die Erforschung und Analyse darstellen. Die Notwendigkeit, globale Ambitionen mit regionalen und nationalen Herausforderungen in Einklang zu bringen, beeinflusst weiterhin die Interaktionen innerhalb der Gruppe und bietet ein komplexes und faszinierendes Bild der zeitgenössischen internationalen Beziehungen. In Bezug auf das Thema "Konflikte und Kooperation" zwischen den Mitgliedern der BRICS wirft die Untersuchung der komplexen Verflechtungen von Allianzen, Herausforderungen und Chancen im Block verschiedene wichtige Fragen für die Zukunft der Weltordnung auf. Die BRICS, bestehend aus Brasilien,

Russland, Indien, China und Südafrika, haben ein einzigartiges Forum geschaffen, das, obwohl es von einer komplexen Mischung aus Kooperation und Konflikt gekennzeichnet ist, potenziell einige Schlüsseldynamiken der globalen Politik und Wirtschaft neu definiert hat. Die Zusammenarbeit zwischen den BRICS-Mitgliedern wurde oft im Zusammenhang mit gemeinsamen wirtschaftlichen Initiativen wie der New Development Bank und einheitlichen Positionen in verschiedenen multilateralen Foren hervorgehoben. Die gemeinsame Agenda der BRICS hat in der Regel Themen wie die Reform internationaler Finanzinstitutionen, die Förderung einer multipolaren Weltordnung und nachhaltige Entwicklung betont. Dennoch ist offensichtlich, dass trotz dieser gemeinsamen Themen erhebliche, nicht immer offen ausgesprochene Spannungen zwischen den Blockmitgliedern bestehen. Die bilaterale Beziehung zwischen den BRICS-Mitgliedern variiert stark. Zum Beispiel war die sino-indische Beziehung aufgrund territorialer Streitigkeiten und strategischer Rivalitäten im indischen Subkontinent und im Indischen Ozean angespannt. Im Gegensatz dazu hat die sino-russische Beziehung eine relativ solide Zusammenarbeit genossen, insbesondere in Bezug auf die Koordination in multilateralen Foren und gemeinsame Energieprojekte. Ebenso haben Russland und Indien freundliche Beziehungen unterhalten, einschließlich einer tiefen militärischen Kooperation, während Brasilien und Südafrika gelegentlich weniger zentrale Rollen in den Dynamiken von Kooperation und Konflikt innerhalb der Gruppe gespielt haben.

Eine weitere kritische Herausforderung innerhalb der BRICS ist die Bewältigung des wachsenden Einflusses Chinas. Die riesige chinesische Wirtschaft, ihre schnelle technologische Entwicklung und ihr wachsender militärischer Einfluss sind Faktoren, die die zukünftigen Dynamiken innerhalb des Blocks beeinflussen könnten, insbesondere in Bezug darauf, wie andere Mitglieder ihre Beziehungen zu Peking gestalten. China, obwohl es ein Treiber des wirtschaftlichen Wachstums ist und ein wichtiger Handelspartner für alle anderen BRICS-Mitglieder, wird auch als sicherheitstechnische Herausforderung wahrgenommen, insbesondere für Indien, aber auch in bestimmten Kontexten für Russland.

Folglich könnte die Zukunft der BRICS stark von der Fähigkeit ihrer Mitglieder beeinflusst werden, diese internen Komplikationen und Spannungen zu bewältigen. Die Nachhaltigkeit des Blocks als bedeutendes Forum für wirtschaftliche und politische Zusammenarbeit wird weitgehend von der Bereitschaft und Fähigkeit seiner Mitglieder abhängen, sowohl mit internen Machtasymmetrien als auch mit den Herausforderungen und Chancen umzugehen, die sich aus der Entwicklung der Weltordnung ergeben. Wenn der Block als Mittel zur Mäßigung und Bewältigung von Konflikten zwischen seinen Mitgliedern dienen kann, gemeinsame Entwicklungsstrategien fördert und kollektive Antworten auf Veränderungen in der globalen Wirtschaft und internationalen Governance formuliert, könnten die BRICS tatsächlich eine Schlüsselrolle im Modell der internationalen Beziehungen und der globalen Governance in der nahen Zukunft spielen. Andernfalls, wenn die internen Spannungen und Rivalitäten zu stark werden, könnte das Potenzial des Blocks, als einheitliche und einflussreiche Entität auf der Weltbühne zu agieren, abnehmen. Letztendlich, während die Zusammenarbeit innerhalb der BRICS das Potenzial hat, globale wirtschaftliche und politische Trends zu gestalten, stellen die tiefen Meinungsverschiedenheiten und Spannungen zwischen ihren Mitgliedern auch erhebliche und nicht leicht zu überwindende Herausforderungen dar. Die Fortsetzung des Dialogs und der Zusammenarbeit, sowohl formell als auch informell, wird entscheidend sein, um diese Herausforderungen zu bewältigen und das Potenzial der BRICS zur Gestaltung der Struktur der Weltordnung weiterzuentwickeln.

Rolle und Verantwortung der BRICS im Kontext des Klimawandels

Die BRICS-Gruppe, bestehend aus Ländern mit rascher Industrialisierung und erheblichem wirtschaftlichem Wachstum, spielt eine entscheidende Rolle im globalen Kontext des Klimawandels. Die Zusammenarbeit und die von Brasilien, Russland, Indien, China und Südafrika unternommenen Maßnahmen haben einen erheblichen Einfluss auf die internationale Bühne, hauptsächlich aufgrund ihrer hohen Treibhausgasemissionen, ihrer wachsenden Wirtschaften und ihres steigenden Energiebedarfs.

Aktive Teilnahme an globalen Initiativen

Die BRICS-Nationen spielen eine aktive Rolle in den internationalen Verhandlungen über den Klimawandel und in den Konferenzen der Vertragsparteien (COP) unter dem Rahmenübereinkommen der Vereinten Nationen über Klimaänderungen (UNFCCC). Sowohl kollektiv als auch einzeln sind diese Länder einflussreich bei der Gestaltung globaler Politiken und der Ausarbeitung von Klimaabkommen wie dem Pariser Abkommen von 2015.

Verschiedene und einzigartige Herausforderungen

Jedes BRICS-Land hat einzigartige Herausforderungen im Zusammenhang mit dem Klimawandel. Zum Beispiel sind Indien und China weltweit unter den größten Treibhausgasemittenten, und obwohl beide bedeutende Initiativen zur Förderung erneuerbarer Energien ergriffen haben, bleibt die Abhängigkeit von Kohle ein relevantes Problem. Auf der anderen Seite stehen Brasilien einzigartige Herausforderungen im Zusammenhang mit der Abholzung des Amazonas und der nachhaltigen Bewirtschaftung seiner Biodiversität gegenüber.

Investitionen in erneuerbare Energien und grüne Technologien

Alle BRICS-Länder haben erheblich in erneuerbare Energien und grüne Technologien investiert. Indien hat beispielsweise ehrgeizige Ziele für die Erweiterung seiner Kapazität für Solarenergie und Windenergie festgelegt. China ist hingegen weltweit führend in der Produktion von Solarpaneelen und Windturbinen, während Brasilien eine lange Geschichte in der Produktion von Bioethanol hat und Biokraftstoffe in seine Energiebilanz integriert hat.

Politische und wirtschaftliche Unterschiede

Trotz der Zusammenarbeit gibt es erhebliche Unterschiede in den Klimapolitiken der BRICS-Nationen. Während einige Länder möglicherweise das Wirtschaftswachstum priorisieren, legen andere möglicherweise einen größeren Schwerpunkt auf Umweltschutz und die Bekämpfung des Klimawandels. Diese Unterschiede hängen oft mit einzigartigen wirtschaftlichen, sozialen und geopolitischen Faktoren jeder Nation zusammen und machen die Zusammenarbeit im Bereich des Klimawandels zu einer Gelegenheit und einer Herausforderung.

Verwundbarkeit und Anpassung an den Klimawandel

Die BRICS-Länder sind auch erheblich anfällig für die Auswirkungen des Klimawandels, wie extreme Wetterereignisse, steigende Meeresspiegel und Veränderungen in den Niederschlagsmustern. Die Notwendigkeit der Anpassung ist entscheidend, um sicherzustellen, dass verwundbare Bevölkerungsgruppen, kritische Infrastrukturen und lebenswichtige Ökosysteme vor den derzeitigen und zukünftigen Auswirkungen des Klimawandels geschützt werden.

Schlussfolgerung

Die BRICS, sowohl kollektiv als auch einzeln, tragen eine erhebliche Verantwortung und Macht, um globale Antworten auf den Klimawandel zu gestalten. Die effektive Bewältigung ihrer internen Herausforderungen und die Schaffung eines Konsenses innerhalb der Gruppe können die Wirksamkeit ihrer Maßnahmen auf der globalen Bühne verstärken. Der Weg zu einer fruchtbaren Zusammenarbeit erfordert ein Gleichgewicht zwischen nationalen und kollektiven Zielen, zwischen wirtschaftlichem Wachstum und Umweltschutz, sowie zwischen nationalen Initiativen und der Beteiligung an multilateralen Initiativen. Wenn du möchtest, dass der Text in bestimmten

Unterabschnitten weiter ausgeführt oder vertieft wird, lass es mich bitte wissen!

12. Verteidigungs- und Sicherheitsstrategien • Verteidigungs- und Sicherheitspolitik der BRICS im neuen Weltsystem.

Verteidigungs- und Sicherheitspolitik der BRICS im neuen Weltsystem

Die Verteidigungs- und Sicherheitspolitik der BRICS-Nationen ist eng mit ihren geopolitischen Positionen, strategischen Zielen und Wahrnehmungen der Bedrohungen im neuen Weltsystem verknüpft. Die BRICS, obwohl sie in bestimmten Bereichen wie wirtschaftliche Entwicklung und Fragen des Klimawandels relativ zusammenhalten, weisen erhebliche Unterschiede in ihren Ansätzen und Politiken zur Verteidigung und Sicherheit auf.

Individuelle Perspektiven zu Sicherheitsbedrohungen und Verteidigung

Jeder BRICS-Staat hat eine einzigartige Wahrnehmung von Bedrohungen und strategischen Zielen. Zum Beispiel konzentriert sich China weitgehend auf das Südchinesische Meer, Taiwan und die von den USA in der Region dargestellten Herausforderungen. Russland konzentriert sich auf NATO-Länder und

Sicherheitsfragen in Osteuropa und der Arktis. Indien hat erhebliche Sicherheitsbedenken hinsichtlich seiner Nachbarn, insbesondere Pakistan und China, während Brasilien und Südafrika stärker auf regionale Angelegenheiten sowie Friedens- und Sicherheitsfragen auf kontinentaler Ebene ausgerichtet sind.

Kooperationsmechanismen innerhalb der BRICS

Die BRICS bemühen sich durch verschiedene Gipfeltreffen und Foren, den Dialog und die Zusammenarbeit in Sicherheits- und Verteidigungsfragen zu fördern, auch wenn gemeinsame Aktionen oft durch Unterschiede in nationalen Interessen eingeschränkt sind. Die Mitglieder haben Initiativen ergriffen, um die Zusammenarbeit in den Bereichen Cybersicherheit, Terrorismusbekämpfung und militärische Kapazitätsentwicklung zu erhöhen, und fördern gleichzeitig den Dialog zu Sicherheitsfragen durch regelmäßige Treffen der Verteidigungs- und Sicherheitsminister.

Interessenkonflikte und bilaterale Spannungen

Es gibt auch erhebliche Spannungen und Interessenkonflikte innerhalb des Blocks. Ein bemerkenswertes Beispiel sind die territorialen Spannungen zwischen Indien und China, die sogar zu bewaffneten Auseinandersetzungen an ihren umstrittenen Grenzen geführt haben. Solche Spannungen erschweren den Aufbau einer gemeinsamen und kohärenten Verteidigungs- und Sicherheitspolitik innerhalb der BRICS.

Die BRICS-Mitglieder auf der globalen Bühne

Jedes BRICS-Mitglied versucht, seine eigene Rolle und Einfluss auf der globalen Bühne zu behaupten. Insbesondere Russland und China versuchen, die bestehende Weltordnung herauszufordern, indem sie ihre eigene Weltsicht fördern und versuchen, den westlichen Einfluss auszugleichen. Indien, Brasilien und Südafrika hingegen versuchen oft, zwischen einer Vielzahl von Interessen und globalen Koalitionen zu vermitteln und eine Außenpolitik zu verfolgen, die sowohl mit dem Westen als auch mit anderen aufstrebenden Mächten in Einklang steht.

Die militärische und strategische Dimension

Der Ansatz der BRICS zur Verteidigung und Sicherheit wird auch stark von ihren militärischen und strategischen Fähigkeiten beeinflusst. China und Russland, mit erheblichen Streitkräften und nuklearen Arsenalen, verfolgen oft einen selbstbewussteren Ansatz in ihren jeweiligen Regionen im Vergleich zu den anderen BRICS-Mitgliedern. Indien, ebenfalls eine Atommacht, verfolgt einen robusten Ansatz in Verteidigungsfragen, während Brasilien und Südafrika oft auf präventive Diplomatie, Vermittlung und Friedensmissionen setzen.

Fazit

Die Verteidigungs- und Sicherheitspolitik der BRICS im neuen Weltsystem ist eine Mischung aus Zusammenarbeit und Wettbewerb, wobei die Mitglieder versuchen, nationale Interessen mit der Aufrechterhaltung und Entwicklung der BRICS als bedeutendem internationalen Akteur in Einklang zu bringen. Die unterschiedlichen Wahrnehmungen von Bedrohungen, strategischen Prioritäten und geopolitischen Zielen, zusammen mit bilateralen Spannungen und Rivalitäten, machen den Dialog und die Zusammenarbeit in Sicherheitsfragen innerhalb der BRICS zu einer komplexen und nuancierten Dynamik, die die Komplexität und Paradoxien der zeitgenössischen Weltordnung widerspiegelt.

Influenz im neuen Weltsystem

Die BRICS, sowohl kollektiv als auch einzeln, haben die Fähigkeit, die globale Sicherheitslandschaft zu gestalten, indem sie sowohl gemeinsame als auch unterschiedliche Ziele verfolgen. Zum Beispiel, während es eine allgemeine Konvergenz in Fragen wie Multilateralismus und Reform globaler Institutionen gibt, können sich die spezifischen Strategien und Ansätze zur Erreichung dieser Ziele zwischen den Mitgliedern erheblich unterscheiden.

Zusammenarbeit mit anderen Nationen und Blöcken

Die Beziehungen der BRICS zu anderen Nationen und Machtblöcken sind ebenfalls von großer Bedeutung für die Stabilität und Sicherheit auf globaler Ebene. Russland und China haben beispielsweise eine enge bilaterale Zusammenarbeit in vielen Sicherheitsfragen etabliert, während sie gleichzeitig Beziehungen zu anderen Nationen durch Foren und Organisationen wie die Shanghai Cooperation Organization (SCO) entwickeln. Indien, obwohl es bestimmte Foren mit Russland und China teilt, hat auch enge Beziehungen zu westlichen Nationen und anderen globalen Demokratien entwickelt, was die interne Dynamik der BRICS weiter kompliziert.

Falls weitere Details oder vertiefte Informationen zu bestimmten Bereichen gewünscht werden, stehe ich gerne zur Verfügung!

L'Industria dell'Armamento e le Strategie Militari

Die Rüstungsindustrie und militärische Strategien Die Rüstungsindustrie und militärischen Strategien der BRICS-Nationen sind ebenfalls von entscheidender Bedeutung. Zum Beispiel hat China seine Präsenz in der globalen Rüstungsindustrie signifikant ausgebaut und ist zu einem der weltweit größten Waffenexporteure geworden, wodurch es die Machtverhältnisse in verschiedenen Regionen beeinflusst. Gleichzeitig hat Russland versucht, seinen Einfluss als führender Akteur auf dem globalen Rüstungsmarkt zu erhalten und auszubauen.

Nukleare Fragen Die nukleare Frage ist ein weiterer Bereich, in dem die Politik der BRICS erhebliche Auswirkungen hat. Russland und China sind etablierte Nuklearmächte, während Indien, obwohl es über Atomwaffen verfügt, nach dem Atomwaffensperrvertrag (NPT) nicht als Nuklearstaat anerkannt ist. Die unterschiedlichen Positionen und nuklearen Strategien der BRICS-Nationen beeinflussen nicht nur ihre bilateralen Beziehungen, sondern auch die Dynamik der regionalen und globalen Sicherheit, die strategische Stabilität und die Bemühungen zur Nichtverbreitung.

Cybersicherheit und Cyberkrieg Im Bereich der Cybersicherheit und des Cyberkriegs spielen die BRICS-Nationen eine immer wichtigere Rolle und stehen Herausforderungen sowohl als Opfer als auch als Akteure bösartiger Aktivitäten im Cyberraum gegenüber. Die Strategien für die Cybersicherheitsverteidigung, die Nutzung von Informations- und Kommunikationstechnologien (IKT) für Verteidigung und Sicherheit sowie die offensiven Fähigkeiten im Cyberraum sind allesamt Bereiche, die für die BRICS-Nationen immer wichtiger werden.

Globale Machtprojektion Die militärische Machtprojektion und die Demonstration von Stärke durch Militärübungen, Stationierungen und Operationen im Ausland sind weitere Möglichkeiten, wie die BRICS versuchen, ihre Rolle in der neuen Weltordnung zu behaupten und zu gestalten. Die Beteiligung an Friedensmissionen unter der Schirmherrschaft der Vereinten Nationen sowie einseitige oder multilaterale Operationen in spezifischen Kontexten dienen als Mittel zur Förderung von Interessen, zur Festigung von Glaubwürdigkeit und zur Beeinflussung der regionalen und globalen Sicherheit.

Die Komplexität und Facetten der Verteidigungs- und Sicherheitspolitik der BRICS in der neuen Weltordnung bieten eine breite Palette von Bereichen für weitere Analysen und Diskussionen und bieten sowohl Chancen als auch Herausforderungen für die Zusammenarbeit und den Wettbewerb zwischen den Mitgliedern und anderen globalen Akteuren.

Wirtschaftliche Auswirkungen der Verteidigungspolitik Die wirtschaftlichen Auswirkungen der Verteidigungs- und Sicherheitspolitik sind ein weiterer entscheidender Faktor, der berücksichtigt werden muss. Investitionen in die Streitkräfte und die Modernisierung des Militärs können sowohl Vor- als auch Nachteile für die nationalen Volkswirtschaften der BRICS haben. Einerseits können sie die mit der Verteidigungsindustrie verbundenen Branchen anregen und Arbeitsplätze schaffen, andererseits könnten sie jedoch wertvolle Ressourcen von anderen wichtigen Bereichen wie Bildung und Gesundheit abziehen.

Interne Militärische Zusammenarbeit Die militärische Zusammenarbeit zwischen den BRICS-Nationen stellt eine weitere bemerkenswerte Dimension dar. Obwohl es erhebliche bilaterale Spannungen zwischen den Mitgliedern gibt, wie zum Beispiel zwischen Indien und China, hat der Block versucht, eine gewisse Form der militärischen Zusammenarbeit zu festigen. Gemeinsame militärische Übungen und Sicherheitsdialogforen innerhalb der BRICS sind Instrumente, mit denen der Block versucht, interne Spannungen zu bewältigen und gleichzeitig gemeinsame Sicherheitsziele zu verfolgen.

Geopolitische Rivalitäten mit anderen Blöcken Die geopolitischen Rivalitäten und Machtverhältnisse mit anderen Blöcken und Nationen außerhalb der BRICS sind eine anhaltende Realität, die zwangsläufig die Verteidigungs- und Sicherheitspolitik der Gruppe beeinflusst. Die Beziehungen der BRICS zu Nationen und Gruppen wie den Vereinigten Staaten, der Europäischen Union und der NATO sind kompliziert und facettenreich, gekennzeichnet durch eine Mischung aus Zusammenarbeit in bestimmten Bereichen und Wettbewerb und Streit in anderen.

Hinweis: Die Übersetzung erfolgte unter Berücksichtigung der vorgegebenen Formatierung mit Fettschrift für die Überschriften und Aufzählungspunkten für die Abschnitte.

Wirtschaftliche Auswirkungen der Verteidigungspolitik Die wirtschaftlichen Auswirkungen der Verteidigungs- und Sicherheitspolitik sind ein weiterer entscheidender Faktor, der berücksichtigt werden muss. Investitionen in die Streitkräfte und die Modernisierung des Militärs können sowohl Vor- als auch Nachteile für die nationalen Volkswirtschaften der BRICS haben. Auf der einen Seite können sie die mit der Verteidigungsindustrie verbundenen Branchen anregen und Arbeitsplätze schaffen, während sie auf der anderen Seite wertvolle Ressourcen von anderen wichtigen Bereichen wie Bildung und Gesundheit abziehen könnten.

Interne Militärische Zusammenarbeit Die militärische Zusammenarbeit zwischen den BRICS-Nationen stellt eine weitere bemerkenswerte Dimension dar. Obwohl es erhebliche bilaterale Spannungen zwischen den Mitgliedern gibt, wie zum

Beispiel zwischen Indien und China, hat der Block versucht, eine gewisse Form der militärischen Zusammenarbeit zu festigen. Gemeinsame militärische Übungen und Sicherheitsdialogforen innerhalb der BRICS sind Instrumente, mit denen der Block versucht, interne Spannungen zu bewältigen und gleichzeitig gemeinsame Sicherheitsziele zu verfolgen.

Rivalitäten Geopolitische mit Anderen Blöcken
Die geopolitischen Rivalitäten und Machtverhältnisse mit anderen Blöcken und Nationen außerhalb der BRICS sind eine anhaltende Realität, die zwangsläufig die Verteidigungs- und Sicherheitspolitik der Gruppe beeinflusst. Die Beziehungen der BRICS zu Nationen und Gruppen wie den Vereinigten Staaten, der Europäischen Union und der NATO sind kompliziert und facettenreich, gekennzeichnet durch eine Mischung aus Zusammenarbeit in bestimmten Bereichen und Wettbewerb und Streit in anderen.

Internationale Normen und Völkerrecht
Schließlich sind die Akzeptanz und die Interpretation internationaler Normen und des Völkerrechts ein weiterer Schlüsselelement. Die Verteidigungspolitik der BRICS und ihr Einfluss auf die neue Weltordnung hängen auch davon ab, ob sie bereit sind, sich den bestehenden internationalen Normen und rechtlichen Strukturen anzupassen, diese in Frage zu stellen oder neu zu definieren, in Bereichen von Abrüstung bis zum Seerecht.

Jedes dieser Elemente bietet einen tiefen Einblick in das komplexe Bild der Verteidigungs- und Sicherheitspolitik der BRICS und deren Auswirkungen auf die zeitgenössische Weltordnung. Es ist jedoch wichtig zu betonen, dass die sich ständig verändernde Natur der geopolitischen Dynamik und der internationalen Beziehungen eine kontinuierliche Untersuchung und Neubewertung der betreffenden Strategien und Politiken erfordert.

Besondere Betonung wird auf die Auswirkungen gelegt, die die Verteidigungs- und Sicherheitspolitik der BRICS auf die Gestaltung der globalen Macht haben und wie diese Politiken durch die Globalisierung und die Herausforderungen der modernen globalen Sicherheitsarchitektur geprägt sind.

Asymmetrische Konflikte und Neue Bedrohungen In der aktuellen Situation stehen wir vor asymmetrischen Bedrohungen und Konflikten wie Terrorismus, Cyberkrieg und biologischen Bedrohungen, die eine Neubewertung herkömmlicher Verteidigungs- und Sicherheitsstrukturen erfordern. Zum Beispiel hat ein Cyberangriff das Potenzial, kritische Infrastrukturen zu gefährden, nationale Wirtschaften zu stören und die nationale Sicherheit zu bedrohen. Cyberkriegsführung und Desinformation sind zu immer dominanteren Instrumenten im strategischen Arsenal der Nationen geworden, die darauf abzielen, Gesellschaften zu destabilisieren und interne Spaltungen zu politisieren.

Cybersecurity und Cyberkrieg Die BRICS-Länder als aufstrebende Mächte engagieren sich aktiv in der Entwicklung ihrer Fähigkeiten im Bereich der Cybersicherheit und bemühen sich nicht nur um Abwehrmaßnahmen gegen Bedrohungen, sondern auch um die Entwicklung von Instrumenten zur Verteidigung und zum Angriff. Die Integration von Technologie in ihre militärischen und Sicherheitsapparate spiegelt nicht nur die Anpassung an moderne Bedrohungen wider, sondern auch den Wunsch, eine größere Kontrolle und Einflussnahme im globalen Cyberraum auszuüben.

Rüstungswettlauf und Abrüstung Spannungen sind auch im Bereich Rüstungswettlauf und Abrüstung spürbar. Die BRICS-Länder selbst sind in komplexe Beziehungen verstrickt, die sowohl Rüstungswettläufe als auch Abrüstungsbemühungen umfassen. Die nukleare Bewaffnung von Indien, Russland und China und ihre jeweiligen Abschreckungspolitiken sowie die Verbreitung fortschrittlicher militärischer Technologien sind alles Fragen, die sowohl die internen Dynamiken der BRICS als auch ihre Beziehungen zu anderen Nationen erfordern, die genauer betrachtet werden müssen.

Soziale Implikationen der Verteidigungspolitik

Die sozialen Implikationen der Verteidigungs- und Sicherheitspolitik verdienen ebenfalls Beachtung. Die Militarisierung, Verteidigungsausgaben und die zunehmende Betonung der Sicherheit können Auswirkungen auf Bürgerrechte, Ressourcenverteilung und Entwicklungsprioritäten haben. Darüber hinaus kann die Stärkung militärischer und Sicherheitsstrukturen in jedem der BRICS-Länder unterschiedliche Auswirkungen auf Menschenrechte, Meinungsfreiheit und die Bewältigung von Protesten und inneren Unruhen haben.

Beziehungen der BRICS zu Alten Mächten

Darüber hinaus spiegelt die Art und Weise, wie die BRICS mit "alten Mächten" wie den Vereinigten Staaten und europäischen Ländern interagieren, sowie ihre Politik gegenüber strategisch wichtigen Ländern wie dem Iran, Nordkorea und Pakistan, die Richtung wider, in die die neue Weltordnung sich entwickeln könnte. Während sie bestrebt sind, ihren Einfluss und ihre Präsenz in verschiedenen Regionen zu behaupten und zu festigen, sind sie gleichzeitig in eine Art Machtgleichgewicht mit den Vereinigten Staaten und Europa verwickelt, wobei sie zwischen Zusammenarbeit und Konfrontation schwanken.

Regionale Sicherheitspolitik Aus der Perspektive der regionalen Sicherheit sind alle BRICS-Nationen in eine Reihe von Konflikten und Spannungen verwickelt, die eine Kombination aus diplomatischen, militärischen und Sicherheitsansätzen erfordern, um sie zu bewältigen und zu mildern. Zum Beispiel stellen die Beteiligung Russlands in der Ukraine und Syrien, Indiens Beziehungen zu seinen regionalen Nachbarn und grenzüberschreitenden Konflikten sowie Chinas Engagement im Südchinesischen Meer bedeutende Herausforderungen dar, die ihre jeweiligen Sicherheitspolitiken gestalten und auch die Dynamik innerhalb der BRICS beeinflussen.

Schlussfolgerungen Das Thema der Verteidigungs- und Sicherheitspolitik der BRICS kann nicht ohne ein tiefes Verständnis der spezifischen Herausforderungen angegangen werden, denen jedes der Mitglieder auf nationaler und internationaler Ebene gegenübersteht. Jede Nation navigiert, obwohl sie bestimmte Ambitionen und Ziele mit den anderen Mitgliedern des Blocks teilt, durch eine einzigartige Reihe von Herausforderungen und Möglichkeiten, die ihre jeweiligen geopolitischen, historischen und sozioökonomischen Umstände widerspiegeln.

Dennoch werden der Dialog und die Zusammenarbeit in Bezug auf Verteidigung und Sicherheit innerhalb des BRICS-Blocks sowohl in ihren individuellen als auch kollektiven Strategien zentral bleiben, um ihre Rolle und ihren Einfluss in der neuen Weltordnung zu bekräftigen und möglicherweise einige der Regeln und Normen neu zu definieren, die die internationalen Beziehungen und die globale Sicherheit regieren. Letztendlich erfordert eine genaue Analyse der Verteidigungs- und Sicherheitsstrategien der BRICS ein kontinuierliches Engagement, um die sich ständig verändernde Landschaft der geopolitischen und globalen Sicherheitsdynamik zu verstehen und zu interpretieren, die sich in einem ständigen Zustand des Wandels befindet.

Abschluss: BRICS im globalen Diskurs über Verteidigung und Sicherheit Das aufstrebende Profil der BRICS auf der internationalen Bühne, verankert in ihren Verteidigungs- und Sicherheitspolitiken, stellt eine bedeutende Einführung in neue Dynamiken und Kräfte in der globalen geopolitischen Arena dar. Die Vielfalt und Komplexität der Sicherheitsherausforderungen, mit denen die BRICS-Länder konfrontiert sind, zusammen mit ihren globalen und regionalen Ambitionen, erzeugen ein komplexes Gefüge von Zusammenarbeit, Wettbewerb und in einigen Fällen Konfrontation.

Bilaterale und Multilaterale Strategien Die Verteidigungs- und Sicherheitspolitiken der BRICS werden durch eine Mischung aus bilateralen und multilateralen Strategien moduliert, wobei versucht wird, die inhärenten Spannungen zwischen nationaler

Souveränität und internationaler Zusammenarbeit auszubalancieren. Diese komplexe Balance zeigt sich in verschiedenen Allianzen, Sicherheitsabkommen und diplomatischen Engagements, sowohl innerhalb des BRICS-Blocks als auch mit anderen Nationen und regionalen Blöcken.

Innovationen im Verteidigungssektor Von militärischer und technologischer Sicht aus haben die BRICS bedeutende Fortschritte gemacht, indem sie erhebliche Ressourcen in die Entwicklung fortgeschrittener militärischer Fähigkeiten investiert und aufkommende Technologien übernommen haben. Dies stärkt nicht nur ihre Verteidigungsfähigkeiten, sondern vermittelt auch ein Bild militärischer Macht, das als Instrument geopolitischer Einflussnahme und Abschreckung genutzt werden kann.

Machtverhältnisse Die Machtverhältnisse zwischen den BRICS und den etablierten westlichen Nationen, insbesondere den Vereinigten Staaten und den NATO-Verbündeten, stellen eine fortlaufende Wechselwirkung von Zusammenarbeit und Rivalität dar. In verschiedenen Theatern wie dem Nahen Osten und Asien versuchen die BRICS, ihren Einfluss geltend zu machen, manchmal im Widerspruch zu westlichen Interessen, was ein sich ständig veränderndes geopolitisches Gleichgewicht erzeugt.

Herausforderungen der Globalisierung und gemeinsame Sicherheit Die Globalisierung und transnationale Herausforderungen wie Terrorismus, asymmetrische Konflikte und Cybersicherheit erfordern eine gemeinsame Antwort und innovative Sicherheitsstrategien. Die Verbindung zwischen transnationalen Bedrohungen und innerer Sicherheit schafft eine Umgebung, in der multilaterale Zusammenarbeit trotz ideologischer Unterschiede von entscheidender Bedeutung ist.

Regionale Stabilität Auf regionaler Ebene spielen die BRICS-Länder eine entscheidende Rolle bei der Festlegung oder in einigen Fällen bei der Störung des Machtgleichgewichts, wodurch der Frieden und die Stabilität beeinflusst werden. Das Verständnis dafür, wie ihre Verteidigungspolitiken die regionalen und globalen Spannungen beeinflussen, ist entscheidend, um die Zukunft der internationalen Sicherheit zu entschlüsseln.

Abschließende Überlegungen Zusammenfassend lässt sich sagen, dass die BRICS-Länder als Schlüsselakteure im globalen Kontext der Sicherheit aufsteigen, und ihr Einfluss ist ebenso vielschichtig wie facettenreich. Die interne Kohäsion des Blocks, trotz bilateraler Unterschiede und Konflikte, symbolisiert einen koordinierten Versuch der Neupositionierung in der globalen Hierarchie. Dennoch werden nationale Eigenheiten und individuelle geopolitische Agenden weiterhin die unterschiedlichen Trajektorien ihrer Verteidigungs- und Sicherheitspolitiken gestalten, ein reiches und manchmal widersprüchliches Bild von Allianzen, Rivalitäten und kooperativen Strategien bieten.

Der zukünftige Weg der BRICS, sowohl als kollektive Einheit als auch als einzelne Nationen, bleibt ein Pfad voller Potenzial, Herausforderungen und Unbekannten, der sorgfältiges Navigieren durch die verworrenen Gänge der weltweiten Verteidigungs- und Sicherheitspolitik erfordern wird. Die Analyse und das Verständnis der Feinheiten ihrer Politiken, Strategien und Allianzen werden entscheidend sein, um die Richtung der aufstrebenden neuen Weltordnung und die Implikationen dieser Mächte für die Stabilität und globale Sicherheit zu erahnen.

13. Kultur und Gesellschaft - Auswirkungen der Kulturen und Gesellschaften der BRICS auf die Welt

Auswirkungen der Kulturen und Gesellschaften der BRICS auf die Welt Die Auswirkungen der Kulturen und Gesellschaften der BRICS-Länder auf die Welt sind immens und vielschichtig, durchdringen verschiedene Bereiche von der Wirtschaft bis zur Politik und beeinflussen globale Diskussionen über Entwicklung, Menschenrechte und

kulturelle Vielfalt. Die Kulturen der BRICS-Länder, aufgrund ihrer historischen, demografischen und sozialen Wurzeln, präsentieren ein Mosaik aus Traditionen, Praktiken, Sprachen und Überzeugungen, das das globale Panorama tiefgreifend beeinflusst.
Kulturelle Vielfalt und Reichtum

1. **Sprachliche und religiöse Vielfalt:**

   - Die BRICS-Länder beherbergen eine Vielzahl von Sprachen und Religionen, die ein kulturelles Mosaik schaffen, das den globalen Dialog über Toleranz und Vielfalt informiert und bereichert.

2. **Kulturerbe und Geschichte:**

   - Jedes BRICS-Land verfügt über ein reiches kulturelles und historisches Erbe, das oft die alten Zivilisationen und tief verwurzelten Traditionen widerspiegelt, die die globale Gesellschaft im Laufe der Jahrhunderte geprägt haben. **Kunst und kultureller Ausdruck**

3. **Film und Medien:**

   - Länder wie Indien, mit Bollywood, und Brasilien, mit seinen lebendigen filmischen und fernsehischen Ausdrucksformen, haben die weltweite Populärkultur durchdrungen und ästhetische und narrative Trends global beeinflusst.

4. **Kunst und Literatur:**

- Künstler und Schriftsteller der BRICS-Länder haben signifikanten Einfluss auf kulturelle und künstlerische Diskussionen weltweit ausgeübt, indem sie vielfältige Perspektiven und Erzählungen in die weltweite Kunst einbrachten. **Soziale und demografische Einflüsse**

5. **Bevölkerungsdynamik:**

- Die große Bevölkerung von Ländern wie China und Indien beeinflusst nicht nur die globalen Märkte, sondern auch die Verbreitung und Akzeptanz kultureller und sozialer Trends.

6. **Migration und Diaspora:**

- Die umfangreichen Diasporen der BRICS-Länder weltweit fungieren als kulturelle Brücken und erleichtern den kulturellen Austausch und die Integration zwischen verschiedenen Regionen der Welt. **Bildung und Forschung**

7. **Akademischer Austausch und Forschung:**

- Akademische Institutionen der BRICS-Länder tragen maßgeblich zur globalen Forschung und zum akademischen Austausch bei, was das Wissen und kulturelle, wissenschaftliche und technologische Innovationen fördert.
Politik und Gesellschaft

8. **Soziale Modelle:**

  - Soziale und politische Modelle, wie Chinas Modell wirtschaftlicher Entwicklung, haben globale Diskussionen über Entwicklung und Governance beeinflusst.

9. **Bürgerrechtsbewegungen:**

  - Bewegungen wie der Kampf gegen die Apartheid in Südafrika dienen als Inspiration und Referenzpunkt für globale Kämpfe für Bürgerrechte und Gerechtigkeit.

Küche und Gastronomie 10. **Weltweite Küche:** - Die Gastronomie der BRICS-Länder hat den Geschmack und die Küchen weltweit beeinflusst, wodurch Gerichte wie indisches Curry oder brasilianisches Feijoada global anerkannt wurden.

Mode und Stil 11. **Mode und Design:** - Designer der BRICS-Länder haben die Mode- und

Designindustrie beeinflusst, indem sie einzigartige Stoffe, Stile und Trends auf die globale Bühne gebracht haben.

Tourismus und kultureller Austausch 12. **Tourismus und Erkundung:** - Orte wie die Chinesische Mauer in China und das ikonische Christus-Statue in Brasilien ziehen Besucher aus der ganzen Welt an, fördern kulturellen Austausch und gegenseitiges Verständnis.

Zusammenfassend haben die Gesellschaften und Kulturen der BRICS-Länder mit ihrer Einzigartigkeit und Vielfalt einen tiefgreifenden und dauerhaften Einfluss auf das soziokulturelle Gefüge der Welt gewoben, kontinuierlich den globalen Dialog und die Interaktionen auf vielfältige Weise geprägt und bereichert. Ihr Einfluss beschränkt sich nicht auf eine einzige Dimension, sondern verzweigt sich in einer Vielzahl von Bereichen, definiert und redefiniert globale Dynamiken und Strömungen auf eine Weise, die sowohl greifbar als auch subtil ist und ihre Stimmen und Werte weit über ihre nationalen Grenzen hinaus trägt.

Die Bedeutung der BRICS im globalen kulturellen und sozialen Kontext kann weiter erforscht werden, indem verschiedene Schlüsselaspekte betrachtet werden, die die Tiefe und Breite ihrer globalen Einflüsse unterstreichen.

Sprachen und Literaturen der BRICS Die Bedeutung der Sprachen und Literaturen der BRICS darf nicht unterschätzt werden. Zum Beispiel hat die russische Literatur, mit wegweisenden Werken von Autoren wie Tolstoi und Dostojewski, der ganzen Welt Einblicke in die Komplexität der menschlichen Psyche und Gesellschaft geboten. Ebenso trägt die reiche sprachliche Vielfalt Indiens, die eine Vielzahl von Sprachen und Dialekten umfasst, zur Erhaltung und Förderung einer unermesslichen kulturellen Vielfalt bei, die wiederum mehrschichtige Dialoge und Erzählungen fördert und Brücken interkulturellen Verständnisses schafft.

Philosophien und Überzeugungen der BRICS
Die in den BRICS-Ländern verwurzelten Philosophien und Überzeugungen haben ebenfalls weltweit einen enormen Einfluss ausgeübt. Die indische Philosophie zum Beispiel, mit ihren zahlreichen Denkrichtungen, hat die Natur des Seins und der Realität auf Arten erforscht, die nicht nur den Osten, sondern auch das westliche Denken im Bereich Spiritualität und Metaphysik beeinflusst haben. Ebenso hat der chinesische Konfuzianismus ein ethisches und moralisches Rahmenwerk geliefert, das die Regierungsführung und soziale Beziehungen in ganz Ostasien und darüber hinaus beeinflusst hat.

Feiertage und Traditionen der BRICS Die Feiertage und Traditionen der BRICS-Nationen bieten eine weitere Ebene kulturellen Einflusses. Zum Beispiel sind der brasilianische Karneval und das chinesische Laternenfest nicht nur kulturelle Feierlichkeiten in ihren jeweiligen Ländern, sondern sind zu weltweiten Ereignissen geworden, die internationale Besucher anziehen und kulturelle Feierlichkeiten und künstlerische Ausdrucksformen weltweit beeinflussen. Sie symbolisieren den Ausdruck von Freude, Einheit und der Fortsetzung von Traditionen über Generationen hinweg und dienen als wichtige Verbindungen zwischen Vergangenheit, Gegenwart und Zukunft.

BRICS in der globalen Kreativwirtschaft Die Präsenz der BRICS in der globalen Kreativwirtschaft ist ein weiterer Bereich, der Aufmerksamkeit verdient. Indien, mit seiner leistungsstarken Softwareindustrie, und China, mit seiner massiven Fertigungsindustrie, haben nicht nur die globalen Märkte beeinflusst, sondern auch weltweite Geschäftspraktiken und -strategien geprägt. Dies hat wiederum die Dynamik der Weltwirtschaft geformt und neue Wege für internationale Zusammenarbeit und Konkurrenz definiert.

Die Rolle von Frauen in den BRICS-Gesellschaften Die Rolle von Frauen in den BRICS-Gesellschaften und ihr globaler Einfluss sind eine weitere bedeutende Dimension. Frauen aus den BRICS-Nationen wie Indira Gandhi in Indien und

Dilma Rousseff in Brasilien haben Führungspositionen übernommen und sowohl auf nationaler als auch auf internationaler Ebene politische Maßnahmen und Diskurse beeinflusst. Ihre Erfahrungen, Herausforderungen und Erfolge dienen als Vorbilder und Inspiration für Frauen und Mädchen auf der ganzen Welt und erhöhen die Diskussionen über Frauenrechte und Geschlechtergerechtigkeit im globalen Kontext.

Musik und Tanz der BRICS Darüber hinaus erstreckt sich der Einfluss der Musik und des Tanzes der BRICS weit über ihre nationalen Grenzen hinaus. Der brasilianische Samba, der indische Kathak und das russische Ballett sind nur einige Beispiele dafür, wie die künstlerischen Formen der BRICS-Länder geografische Grenzen überschritten haben und zu einem integralen Bestandteil der globalen Kultur wurden, indem sie der Weltreichtum künstlerischer und kreativer Ausdrucksformen anboten.

Zusammenfassend bereichern und erweitern die Vielfalt und die Komplexität der Gesellschaften und Kulturen der BRICS nicht nur ihr internes soziokulturelles Gefüge, sondern reichen auch weit über die Grenzen hinaus und verflechten sich mit der globalen kulturellen und sozialen Landkarte auf vielfältige und tiefgreifende Weise. In allen Bereichen, von den Künsten bis zur Philosophie, von Traditionen bis zu Innovationen, spielen die BRICS weiterhin eine entscheidende Rolle bei der Gestaltung und Lenkung globaler kultureller und sozialer Strömungen, indem sie Brücken des Verständnisses, der Zusammenarbeit und des Austauschs in einer zunehmend vernetzten und interdependenten Welt bauen.

Küche und Gastronomie der BRICS Ein weiterer Bereich, in dem die BRICS einen erheblichen globalen Einfluss ausüben, ist die Küche. Die Vielfalt und Vielfalt der kulinarischen Traditionen dieser Nationen spiegeln sich in einer Fülle von Geschmacksrichtungen, Techniken und Zutaten wider, die weltweit weit verbreitet und angepasst wurden. Betrachten wir zum Beispiel die indische Küche, die für die geschickte Verwendung von Gewürzen und aromatischen Kräutern bekannt ist und zu weltweit bekannten und geliebten Gerichten wie Curry oder Biryani geführt hat. Bei der Betrachtung der brasilianischen Küche repräsentiert Feijoada, ein Gericht aus schwarzen Bohnen und Fleisch, die Verschmelzung kulinarischer Einflüsse, die das Land charakterisiert, indem es indigene, afrikanische und portugiesische kulturelle Wurzeln geschickt erforscht und vermischt.

Filmproduktion der BRICS Das Kino ist ein weiteres Medium, durch das die BRICS ihre Kultur und Gesellschaft vermitteln und auf globaler Ebene erheblichen Einfluss ausüben. Die Bollywood-Filmindustrie in Indien beispielsweise hat nicht nur national einen bedeutenden kulturellen Einfluss, sondern auch eine breite internationale Anhängerschaft, die sich von London bis Lagos erstreckt. Ebenso hat das chinesische Kino internationale Anerkennung gefunden und zeigt der Welt nicht nur die reiche Geschichte und Kultur Chinas, sondern auch seine Modernisierung und die aktuellen sozialen und politischen Dynamiken.

Kulturtourismus Der Kulturtourismus ist ein weiterer Bereich, in dem die BRICS-Länder einen großen Einfluss hatten, wobei jedes Land Besucher aus der ganzen Welt anzieht, die ihre reichen historischen und kulturellen Angebote erkunden möchten. Städte wie Rio de Janeiro in Brasilien und Sankt Petersburg in Russland werden für ihr unschätzbares kulturelles Erbe gelobt und bieten Touristen einen Einblick in die historischen Wurzeln und die lebendige Moderne dieser Nationen. Diese Orte werden zu Schmelztiegeln des kulturellen Austauschs und zu Verbindungspunkten zwischen den Bürgern der BRICS-Länder und dem Rest der Welt, was gegenseitiges Verständnis und Respekt zwischen verschiedenen Kulturen und Völkern fördert.

Technologische und gesellschaftliche Innovationen Die BRICS-Länder sind auch wichtige Treiber von technologischen und gesellschaftlichen Innovationen, die Gesellschaften weltweit beeinflussen. Innovationen in der Informations- und

Kommunikationstechnologie (IKT) aus Indien haben zum Beispiel nicht nur das Land in eine digitale Zukunft katapultiert, sondern auch technologische Lösungen für Entwicklungsländer auf der ganzen Welt geboten. Chinas Innovationen im Bereich Infrastruktur und Technologie, wie das digitale Bezahlsystem Alipay, haben die Art und Weise beeinflusst, wie Gesellschaften finanzielle Transaktionen und wirtschaftliche Interaktionen verwalten, und neue Modelle und Praktiken vorgeschlagen, die in verschiedenen globalen Kontexten übernommen und angepasst werden könnten.

Bildung und Forschung Bildung und Forschung in den BRICS-Ländern spielen ebenfalls eine entscheidende Rolle bei der Gestaltung der globalen Zukunft. Die Bildungseinrichtungen in diesen Ländern bilden nicht nur die zukünftigen Generationen von Führungskräften, Denkern und Innovatoren aus, sondern entwickeln auch Forschung und Innovationen, die das Potenzial haben, globale Herausforderungen in Bereichen wie Medizin, Technologie und Umweltwissenschaften anzugehen.

Soziale Bewegungen Schließlich haben soziale Bewegungen innerhalb der BRICS-Länder oft weltweit Resonanz gefunden und Impulse und Inspiration für internationale Diskussionen und Aktionen geliefert. Ob es sich um Fragen der Geschlechtergleichstellung, Umwelt oder Menschenrechte handelt, solche

Bewegungen spiegeln die Dynamik, Herausforderungen und Bestrebungen der BRICS-Gesellschaften wider und dienen als Spiegel, durch die diese Länder auf der globalen Bühne wahrgenommen werden.

Durch diese vielfältigen Facetten verflechten und interagieren die Kulturen und Gesellschaften der BRICS-Länder mit der globalen Bühne und tragen nicht nur zu ihrer eigenen Zukunft, sondern auch zur Zukunft der gesamten globalen Gemeinschaft bei. Zusammenfassend knüpfen und verflechten die Kultur und die Gesellschaften der BRICS-Länder ein komplexes und vielfältiges Netzwerk von Einflüssen und Interaktionen, das die globale Bühne auf vielfältige Weise durchdringt.

Weltkulturerbe Jedes Mitgliedsland der BRICS trägt auf einzigartige Weise zum Weltkulturerbe bei, indem es durch Kunst, Musik, Literatur und Traditionen historisch verwurzelte, aber ständig weiterentwickelte Kulturen repräsentiert. Dieses kulturelle Erbe bereichert nicht nur die Geschichte und nationale Identität jedes Landes, sondern verwebt sich auch mit globalen Kulturen, schafft neue Verbindungspunkte und fördert den interkulturellen Dialog.

Kulturelle Synergien und Reibungen Die Vielfalt kultureller und sozialer Ausdrucksformen zwischen den BRICS-Nationen erzeugt sowohl Synergien als auch Reibungen. Synergien entstehen durch den Austausch und die gegenseitige Anpassung kultureller Ideen und Praktiken, während Reibungen aufgrund ideologischer Unterschiede, asymmetrischer Einflüsse im Bereich Soft Power und unterschiedlicher Prioritäten in Bezug auf kulturelle und soziale Politik auftreten können.

Verstärker sozialen Wandels Die Gesellschaften der BRICS-Länder wirken auch als Verstärker sozialen Wandels und präsentieren neue Erzählungen und Paradigmen, die den Status quo sowohl auf nationaler als auch auf internationaler Ebene herausfordern. Dies geschieht durch soziale Bewegungen, kulturelles und politisches Aktivismus und durch die Schaffung und Verbreitung von medialen und künstlerischen Inhalten, die mächtige und oft transformative Botschaften vermitteln.

Integration und Divergenz Die BRICS-Länder, mit ihren unterschiedlichen Kulturen und Gesellschaften, befinden sich an einem Scheideweg von Integration und Divergenz. Einerseits fördert die multilaterale Zusammenarbeit in verschiedenen Bereichen die Integration und den Austausch gemeinsamer Ziele. Andererseits treten Divergenzen in den verschiedenen sozialen und kulturellen Entwicklungsverläufen, in den unterschiedlichen Ansätzen zur Regierungsführung und Konfliktlösung sowie in den verschiedenen Wahrnehmungen und Reaktionen auf globale Herausforderungen deutlich zutage.

Kulturelle Führung Die BRICS-Nationen versuchen auch, eine kulturelle Führung zu etablieren, indem sie ihre Werte, Erzählungen und kulturellen Praktiken über ihre eigenen Grenzen hinaus projizieren. Diese Führung zeigt sich in verschiedenen Kanälen wie Filmproduktionen, internationalen Kulturveranstaltungen und der Förderung der Verwendung von Muttersprachen auf der globalen Bühne.

Blick in die Zukunft Schließlich ist die Ausrichtung der BRICS-Länder auf die Zukunft in ihre kollektiven und individuellen Bemühungen eingebettet, nachhaltige und inklusive Pfade für soziale und kulturelle Entwicklung zu schmieden. Dies geschieht durch die Förderung von Innovationen, die Einführung aufstrebender Technologien und das Engagement für mehr Gerechtigkeit und Inklusion sowohl in ihren eigenen Gesellschaften als auch auf internationaler Ebene.

Letztendlich, während die BRICS-Länder weiterhin neue Kooperationsfelder erkunden und die inhärenten Herausforderungen ihrer vielfältigen kulturellen und sozialen Identitäten bewältigen, werden gegenseitiges

Verständnis und Respekt für gemeinsame Werte entscheidend sein, um eine gemeinsame und konstruktive Zukunft sowohl innerhalb des Blocks als auch im größeren globalen Kontext zu gestalten. Die Analyse von Kultur und Gesellschaft innerhalb der BRICS bietet einen Einblick in die Dynamiken und Potenziale dieser einflussreichen Gruppe von Nationen auf der Weltbühne.

14. Finanzinstitutionen • Rolle der Finanzinstitutionen der BRICS, wie die BRICS-Bank.

Die Rolle der Finanzinstitutionen in den BRICS-Ländern, wie die BRICS-Bank, ist entscheidend für die Gestaltung der Wirtschafts- und Finanzlandschaft nicht nur innerhalb des Blocks, sondern auch auf globaler Ebene.

BRICS-Bank: Eine Säule für wirtschaftliche Entwicklung Die BRICS-Bank, offiziell als New Development Bank (NDB) bekannt, wurde 2014 als direkte Antwort auf die Notwendigkeit einer neuen Finanzinstitution gegründet, die Infrastrukturprojekte und nachhaltige Entwicklung in Schwellenländern und Entwicklungsländern unterstützen konnte. Die NDB spielt eine Schlüsselrolle bei: • **Finanzierung von**

Infrastrukturprojekten: Sie bietet Finanzierungen und Unterstützung für Infrastruktur- und nachhaltige Entwicklungsprojekte in den BRICS-Ländern. • **Finanzielle Zusammenarbeit:** Sie dient als Plattform für finanzielle Zusammenarbeit zwischen den Mitgliedern, indem sie den Handel und die Investitionen durch die Schaffung gemeinsamer und solidarischer Finanzmechanismen erleichtert. • **Ergänzung und Alternative:** Sie agiert als Ergänzung und Alternative zu bestehenden Finanzinstitutionen und reagiert spezifischer auf die Bedürfnisse und Dynamiken der BRICS-Länder und anderer Schwellenländer.

Die vielseitige Rolle der BRICS-Finanzinstitutionen

1. **Auslöser für wirtschaftliches Wachstum:** Die Finanzinstitutionen der BRICS spielen eine strategische Rolle bei der Auslösung von wirtschaftlichem Wachstum, indem sie Projekte und Initiativen finanzieren, die die Infrastruktur verbessern und Investitionsmöglichkeiten schaffen.

2. **Armutsbekämpfung und nachhaltige Entwicklung:** Sie sind entscheidend für die Bemühungen zur Armutsbekämpfung und nachhaltigen Entwicklung, indem sie Ressourcen und technische Unterstützung für Projekte und

Politiken bereitstellen, die soziale und wirtschaftliche Integration fördern.

3. **Wirtschaftsstabilisierung:** Sie fungieren als wirtschaftliche Stabilisatoren, indem sie wirtschaftliche Schwachstellen durch die Bereitstellung von Mitteln und die Umsetzung koordinierter Finanzpolitiken während Krisenzeiten mildern.

4. **Handel und Investitionen:** Sie dienen als Handels- und Investitionsförderer, indem sie Plattformen und Mechanismen schaffen, die die Zusammenarbeit und Investitionen zwischen den Mitgliedstaaten erleichtern.

Ausblick und zukünftige Herausforderungen • **Gerechtigkeit und Transparenz:** Sicherstellen, dass Ressourcen und Vorteile, die aus den Finanzinstitutionen stammen, gerecht und transparent unter allen Mitgliedern verteilt werden. • **Governance und Verantwortlichkeit:** Die Implementierung starker und transparenter Governance-Mechanismen sicherstellen, die die Verantwortlichkeit und Effektivität der Finanzinstitutionen gewährleisten. • **Anpassungsfähigkeit und Widerstandsfähigkeit:** An die sich verändernden globalen wirtschaftlichen Dynamiken anpassen und sicherstellen, dass die Finanzinstitutionen den zukünftigen Herausforderungen gegenüber widerstandsfähig sind. • **Globale Zusammenarbeit:** Eine engere Zusammenarbeit mit anderen internationalen und regionalen Finanzinstitutionen fördern.

Zusammenfassend repräsentieren die Finanzinstitutionen der BRICS, wie die BRICS-Bank, eine entscheidende Säule zur Unterstützung und Förderung nachhaltiger und integrierter wirtschaftlicher Entwicklung sowohl unter den Mitgliedsländern als auch darüber hinaus. Ihre Fähigkeit, Herausforderungen zu bewältigen und Chancen zu nutzen, wird maßgeblich die Zukunft der wirtschaftlichen und finanziellen Zusammenarbeit innerhalb des BRICS-Blocks und im größeren globalen Finanzsystem gestalten.

Weiterführend in der Diskussion über die Bedeutung von Finanzinstitutionen innerhalb des BRICS-Blocks wird deutlich, wie das Zusammenspiel von wirtschaftlichen, sozialen und politischen Elementen zentral ist, um die Fähigkeit dieser Institutionen zur Beeinflussung der geopolitischen und weltwirtschaftlichen Dynamiken zu analysieren.

Finanzielle Integration Die finanzielle Integration zwischen den BRICS-Ländern ist entscheidend für die Stabilität und Widerstandsfähigkeit des gesamten Blocks. Diese Integration beschränkt sich nicht nur auf die Finanzierung von Infrastrukturprojekten, sondern erstreckt sich auch auf die Schaffung eines robusten und vernetzten Finanzsystems, das auf die spezifischen Bedürfnisse der Mitgliedsländer eingehen kann. Darüber hinaus ist die Einrichtung eines BRICS-Zahlungssystems, das den Handel innerhalb des Blocks erleichtert, ein weiterer Schlüsselaspekt zur Stärkung der finanziellen und wirtschaftlichen Integration zwischen den Mitgliedsländern.

Entwicklung des Privatsektors Die Finanzinstitutionen der BRICS spielen auch eine wesentliche Rolle bei der Entwicklung des Privatsektors in den Mitgliedsländern, indem sie Finanzierungen und Unterstützung für kleine und mittlere Unternehmen (KMU) bereitstellen und Projekte initiieren, die Innovation und Unternehmertum fördern. In diesem Zusammenhang haben aufstrebende KMU und Start-ups Zugang zu Kapital und Ressourcen, die ihnen sonst schwer zugänglich wären, was die Innovation, die Schaffung von Arbeitsplätzen und das wirtschaftliche Wachstum fördert.

Interaktion mit der Weltwirtschaft Es ist auch relevant, die Interaktion der BRICS-Finanzinstitutionen mit der Weltwirtschaft zu betrachten und wie sie die internationalen wirtschaftlichen und finanziellen Dynamiken beeinflussen und beeinflusst werden. Die Fähigkeit der BRICS-Finanzinstitutionen, die Höhen und Tiefen der Weltwirtschaft zu bewältigen und gleichzeitig die Stabilität und das Wachstum der Mitgliedsländer zu gewährleisten, ist ein Schlüsselfaktor bei der Schaffung eines ausgewogeneren und nachhaltigeren globalen Finanzsystems.

Herausforderungen bei der Projektumsetzung

Die Herausforderungen bei der Projektumsetzung auf lokaler und regionaler Ebene sind ebenfalls ein Schlüsselaspekt, der genauer betrachtet werden muss. Trotz der Verfügbarkeit von Mitteln und Ressourcen gibt es oft bürokratische, technische und soziale Hindernisse, die die effektive Umsetzung von Infrastruktur- und Entwicklungsprojekten verhindern. In dieser Hinsicht müssen die BRICS-Finanzinstitutionen nicht nur die Verfügbarkeit von Kapital sicherstellen, sondern auch die Umsetzung von Projekten erleichtern, indem sie technisches Fachwissen anbieten, sozio-ökologische Fragen managen und bürokratische Hürden überwinden.

Umwelt- und Sozialauswirkungen Die Umwelt- und Sozialauswirkungen von von den BRICS-Finanzinstitutionen finanzierten Projekten sind ein weiterer wichtiger Aspekt, der sorgfältig betrachtet werden muss. Die Finanzierung großer Infrastrukturprojekte kann erhebliche Auswirkungen auf die Umwelt und lokale Gemeinschaften haben. Daher ist es unerlässlich, dass die Finanzinstitutionen eine verantwortungsbewusste und nachhaltige Herangehensweise an Investitionen verfolgen, um sicherzustellen, dass Projekte sowohl wirtschaftlich rentabel als auch umwelt- und sozialverträglich sind.

Interne Machtdynamiken Die Analyse der internen Machtdynamiken innerhalb der BRICS-Finanzinstitutionen und wie diese Entscheidungen und Politiken der Institution beeinflussen, ist ebenfalls ein kritischer Faktor. Die Verteilung der Entscheidungsbefugnis, Spannungen und Allianzen zwischen den Mitgliedsländern sowie wie sich diese Dynamiken in den Operationen und Initiativen der Finanzinstitutionen widerspiegeln, bieten interessante Einblicke in die Funktionsweise und Wirksamkeit dieser Institutionen auf lange Sicht.

Zusammenfassung Obwohl dies nur einige der vielen Facetten sind, die die Rolle der BRICS-Finanzinstitutionen charakterisieren, ist klar, dass ihr Einfluss weit über die reine Projektfinanzierung hinausgeht. Sie sind Entwicklungstreiber, Vermittler internationaler Zusammenarbeit und einflussreiche Akteure in der Weltwirtschaft, mit all den Komplexitäten und Herausforderungen, die dies mit sich bringt.

Weitergehend in der Diskussion über die Bedeutung von Finanzinstitutionen innerhalb des BRICS-Blocks können verschiedene kritische Aspekte und Dynamiken erkundet werden, die diese Einrichtungen beeinflussen und von ihnen beeinflusst werden.

Internationale Zusammenarbeit und Wettbewerb Bei der Betrachtung der internationalen Bühne spielen die Finanzinstitutionen der BRICS eine doppelte Rolle von Zusammenarbeit und Wettbewerb. Einerseits versuchen sie, Synergien mit bestehenden globalen Finanzinstitutionen wie dem Internationalen Währungsfonds und der Weltbank zu entwickeln, indem sie versuchen, die vorherrschenden Machtverhältnisse zu navigieren und gelegentlich herauszufordern. Andererseits stellen sie eine Art von Gegengewicht zum dominanten globalen Finanzsystem dar, indem sie eine Alternative oder ein Gegengewicht zu westlichen Finanzinstitutionen und deren Finanzierungs- und Entwicklungsmodellen bieten.

Diversifizierung von Investitionsportfolios Ein weiterer Bereich von Interesse könnte das Management und die Diversifizierung der Investitionsportfolios der BRICS-Finanzinstitutionen sein. Wie werden Projekte ausgewählt, die Finanzierung erhalten? Welche Richtlinien und Praktiken werden implementiert, um Risiken zu minimieren und eine Rendite auf Investitionen sicherzustellen? Risikomanagement, Machbarkeitsstudien für Projekte und die Schaffung einer nachhaltigen Investitionsstrategie sind entscheidend, um sicherzustellen, dass die Finanzierung effektiv verteilt wird und positive wirtschaftliche Auswirkungen auf die Mitgliedsländer und darüber hinaus erzielt.

Fokus auf spezifischen Sektoren Eine Untersuchung der spezifischen Sektoren, die von den BRICS-Finanzinstitutionen bevorzugt werden, könnte Einblicke bieten, wo der Block die größten Chancen und Herausforderungen sieht. Zum Beispiel könnte der Fokus auf erneuerbarer Energie, Infrastrukturbau, nachhaltiger Landwirtschaft oder Digitalisierung liegen, von denen jeder spezifische Nutzen, Herausforderungen und Umsetzungsdynamiken mit sich bringt.

Soziale Auswirkungen von finanzierten Projekten Die Analyse der sozialen Auswirkungen von von den BRICS-Finanzinstitutionen finanzierten Projekten ist ein Bereich, der sorgfältig untersucht werden sollte. Dies beinhaltet die Untersuchung der Auswirkungen von Projekten auf das sozioökonomische Wohlergehen lokaler Gemeinschaften, die Schaffung von Arbeitsplätzen, die Armutsbekämpfung und die Geschlechtergerechtigkeit. Darüber hinaus wäre es interessant zu erforschen, wie diese Institutionen Fragen der Inklusion und sozialen

Gerechtigkeit in ihren Investitionsprojekten und
Finanzpolitiken angehen.

**Regelkonformität und rechtliche
Herausforderungen** Die Einhaltung von
Vorschriften und rechtliche Herausforderungen ist ein
weiterer wesentlicher Aspekt des Betriebs der BRICS-
Finanzinstitutionen. Dies umfasst nicht nur die
Einhaltung lokaler Gesetze und Vorschriften in den
Ländern, in denen sie tätig sind, sondern auch die
Einhaltung internationaler Normen in Bezug auf
Transparenz, Korruptionsbekämpfung und
Umweltstandards. Die Strategien und Maßnahmen zur
Sicherstellung, dass finanzierte Projekte den
relevanten Gesetzen und Vorschriften entsprechen,
sind entscheidend, um die Herausforderungen und
Chancen zu verstehen, die die BRICS-
Finanzinstitutionen bei der Finanzierung globaler
Projekte haben.

Finanzielle Inklusion Die finanzielle Inklusion ist
eine weitere Dimension, die weiter erkundet werden
könnte. Wie tragen die BRICS-Finanzinstitutionen
dazu bei, die finanzielle Inklusion in den
Mitgliedsländern und den von den Finanzierungen
profitierenden Ländern zu fördern? Die Einführung
von Finanztechnologien (FinTech) und Initiativen zur
Erweiterung von Finanzdienstleistungen für nicht oder

unterversorgte Gemeinschaften sind einige der Mechanismen, durch die diese Institutionen eine größere finanzielle Inklusion und Gleichheit fördern können.

Zwischenfazit und zukünftige Perspektiven
Obwohl jeder dieser Aspekte weiter vertieft werden kann, ist es wichtig anzuerkennen, dass die BRICS-Finanzinstitutionen in einer komplexen und sich ständig verändernden globalen Umgebung tätig sind. Während sie Projekte finanzieren, die das Wachstum und die Entwicklung in den Mitgliedsländern und Partnerländern fördern, müssen diese Institutionen Entwicklungsziele, Nachhaltigkeit und Investitionsrendite ausbalancieren, und dies alles, während sie die Komplexität der globalen Geopolitik und wirtschaftlichen Dynamiken navigieren.

Die Fähigkeit der BRICS-Finanzinstitutionen, sich anzupassen, zu innovieren und effektive Mechanismen zur Risikobewältigung zu entwickeln und Chancen zu nutzen, wird entscheidend für ihren Erfolg und Einfluss auf die Zukunft der globalen Entwicklungsfinanzierung sein. Im Laufe der Zeit werden die Rolle, der Einfluss und die Auswirkungen dieser Institutionen von den heute getroffenen strategischen Entscheidungen und ihrer Fähigkeit, agil und innovativ auf aufkommende Herausforderungen zu reagieren, geprägt sein.

Integration und finanzielle Stabilität Die BRICS-Finanzinstitutionen spielen eine entscheidende Rolle bei der Integration der Finanzmärkte und der Sicherung der Stabilität im Block. Durch die Schaffung einer Plattform, die den Handel und die direkten Investitionen zwischen den Mitgliedsländern erleichtern soll, versuchen diese Institutionen, die nationalen Volkswirtschaften in einem globalen Kontext zu stabilisieren und zu stärken. Die Integration und finanzielle Stabilität helfen den Mitgliedsländern, sich vor externen Vulnerabilitäten zu schützen und bieten eine größere Widerstandsfähigkeit gegenüber den Schwankungen der globalen Märkte und Wirtschaftskrisen.

Partnerschaften und Beteiligung des Privatsektors Die Beteiligung des Privatsektors durch Partnerschaften mit den BRICS-Finanzinstitutionen ist entscheidend, um zusätzliches Kapital und technische Fähigkeiten zu mobilisieren. Die BRICS-Finanzinstitutionen, wie die BRICS-Bank, bemühen sich oft, private Investoren anzuziehen und Partnerschaften mit dem Privatsektor einzugehen, um die Auswirkungen ihrer Projekte und Programme zu verstärken. Eine detaillierte Analyse, wie diese Institutionen mit dem Privatsektor zusammenarbeiten und Investoren und Unternehmen einbeziehen, kann Einblicke in die Wirksamkeit und Nachhaltigkeit der finanzierten Projekte bieten.

Entwicklung kleiner und mittlerer Unternehmen (KMU) Kleine und mittlere Unternehmen (KMU) spielen eine entscheidende Rolle in den BRICS-Volkswirtschaften und tragen erheblich zum Wirtschaftswachstum, zur Schaffung von Arbeitsplätzen und zur nachhaltigen Entwicklung bei. Die BRICS-Finanzinstitutionen könnten daher Strategien entwickeln, um KMU zu unterstützen, indem sie Finanzierung, Schulung und technische Unterstützung anbieten. Wie sind diese Programme strukturiert? Wie tragen sie zur Verbesserung des Unternehmensumfelds in den Mitgliedsländern bei?

Transparenz und Rechenschaftspflicht Die Frage der Transparenz und Rechenschaftspflicht in den BRICS-Finanzinstitutionen ist ein weiterer Aspekt, der näher untersucht werden sollte. Dies umfasst nicht nur den internen Betrieb der Institutionen, sondern auch den Entscheidungsprozess, die Mittelallokation und das Projektmanagement. Die Analyse der Maßnahmen und Praktiken, die von den BRICS-Finanzinstitutionen ergriffen werden, um Transparenz und Rechenschaftspflicht gegenüber den Mitgliedsländern und den Projektnutznießern sicherzustellen, ist entscheidend, um ihre Auswirkungen und Wirksamkeit zu bewerten.

Nachhaltige Entwicklung und grüne Finanzen Darüber hinaus ist eine Analyse des Engagements der BRICS-Finanzinstitutionen für nachhaltige

Entwicklung und grüne Finanzen von entscheidender Bedeutung. Welche grünen Finanzinstrumente erkunden oder implementieren diese Institutionen? Wie werden Projekte hinsichtlich ihrer Umweltfreundlichkeit bewertet und überwacht? Die Vertiefung der Strategien und Ansätze für grüne Finanzen und nachhaltige Entwicklung könnte Einblicke geben, wie die BRICS die Herausforderungen im Zusammenhang mit dem Klimawandel und der Nachhaltigkeit durch ihre Finanzinstitutionen angehen.

Governance und Organisationsstruktur Die Governance und die Organisationsstruktur der BRICS-Finanzinstitutionen verdienen ebenfalls eine gründliche Untersuchung. Wie werden die Politiken formuliert? Wer trifft die Entscheidungen und durch welche Mechanismen? Wie beeinflusst die Governance-Struktur die Festlegung von Prioritäten und die Umsetzung von Projekten? Die Analyse der Governance-Struktur und der Entscheidungsmechanismen kann dazu beitragen, ein besseres Verständnis dafür zu entwickeln, wie diese Institutionen arbeiten und wie sie sich in Zukunft entwickeln könnten.

Offenes Fazit Die fortlaufende Erforschung und Vertiefung dieser und anderer Aspekte der BRICS-Finanzinstitutionen führt zu einer Entdeckungsreise, die sich mit zunehmend breiteren und komplexeren

Themen verwebt, in denen Finanzen, Entwicklung, Politik und Nachhaltigkeit in ein globales Netzwerk von Verbindungen und Abhängigkeiten verschmelzen, mit Auswirkungen, die weit über die Grenzen der Mitgliedsländer hinausreichen und in einem sich ständig wandelnden und neu verhandelten internationalen System wurzeln.

Einordnung der Finanzinstitutionen der BRICS
Die Finanzinstitutionen der BRICS, insbesondere die BRICS-Bank, haben eine Schlüsselrolle bei der Unterstützung und Förderung der wirtschaftlichen Entwicklung über die Mitgliedsländer hinaus übernommen. Die Schaffung einer soliden und widerstandsfähigen Finanzplattform ermöglicht es den BRICS-Ländern, breitere Entwicklungsziele zu verfolgen, gemeinsam wirtschaftliche Herausforderungen anzugehen und eine einflussreiche Rolle im globalen Wirtschaftssystem zu gestalten.

Wirtschaftliche Entwicklung und Projektfinanzierung Die Finanzinstitutionen sind durch die Entwicklung und Finanzierung von Projekten in Schlüsselbereichen wie Infrastruktur, Energie und nachhaltige Entwicklung Eckpfeiler des wirtschaftlichen Fortschritts und der Stabilität. Diese Projekte, die nicht nur direkte Anreize für die lokalen Volkswirtschaften bieten, erleichtern auch den Handel

und die Investitionen innerhalb der BRICS und stärken
die wirtschaftlichen Netzwerke und Partnerschaften
zwischen den Mitgliedsländern.

Einbindung lokaler Gemeinschaften Die
Beteiligung und Auswirkungen der BRICS-
Finanzinstitutionen auf lokale Gemeinschaften sind
von entscheidender Bedeutung. Finanzierte und
entwickelte Projekte sollten nicht nur die Rechte und
Bedürfnisse der lokalen Gemeinschaften respektieren,
sondern auch zu ihrem Wohlbefinden und ihrer
Entwicklung beitragen. Wie diese Institutionen lokale
Gemeinschaften einbeziehen, nachhaltige Praktiken
anwenden und die sozialen und Umweltauswirkungen
der Projekte bewerten, ist entscheidend, um ihre
Verantwortlichkeit und Effektivität bei der Förderung
einer echten und inklusiven Entwicklung zu verstehen.

Innovation und Finanztechnologie Innovation
und die Einführung neuer Finanztechnologien sind ein
weiterer Schwerpunkt. Die Finanzinstitutionen der
BRICS erkunden und übernehmen aufstrebende
Technologien wie die Blockchain und
Kryptowährungen, um die Effizienz zu steigern, die
Kosten zu senken und die Transparenz von
Transaktionen und finanziellen Operationen zu
erhöhen. Die Position der BRICS im Bereich FinTech
und die zukünftigen Auswirkungen solcher
Innovationen auf die globale Finanzwelt und

Entwicklungspraktiken verdienen eine detaillierte Analyse.

Dialog und internationale Zusammenarbeit
Darüber hinaus agieren die BRICS-Finanzinstitutionen nicht nur innerhalb des Blocks, sondern auch in einem breiteren internationalen Kontext. Ihre Fähigkeit zum Dialog und zur Zusammenarbeit mit anderen internationalen Finanzinstitutionen wie dem Internationalen Währungsfonds und der Weltbank sowie ihre Position in globalen Wirtschaftsforen tragen dazu bei, die Rolle und den Einfluss der BRICS in der weltweiten Wirtschaft zu definieren.

Fazit und Zukunftsaussichten Die BRICS-Finanzinstitutionen formen allmählich eine neue wirtschaftliche und finanzielle Landschaft, indem sie traditionelle Finanzmechanismen herausfordern und sich als Alternative und/oder Ergänzung zu westlichen Finanzinstitutionen positionieren. Das Gleichgewicht zwischen der Verfolgung interner Entwicklungsziele, der Aufrechterhaltung von Stabilität und wirtschaftlichem Wachstum sowie der Navigation durch die komplexen Gewässer der globalen Geopolitik und internationalen Allianzen definiert einen komplexen und vielschichtigen Weg.

Die Erkundung des zukünftigen Kurses der BRICS, der internen Dynamiken, ihrer Fähigkeit, Wachstum und Nachhaltigkeit in Einklang zu bringen, und der

Strategien zur Bewältigung aufkommender Herausforderungen wie der Klimakrise und geopolitischer Spannungen bleiben von entscheidender Bedeutung, um die zukünftige weltweite wirtschaftliche und finanzielle Architektur zu verstehen.

Es ergibt sich also eine Landschaft von Chancen und Herausforderungen, in der die BRICS durch ihre Finanzinstitutionen weiterhin navigieren werden, gestaltet und geformt vom globalen Kontext, in dem sie tätig sind. Ihre Richtung, ihre Fähigkeit, nationale und kollektive Interessen auszubalancieren, und ihre Förderung einer nachhaltigen und inklusiven Entwicklung werden maßgeblich die zukünftige weltweite wirtschaftliche und finanzielle Ordnung bestimmen.

15. Internationaler Handel: Analyse der Rolle der BRICS im internationalen Handel

Die Entwicklung des internationalen Handels durch die BRICS Die BRICS-Gruppe (Brasilien, Russland, Indien, China und Südafrika) hat eine zunehmend wichtige Rolle im internationalen Handel übernommen und dazu beigetragen, die globalen Dynamiken neu zu definieren und neue Handelskorridore und wirtschaftliche Allianzen zu schaffen. Ihre Position in der Weltwirtschaft, der

Handel innerhalb des Blocks und die Außenhandelsstrategien sind alle entscheidende Elemente, um zu verstehen, wie die BRICS die Dynamik des internationalen Handels gestalten und von ihr geprägt werden.

Wirtschaftliche Auswirkungen und globale Bedeutung Die BRICS-Länder, obwohl sie sich in wirtschaftlicher Größe, natürlichen Ressourcen und sozioökonomischer Struktur unterscheiden, teilen das gemeinsame Ziel, ihren Einfluss im Welt handel zu steigern. Die wachsende Bedeutung dieser Länder in den globalen Exporten, ihr wachsendes Gewicht in der Weltwirtschaft und ihre Rolle im Produktions- und Vertriebsmodell von Waren auf globaler Ebene sind entscheidende Einflüsse in den globalen Wertschöpfungsketten.

Handelsdynamik innerhalb der BRICS Innerhalb der BRICS haben die Mitgliedsländer versucht, den gegenseitigen Handel zu intensivieren, um ihre Abhängigkeit von fortgeschrittenen Volkswirtschaften zu verringern und ihre eigenen Wirtschaften zu diversifizieren. Diese Strategie hat zu einer stärkeren wirtschaftlichen Integration zwischen den Ländern des Blocks geführt, durch bilaterale und multilaterale Abkommen, Handelserleichterungen und die Schaffung gemeinsamer Plattformen für wirtschaftlichen Dialog und Zusammenarbeit.

Strategien für die globale Integration Die BRICS-Länder, auf der Suche nach einer Stärkung ihrer Position im Welthandel, haben auch Strategien für die Integration und Zusammenarbeit mit anderen aufstrebenden und entwickelten Volkswirtschaften erkundet. Die Bildung regionaler Allianzen wie Chinas Belt and Road Initiative (BRI) und die Teilnahme an multilateralen Wirtschaftsforen sind Ausdruck des Willens dieser Länder, ausgedehnte und widerstandsfähige Handelsnetzwerke aufzubauen.

Herausforderungen und Chancen Dennoch stehen die BRICS vor verschiedenen Herausforderungen bei der Verfolgung nachhaltigen Handelswachstums und beim Ausgleich ihrer wirtschaftlichen Ambitionen mit den Bedürfnissen der internen Entwicklung und der Umweltschutz. Handelskonflikte, Meinungsverschiedenheiten in Bezug auf Wirtschaftspolitik und strukturelle Unterschiede zwischen den Volkswirtschaften der Mitgliedsländer sind erhebliche Hindernisse, die gemeinsame Lösungen und fortgesetzten Dialog erfordern.

Die Dimension der Nachhaltigkeit im Handel
Die Nachhaltigkeit im Handel, d.h. die Fähigkeit der BRICS, Handel zu fördern, der nicht nur wirtschaftlich vorteilhaft, sondern auch sozial und ökologisch verantwortlich ist, wird zu einem zentralen Thema. Die Umweltauswirkungen des Handels, Arbeitspraktiken

und der Technologietransfer sind alles Faktoren, die die Handelsdynamik der BRICS beeinflussen und von ihr beeinflusst werden und die eine eingehende Analyse erfordern, um die zukünftigen Wege des Blocks zu verstehen und zu lenken.

Richtung für die Zukunft des globalen Handels
Zusammenfassend lässt sich sagen, dass die BRICS-Länder mit ihrem wachsenden wirtschaftlichen und handelspolitischen Einfluss eine neue Ordnung im internationalen Handel gestalten und neue Dynamiken vorschlagen, neue Allianzen schaffen und in gewisser Weise die Karten für globale Handelsrouten neu zeichnen. Ihre Fähigkeit, interne und externe Herausforderungen zu bewältigen, nachhaltigen und inklusiven Handel zu fördern und ihre wirtschaftlichen Ambitionen mit globalen Bedürfnissen in Einklang zu bringen, wird die Zukunft ihrer Rolle im internationalen Handel und den Einfluss auf die Weltwirtschaft bestimmen.

In diesem Zusammenhang wird die zukünftige Analyse der BRICS im internationalen Handel durch die Untersuchung ihrer Handelspolitik, globalen Integrationsstrategien und der Bewältigung aufkommender Herausforderungen und Chancen wichtige Erkenntnisse für das Verständnis der zukünftigen Entwicklungen im Welthandel und im internationalen Wirtschaftssystem liefern.

Einfluss der BRICS in internationalen Organisationen Die BRICS sind nicht nur aktiv darin, neue Handelswege zu definieren, sondern spielen auch eine wachsende Rolle in internationalen Handelsinstitutionen und -organisationen wie der Welthandelsorganisation (WTO). Ihre oft einheitliche Position in diesen Gremien ermöglicht es ihnen, die Normen und internationalen Handelsabkommen zu beeinflussen und sie besser an die Interessen und Bedürfnisse der aufstrebenden Volkswirtschaften anzupassen.

Technologie und digitaler Handel Darüber hinaus stellt die zunehmende Digitalisierung des weltweiten Handels sowohl eine Chance als auch eine Herausforderung für die BRICS-Länder dar. Auf der einen Seite bieten E-Commerce und digitale Plattformen neue Kanäle und Märkte für Waren und Dienstleistungen, was dazu beiträgt, physische und logistische Barrieren zu überwinden. Auf der anderen Seite erfordert die Digitalisierung die Anpassung von Technologieinfrastrukturen, Cybersicherheitsvorschriften und digitalen Fähigkeiten.

Investitionspolitik Die Strategien für ausländische Direktinvestitionen (FDI) der BRICS-Länder, sowohl hinsichtlich empfangener als auch getätigter Investitionen, sind ein weiterer Eckpfeiler ihrer Handelsaktivitäten. Die Schaffung von Politiken, die ausländische Investitionen anziehen, und gleichzeitig die Identifizierung von Investitionsmöglichkeiten im Ausland sind entscheidend, um das wirtschaftliche Wachstum zu erhalten und zu steigern sowie starke und wechselseitige Handelsbeziehungen aufzubauen.

Beziehungen zu Entwicklungsländern Die Rolle der BRICS im globalen Süden ist von großer Bedeutung. Viele Entwicklungsländer sehen in den BRICS bevorzugte Partner, da sie alternative Wachstumsmodelle zu denen der fortgeschrittenen Volkswirtschaften anbieten können, die mitunter weniger politisch bedingt sind. Dies hat den BRICS ermöglicht, Einflussnetzwerke und Partnerschaften in Asien, Afrika und Lateinamerika aufzubauen, was ihr Gewicht im globalen Handel weiter stärkt.

Widersprüche und Kritikpunkte Trotz der erheblichen Auswirkungen der BRICS bestehen zahlreiche Widersprüche und Kritikpunkte. Die Ungleichheiten innerhalb der BRICS-Länder sind oft ausgeprägt, und Wachstumsstrategien, die auf Exporten basieren, können gelegentlich im Konflikt stehen mit der Notwendigkeit, robuste und inklusive Binnenmärkte zu entwickeln. Die Herausforderung besteht also darin, handelsorientierte Politiken mit Strategien in Einklang zu bringen, die eine gerechte Verteilung der Wohlstandsgewinne auf nationaler Ebene sicherstellen.

Umweltfragen und Nachhaltigkeit Ein weiterer wichtiger Aspekt betrifft die Umweltfrage. Die Intensivierung des internationalen Handels kann erhebliche Auswirkungen auf die Umwelt haben, sei es in Bezug auf Emissionen im Zusammenhang mit Transporten oder die Ausbeutung natürlicher Ressourcen. Die BRICS sind daher gefordert, darüber nachzudenken, wie sie die Anforderungen an Wachstum und Entwicklung mit dem Bedarf zum Schutz der Umwelt und der Förderung einer nachhaltigen Entwicklung in Einklang bringen können.

Die Pandemie und neue Dynamiken Schließlich hat die Auswirkungen der COVID-19-Pandemie viele Regeln des internationalen Handels neu geschrieben und die Verwundbarkeiten und Resilienzen globaler Lieferketten aufgezeigt. Für die BRICS, die die Krise mit unterschiedlichen Ansätzen bewältigt haben und unterschiedlich stark betroffen waren, wird die Zeit nach der Pandemie entscheidend sein, um ihre Handels- und Entwicklungsstrategien neu zu überdenken und potenziell neu zu gestalten.

All diese Aspekte zeichnen ein komplexes und multidimensionales Bild, in dem die BRICS versuchen, ihre Rolle zu festigen, sich mit sich rasch ändernden globalen Dynamiken auseinanderzusetzen und interne Herausforderungen, die Aufmerksamkeit und strategisches Gleichgewicht erfordern, zu bewältigen.

Weiterhin in der Erkundung des breiten Spektrums der BRICS im Kontext des internationalen Handels ist es entscheidend, auch viele andere Aspekte zu berücksichtigen, die die Nuancen und die Komplexität ihrer Interaktionen im weltweiten System beleuchten.

Bilateralismus und Multilateralismus Die BRICS handeln zwar in einigen Fällen als Einheit, verfolgen jedoch auch aggressiv nationale Interessen durch bilaterale Abkommen sowohl innerhalb der Gruppe als auch mit anderen Ländern und Regionen. Die Spannung zwischen Bilateralismus und Multilateralismus ist immer präsent: Während der Multilateralismus möglicherweise fairere und nachhaltigere Lösungen auf globaler Ebene bieten könnte, ermöglichen bilaterale Abkommen den Ländern oft, ihre nationalen Interessen direkter zu verfolgen.

Zoll- und Nicht-Zoll-Politik Die BRICS verwenden eine Vielzahl von Zoll- und Nicht-Zoll-Instrumenten, um ihre eigenen Industrien und Binnenmärkte zu schützen und bestimmte Handelsströme zu fördern oder zu behindern. Der Einsatz solcher Instrumente kann sowohl wirtschaftliche als auch politische Ziele widerspiegeln und in einigen Fällen auch als geopolitisches Druckmittel eingesetzt werden.

Arbeitsrechtsnormen Ein weiterer wesentlicher Punkt betrifft die Frage der Arbeitsrechtsnormen in den BRICS-Ländern. Aufgrund der Vielfalt der wirtschaftlichen und sozialen Situationen in jedem Land variieren die Gesetzgebung und die Arbeitsbedingungen erheblich, was den Wettbewerb und die Produktions- und Handelsdynamiken innerhalb der Gruppe und darüber hinaus beeinflusst.

Soft Power und Imagebildung Die BRICS nutzen auch den Handel als Mittel zur Schaffung ihres "Soft Power" und zur Beeinflussung anderer Länder durch wirtschaftliche Zusammenarbeit und die Entwicklung gemeinsamer Märkte. Durch die Schaffung wirtschaftlicher Netzwerke und gemeinsamer Initiativen versuchen sie, ihren Einfluss zu stärken und globale Wahrnehmungen von sich zu prägen.

Integration der Finanzmärkte Die Integration der Finanzmärkte und die Währungspolitik zwischen den BRICS-Ländern sind ebenfalls von grundlegender Bedeutung. Die Verwendung ihrer eigenen Währungen für den Handel innerhalb der Gruppe und die Vernetzung ihrer Börsen und Finanzinstitutionen stellen sowohl Chancen zur Stabilisierung als auch potenzielle Ansteckungsquellen im Falle von Finanzkrisen dar.

Infrastruktur und Logistik Infrastruktur und Logistik spielen eine entscheidende Rolle bei der Erleichterung oder Hemmung des internationalen Handels. Infrastrukturprojekte wie Chinas

"Seidenstraße" schaffen nicht nur neue Handelswege, sondern sind auch Instrumente geopolitischer Einflussnahme, die verschiedene Regionen der Welt wirtschaftlich und physisch miteinander verknüpfen.

Handel und Menschenrechte Das Verhältnis zwischen Handel und Menschenrechten ist ein weiteres heikles Thema, das oft im Zusammenhang mit den Außenbeziehungen der BRICS diskutiert wird. Die Frage, wie wirtschaftliche und handelspolitische Interessen mit der Achtung der Menschenrechte und der Förderung globaler Standards in Einklang gebracht werden können, ist ein anhaltendes Dilemma und eine Quelle von Spannungen sowohl intern als auch in den internationalen Beziehungen.

Patente und geistiges Eigentum Schließlich stellen Fragen im Zusammenhang mit Patenten und geistigem Eigentum, insbesondere im Zeitalter der Technologie und Biotechnologie, ein fruchtbares Feld für potenzielle Konflikte und Zusammenarbeit dar. Wie die BRICS ihre Politik im Bereich des geistigen Eigentums handhaben, beeinflusst nicht nur die Dynamik innerhalb der Gruppe, sondern hat auch weitreichende Auswirkungen auf Innovation, den Zugang zu Technologien und Arzneimitteln sowie die Beziehungen zu anderen Ländern und multinationalen Unternehmen.

Diese zusätzlichen Aspekte bieten ein noch detaillierteres und komplexeres Bild der Dynamik, die die BRICS im Kontext des internationalen Handels antreibt, und zeichnen ein Bild von verwobenen Beziehungen, manchmal gegensätzlichen Zielen und kontinuierlicher Navigation zwischen Zusammenarbeit und Wettbewerb.

Abschließend lässt die Analyse der Rolle der BRICS im internationalen Handel eine außerordentlich komplexe und dynamische Realität erkennen. Trotz ihrer Unterschiede und internen Herausforderungen haben diese Länder einen erheblichen Einfluss auf die globale Bühne gezeigt, die Handelsdynamik neu definiert und zur Gestaltung einer neuen Weltordnung beigetragen. Die BRICS sind in der Weltwirtschaft an Bedeutung gewachsen und gehören zu den Hauptakteuren im internationalen Handel. Ihr Einfluss ist in verschiedenen Bereichen sichtbar, von Energie und Rohstoffen bis zur Hochtechnologie und verarbeitenden Industrie. Außenhandelsstrategien, die Diversifizierung der Wirtschaften und die Schaffung globaler Handelsnetzwerke sind zu kennzeichnenden Merkmalen ihrer Herangehensweise an den internationalen Handel geworden. Die wirtschaftliche Integration innerhalb der Gruppe hat den gegenseitigen Handel gefördert und Möglichkeiten für gemeinsames Wachstum geschaffen. Gleichzeitig bemühen sich die BRICS aktiv um die Stärkung der

Handelsbeziehungen zu anderen aufstrebenden und entwickelten Volkswirtschaften, indem sie Allianzen und Partnerschaften aufbauen, die ihren Handlungsspielraum und ihren Einfluss erweitern. Dennoch stehen die BRICS vor zahlreichen Herausforderungen, darunter interne Ungleichheiten, Umweltfragen, Meinungsverschiedenheiten in der Wirtschaftspolitik und die Schwierigkeit, komplexe Beziehungen zu anderen globalen Akteuren zu managen. Das Gleichgewicht zwischen der Förderung eines fairen und nachhaltigen Handels und der Verwirklichung nationaler wirtschaftlicher Ziele bleibt ein ständiges Dilemma. Die Zeit nach der Pandemie wird für die BRICS entscheidend sein, um ihre Handels- und Entwicklungstrategien angesichts der neuen globalen Dynamiken neu zu überdenken. Es wird entscheidend sein, wie sie auf aufkommende Herausforderungen wie den Klimawandel, die Digitalisierung des Handels und die Notwendigkeit der Förderung eines inklusiven und nachhaltigen Wachstums reagieren. Letztendlich werden die BRICS ein Schlüsselakteur im internationalen Handel bleiben und weiterhin die neue Weltordnung gestalten. Ihre Fähigkeit, sich den sich wandelnden Herausforderungen anzupassen und zu einem gemeinsamen und nachhaltigen wirtschaftlichen Wachstum beizutragen, wird ihren zukünftigen Erfolg und ihren dauerhaften Einfluss auf die globale Bühne bestimmen.

16. Globalisierung vs. Nationalismus - Diskussion über die Balance der BRICS zwischen Globalisierung und Nationalismus.

Die Diskussion darüber, wie die BRICS die Globalisierung und den Nationalismus ausbalancieren, ist von grundlegender Bedeutung, da sie eine der relevantesten Herausforderungen im aktuellen geopolitischen Umfeld widerspiegelt. Diese aufstrebenden Länder navigieren zwischen dem Wunsch, aktiv an der globalen Wirtschaft teilzunehmen, und der Notwendigkeit, nationale Souveränität und kulturelle Identität zu bewahren. Hier sind einige Schlüsselpunkte, um diese komplexe Dynamik zu verstehen:

Wirtschaftliche Globalisierung Die BRICS haben im Allgemeinen eine wohlwollende Haltung zur wirtschaftlichen Globalisierung eingenommen. Sie erkennen die Vorteile der Teilnahme an globalen Märkten, wie den Zugang zu neuen Märkten, ausländische Investitionen und den Import fortgeschrittener Technologien. Sie haben Handelsabkommen, Investitionsaustausch und wirtschaftliche Partnerschaften mit anderen Nationen gefördert, was ihre Bereitschaft zur Vertiefung der internationalen Handelsbindungen zeigt.

Mäßiger Protektionismus Dennoch sind die BRICS nicht fremd gegenüber mäßigem Protektionismus, insbesondere wenn es um strategische Sektoren oder die Verteidigung nationaler Interessen geht. Sie verwenden Instrumente wie Zölle, Importquoten und Vorschriften, um lokale Industrien zu schützen und die inländische Produktion zu fördern. Diese Maßnahmen können als Reaktion auf wirtschaftliche Krisen oder geopolitischen Druck eingesetzt werden.

Kultureller Nationalismus In kultureller und politischer Hinsicht setzen sich die BRICS dafür ein, ihre nationalen und kulturellen Identitäten zu bewahren und zu fördern. Jedes dieser Länder hat eine einzigartige Geschichte, Sprache und Kultur und bemüht sich, sie vor der kulturellen Homogenisierung durch die Globalisierung zu schützen. Dieser kulturelle Nationalismus kann sich in Politiken zur Förderung der Sprache, Kunst und nationalen Kultur manifestieren.

Politische Souveränität Die BRICS vertreten eine klare Position zur politischen Souveränität. Sie lehnen externe Einmischung in innere Angelegenheiten ab und unterstützen das Prinzip der Nichteinmischung in die Angelegenheiten anderer Länder. Diese Position wird oft in Bezug auf regionale Spannungen, interne Konflikte und Regimewechsel zum Ausdruck gebracht.

Betonung des Ausgleichs Die BRICS streben ständig nach einem Gleichgewicht zwischen aktiver Teilnahme an der wirtschaftlichen Globalisierung und dem Schutz ihrer nationalen und kulturellen Interessen. Dieses Gleichgewicht wird oft durch globale Ereignisse wie Finanzkrisen, geopolitische Konflikte und Handelsspannungen herausgefordert. In solchen Momenten können sie je nach den Umständen eine nationalistischere oder globalere Position einnehmen.

Zusammenfassend gesagt, stellen die BRICS eine Herausforderung für die traditionelle Gegenüberstellung von Globalisierung und Nationalismus dar. Diese Länder bemühen sich, die aktive Teilnahme an der wirtschaftlichen Globalisierung mit dem Schutz ihrer nationalen und kulturellen Interessen in Einklang zu bringen. Ihre Fähigkeit, dieses fragile Gleichgewicht aufrechtzuerhalten, wird entscheidend für ihre Zukunft und die Definition der Rolle aufstrebender Volkswirtschaften im globalen Kontext sein.

Um genauer zu verstehen, wie die BRICS die Balance zwischen Globalisierung und Nationalismus herstellen, ist es wichtig, einige konkrete Beispiele und die mit dieser komplexen Dynamik verbundenen Herausforderungen zu betrachten:

1. **Internationaler Handel** Die BRICS haben die Liberalisierung des internationalen Handels gefördert, schützen jedoch gleichzeitig Schlüsselsektoren ihrer Wirtschaften vor

übermäßigem Wettbewerb. Zum Beispiel hat Brasilien Zölle auf einige verarbeitete Produkte erhoben, um seine heimische Industrie zu schützen, während Indien ähnliche Maßnahmen ergriffen hat, um den landwirtschaftlichen Sektor zu unterstützen. Diese Maßnahmen waren oft umstritten, da sie die volle Integration in den internationalen Handel behindern können.

2. **Ausländische Investitionen** Die BRICS haben erhebliche ausländische Investitionen angezogen, sind jedoch selektiver geworden, wenn es um den Zugang zu strategischen Sektoren geht. Zum Beispiel hat China die Überwachung ausländischer Direktinvestitionen in Bereichen wie Technologie und nationale Sicherheit verschärft. Dieser Schritt wurde als Versuch interpretiert, die Notwendigkeit ausländischen Kapitals mit dem Schutz der nationalen Sicherheit und wichtiger Technologien in Einklang zu bringen.

3. **Technologie und Datenkontrolle** Die BRICS sind aktiv an der globalen Technologierennbahn beteiligt, bemühen sich jedoch gleichzeitig, ihre technologische Unabhängigkeit und die Sicherheit von Daten zu gewährleisten. Zum Beispiel hat Russland ein Gesetz erlassen, das verlangt, dass persönliche Daten russischer Bürger auf Servern im Land gespeichert werden,

ein Schritt, der als Versuch angesehen wurde, die Kontrolle über Daten und Technologie zu verstärken.

4. **Kulturelle Identität** Die BRICS legen großen Wert auf die Förderung ihrer einzigartigen kulturellen Identitäten. Dies spiegelt sich in Politiken zur Unterstützung von Sprache, Kunst und nationaler Kultur wider. Zum Beispiel fördert Brasilien die Verbreitung der portugiesischen Sprache, während Indien die Verbreitung der Hindi-Sprache unterstützt. Diese Bemühungen reflektieren das Engagement für die Bewahrung der kulturellen Vielfalt in einer zunehmend globalisierten Welt.

5. **Globale Führung** Die BRICS versuchen aktiv, ihren Einfluss auf der globalen Bühne auszudehnen. Sie arbeiten in Organisationen wie den Vereinten Nationen und der G20 zusammen, um eine multipolare Weltordnung zu fördern. Sie sind jedoch auch bestrebt, das Prinzip der nationalen Souveränität zu unterstützen und sich nicht in die inneren Angelegenheiten anderer Länder einzumischen.

6. **Geopolitische Herausforderungen** Geopolitische Herausforderungen wie der Konflikt in der Ukraine und die Spannungen zwischen Indien und China im Himalaya haben

die Solidarität der BRICS auf die Probe gestellt.
Während sie bestrebt sind, ihre bilateralen
Beziehungen zu anderen globalen Akteuren wie
den Vereinigten Staaten und der Europäischen
Union auszubalancieren, müssen sie sich
geopolitischen Herausforderungen stellen, die
ihre Haltung zur Souveränität und zur globalen
Zusammenarbeit auf die Probe stellen.

Zusammenfassend gesagt, stehen die BRICS vor einer
ständigen Herausforderung, wenn es darum geht, die
Globalisierung mit dem Nationalismus in Einklang zu
bringen. Ihre Politik und Maßnahmen hängen von
einer Vielzahl von Faktoren ab, darunter
wirtschaftliche Interessen, geopolitische
Herausforderungen und der Wille zur Bewahrung ihrer
kulturellen Identitäten. Diese Dynamik steht im
Mittelpunkt ihrer globalen Beziehungen und stellt eine
der bedeutendsten Herausforderungen im aktuellen
geopolitischen Kontext dar.

7. Natürliche Ressourcen Die BRICS-Länder sind
reich an natürlichen Ressourcen, was sich auf ihre
Wirtschafts- und Handelspolitik auswirkt. Während sie
von der Globalisierung profitieren möchten, um
Ressourcen zu exportieren, verfolgen sie gleichzeitig
Politiken, um diese Ressourcen zu schützen und
strategisch zu verwalten. Zum Beispiel hat Brasilien
Kontrollpolitiken für den Export von natürlichen

Ressourcen wie Öl, während Russland ähnliche Beschränkungen für den Export von Erdgas hat.

8. Infrastrukturinvestitionen Die BRICS-Länder haben bedeutende Infrastrukturinvestitionsprojekte auf nationaler und internationaler Ebene gestartet. Diese Investitionen zielen oft darauf ab, regionale und globale Konnektivität zu fördern und das wirtschaftliche Wachstum zu unterstützen. Solche Projekte können jedoch auch als Instrumente zur geopolitischen Einflussnahme dienen und zur Schaffung von Handelsnetzwerken und zur Stärkung des globalen Einflusses der BRICS beitragen.

9. Pandemie und Gesundheitsnationalismus Die COVID-19-Pandemie hat die Debatte über Globalisierung und Nationalismus neu entfacht. Während die BRICS-Länder zusammengearbeitet haben, um den Zugang zu Impfstoffen zu gewährleisten und wissenschaftliches Wissen auszutauschen, haben sie auch nationale Maßnahmen ergriffen, um die Gesundheit ihrer Bürger zu schützen. Dieser Balanceakt zwischen globaler Zusammenarbeit und Gesundheitsschutz ist beispielhaft für das größere Dilemma zwischen Globalisierung und Nationalismus.

10. Bewältigung von Finanzkrisen Die BRICS-Länder haben ihren eigenen Währungsreservenfonds, das "Contingent Reserve Arrangement", geschaffen, um globale Finanzkrisen zu bewältigen, ohne auf westliche Finanzinstitutionen wie den Internationalen Währungsfonds (IWF) zurückzugreifen. Dies zeigt ihren Willen, eine gewisse Kontrolle über ihre finanziellen Angelegenheiten zu behalten und regionale Lösungen gegenüber globalen Institutionen zu bevorzugen.

11. Handelsspannungen Handelsspannungen zwischen den BRICS-Ländern können die Solidarität der Gruppe auf die Probe stellen. Zum Beispiel haben Indien und China Handels- und Gebietsstreitigkeiten gehabt, die ihre Beziehungen innerhalb der BRICS beeinflusst haben. Diese Konflikte erfordern eine sensible Balance zwischen der Unterstützung der nationalen Souveränität und der Bedeutung der Kohärenz der Gruppe.

12. Geografische und Wirtschaftliche Vielfalt
Die BRICS repräsentieren eine erhebliche geografische und wirtschaftliche Vielfalt, was die Balance zwischen Globalisierung und Nationalismus noch komplexer macht. Indien ist zum Beispiel eine der größten aufstrebenden Volkswirtschaften der Welt, während Südafrika relativ kleiner ist. Diese Unterschiede beeinflussen die Strategien und Prioritäten jedes Landes innerhalb der Gruppe.

Zusammenfassend lässt sich sagen, dass die BRICS-Länder weiterhin eine Balance zwischen Globalisierung und Nationalismus durch eine Vielzahl von Politiken,

Maßnahmen und Initiativen suchen. Diese komplexe
Dynamik wird von wirtschaftlichen, politischen,
kulturellen und Umweltfaktoren geprägt und erfordert
eine kontinuierliche Anpassung an aufkommende
Herausforderungen und Chancen im globalen Kontext.
Wie sie diese Balance bewahren, wird erhebliche
Auswirkungen auf die Zukunft der internationalen
Beziehungen und der Weltordnung haben.

13. Investitionen in Entwicklungsländer Die
BRICS-Länder haben ihre Investitionen in
Entwicklungsländer aus wirtschaftlichen und
geopolitischen Gründen erhöht. Diese Investitionen
können das Wirtschaftswachstum in den Gastländern
fördern, aber auch Bedenken hinsichtlich
Neokolonialismus und wirtschaftlicher Abhängigkeit
aufwerfen. Die BRICS-Länder versuchen, ihre
wachsende globale Präsenz mit der Notwendigkeit, die
Souveränität der Gastländer zu respektieren, in
Einklang zu bringen.

14. Wirtschaftsdiplomatie Die BRICS-Länder
haben eine aktive Wirtschaftsdiplomatie entwickelt,
um ihre globalen Interessen zu verfolgen. Sie haben
wirtschaftliche und handelspolitische Gipfeltreffen
organisiert und versucht, globale Organisationen wie
die Welthandelsorganisation (WTO) zu beeinflussen,
um ihre Prioritäten zu fördern. Diese Bemühungen
zeigen ihr Engagement zur Förderung ihrer Interessen,

können jedoch auch Spannungen mit anderen
Nationen verursachen.

15. Bildung und Wissenschaft Die BRICS-Länder
arbeiten auch im Bereich Bildung und Wissenschaft
zusammen, um Innovation und technologische
Entwicklung zu fördern. Diese Zusammenarbeit kann
als Versuch gesehen werden, die Globalisierung durch
die Förderung nationaler Bildung und Forschung
auszugleichen.

16. Medienkontrolle Jedes BRICS-Land hat
Medienkontrollpolitiken, die ihre nationalen und
kulturellen Bedürfnisse widerspiegeln. Zum Beispiel
hat China strenge Online-Zensur, um politische
Stabilität zu erhalten, während Brasilien Vorschriften
zur Förderung lokaler kultureller Inhalte hat. Diese
Ansätze zeigen, wie die BRICS-Länder versuchen, die
Globalisierung der Medien mit ihren nationalen
Prioritäten in Einklang zu bringen.

17. Digitale Infrastruktur Die BRICS-Länder haben
auch erhebliche Fortschritte im Bereich digitaler
Infrastruktur erzielt, um die digitale Kluft zu
verringern. Diese Bemühungen können die
Globalisierung durch universellen Zugang zum
Internet und die Förderung nationaler technologischer
Innovationen ausgleichen.

18. Reform der Globalen Institutionen Die
BRICS-Länder haben die Reform globaler

Institutionen wie des UN-Sicherheitsrates unterstützt, um sie repräsentativer und den aktuellen Herausforderungen angemessener zu gestalten. Dieser Einsatz ist ein Beispiel dafür, wie sie versuchen, das globale System zu beeinflussen, während sie ihre Souveränität schützen.

19. Investitionen in Nachhaltige Energie

Während sie bestrebt sind, den steigenden Energiebedarf zu decken, haben die BRICS auch erhebliche Investitionen in nachhaltige Energie wie erneuerbare Energien getätigt. Diese Investitionen können die Globalisierung ausgleichen, indem sie sauberere Energiequellen fördern und die nationale Energiesicherheit stärken.

20. Koordination in Internationalen Organisationen

Die BRICS koordinieren ihre Positionen in verschiedenen internationalen Organisationen wie der G20 und dem BRICS Business Council. Diese Zusammenarbeit zielt darauf ab, die Globalisierung durch kollektiven Einfluss in diesen Organisationen auszubalancieren und den BRICS zu ermöglichen, ihre gemeinsamen Interessen zu fördern.

21. Maßnahmen zur Lebensmittelsicherheit

Die BRICS haben Politiken zur Gewährleistung der Lebensmittelsicherheit ihrer Bürger implementiert. Diese Politiken können die Förderung der nationalen

Landwirtschaft und die Begrenzung von Lebensmitteleinfuhren umfassen. Solche Maßnahmen werden oft mit der Notwendigkeit der Sicherung der Lebensmittelsouveränität gerechtfertigt, können aber auch zu verstärktem Protektionismus führen.

22. Bilaterale Kulturinitiativen Innerhalb der BRICS unternehmen die Länder oft bilaterale Initiativen zur Förderung ihrer Kultur. Zum Beispiel können Russland und Indien kulturelle Austauschprogramme organisieren, um das gegenseitige Verständnis zwischen ihren Bevölkerungen zu fördern. Diese Initiativen können dazu beitragen, die Verbindungen zwischen den Mitgliedsländern zu stärken und ihre kulturellen Identitäten zu bewahren.

23. Investitionen in Strategische Industrien Die BRICS haben Schlüsselindustrien für ihre Entwicklung identifiziert und versuchen, sie vor externen Einflüssen zu schützen. Zum Beispiel hat China die Politik "Made in China 2025" eingeführt, um nationale High-Tech-Industrien zu fördern und die Abhängigkeit von ausländischen Importen zu reduzieren. Dies ist ein Beispiel dafür, wie sie die Globalisierung mit dem Ziel eines auf Technologie basierenden Wirtschaftswachstums ausgleichen.

24. Shanghai Cooperation Organization (SCO) Die Shanghai Cooperation Organization (SCO), zu der

verschiedene Länder in Zentralasien und China
gehören, ist ein Beispiel dafür, wie die BRICS regionale
Interessen mit globalen ausgleichen. Die SCO fördert
die wirtschaftliche und sicherheitspolitische
Zusammenarbeit in Zentralasien, aber die BRICS
nutzen diese Plattform auch, um globale Themen zu
diskutieren und ihre Positionen zu koordinieren.

25. Industrie- und Handelspolitik Jedes BRICS-
Land hat einzigartige Industrie- und Handelspolitiken
zur Förderung des Wirtschaftswachstums und der
Beschäftigung. Diese Politiken können von der
Förderung von Exporten bis zur Unterstützung kleiner
Unternehmen reichen. Während sie bestrebt sind,
aktiv am globalen Handel teilzunehmen, spiegeln
solche Politiken auch Bemühungen wider, eine gewisse
wirtschaftliche Unabhängigkeit zu bewahren.

**26. Wissenschaftliche und Technologische
Zusammenarbeit** Die BRICS fördern die
Zusammenarbeit in Wissenschaft und Technologie, um
Innovationen anzustoßen. Diese Bemühungen
umfassen den Austausch von Forschung und die
gemeinsame Entwicklung fortschrittlicher
Technologien. Die wissenschaftliche Zusammenarbeit
zeigt den Willen der BRICS, sich am globalen
technologischen Wettbewerb zu beteiligen, während
sie ihre wissenschaftliche und technologische Identität
bewahren.

27. Soziale und Umweltauswirkungen Die BRICS
bemühen sich um den Ausgleich sozialer und
Umweltaspekte der Globalisierung. Dies bedeutet,
soziale Herausforderungen wie Ungleichheit und
soziale Gerechtigkeit sowie Umweltfragen wie
nachhaltige Ressourcennutzung und Klimawandel
anzugehen. Diese Faktoren tragen zur Balance
zwischen Globalisierung und nationalen Bedürfnissen
bei.

28. Rolle in Regionalen Foren Die BRICS nehmen
aktiv an regionalen Foren wie dem Asia-Pacific
Economic Cooperation (APEC) und der Shanghai
Cooperation Organization (SCO) teil. Diese Teilnahme
spiegelt einen multilateralen Ansatz wider, der
regionale Interessen mit globalen abgleicht.

29. Globale Wirtschaftsabhängigkeit Die BRICS
bemühen sich um den Ausgleich ihrer zunehmenden
globalen wirtschaftlichen Abhängigkeit mit dem
Bedarf, ihre wirtschaftliche Autonomie zu bewahren.
Dies kann die Diversifizierung der Energiequellen oder
die Förderung der lokalen Produktion zur
Verringerung der Importabhängigkeit umfassen.

30. Soft Power-Diplomatie Die BRICS versuchen,
ihren Soft Power, einschließlich kultureller Aspekte wie
Literatur, Film und Kunst, zu fördern, um das globale
Bild von sich selbst positiv zu beeinflussen. Diese

Bemühungen tragen zur Förderung ihrer Kultur und zur Darstellung eines positiven Bildes in der Welt bei.

Zusammenfassend lässt sich sagen, dass der Ausgleich zwischen Globalisierung und Nationalismus seitens der BRICS ein komplexer und sich entwickelnder Prozess ist, der eine Vielzahl von Politiken und Initiativen umfasst. Diese aufstrebenden Länder bemühen sich ständig, ihre nationalen und kulturellen Interessen zu schützen, während sie aktiv in der globalen Arena agieren. Ihre Fähigkeit, diese Herausforderung zu bewältigen, wird erhebliche Auswirkungen auf die Zukunft der internationalen Beziehungen und der Weltordnung haben.

Fazit: Das Gleichgewicht zwischen Globalisierung und Nationalismus in den BRICS ist ein dynamischer und komplexer Prozess, der ständige Aufmerksamkeit für Veränderungen im globalen Kontext erfordert. Diese aufstrebenden Länder sind sich der Bedeutung bewusst, aktiv in der globalen Arena zu agieren, um ihre wirtschaftlichen, politischen und kulturellen Interessen zu fördern. Gleichzeitig versuchen sie jedoch, ihre Souveränität, kulturelle Identität und wirtschaftliche Autonomie zu bewahren. Die BRICS verwenden eine Reihe von Strategien und Politiken, um diese Herausforderung anzugehen:

1. Bilaterale und multilaterale Diplomatie: Sie arbeiten bei globalen Fragen durch aktive

Diplomatie auf bilateralen und multilateralen Ebenen zusammen und versuchen, internationale Organisationen und globale Foren zu beeinflussen, um ihre gemeinsamen Interessen zu fördern.

2. Vielfältige nationale Wirtschaften: Jedes BRICS-Land hat eine einzigartige Wirtschaft und Industriebasis und versucht, diese Unterschiede zur Förderung wirtschaftlicher Ergänzung innerhalb der Gruppe zu nutzen.

3. Industrie- und Handelspolitik: Sie verfolgen Industrie- und Handelspolitiken, um das Wirtschaftswachstum zu fördern und strategische nationale Industrien zu schützen.

4. Zusammenarbeit in Wissenschaft und Technologie: Sie arbeiten in wissenschaftlicher Forschung und technologischer Entwicklung zusammen, um Innovationen zu fördern und global zu konkurrieren.

5. Strategische Investitionen: Sie tätigen strategische Investitionen in Schlüsselbereichen wie Infrastruktur, Energie und fortgeschrittener Technologie, um das Wirtschaftswachstum und die nationale Sicherheit zu unterstützen.

6. Kultur und Soft Power: Sie nutzen die Förderung von Kultur und Soft Power, um ihr globales

Image zu verbessern und die globale Wahrnehmung positiv zu beeinflussen.

7. Wirtschaftsdiplomatie: Sie beteiligen sich aktiv an internationalen Wirtschafts- und Handelsgipfeln, um Handel und Investitionen zu fördern.

8. Management natürlicher Ressourcen: Sie verfolgen Politiken zur strategischen Bewirtschaftung natürlicher Ressourcen und zur Sicherung von Nahrungsmittel- und Energieversorgung.

9. Nachhaltige Entwicklung: Sie setzen sich für nachhaltige Entwicklungsrichtlinien ein, um Umwelt- und soziale Herausforderungen anzugehen.

In einer immer stärker vernetzten Welt stehen die BRICS vor sich ständig verändernden Herausforderungen und Chancen. Ihre Fähigkeit, Globalisierung effektiv mit ihren nationalen Bedürfnissen in Einklang zu bringen, wird entscheidend für ihren Erfolg und ihre Rolle in der aufstrebenden Weltordnung sein. Durch die Aufrechterhaltung eines flexiblen und anpassungsfähigen Ansatzes können diese Länder weiterhin ihr wirtschaftliches Wachstum und ihren geopolitischen Einfluss nutzen, um die Zukunft der Welt mitzugestalten.

17. Menschenrechte: Eine Analyse der Menschenrechtssituation in den BRICS-Ländern.

1. Brasilien: Brasilien hat internationale Aufmerksamkeit für seine Menschenrechtslage erhalten. Probleme wie Gewalt in den Favelas, Diskriminierung von Minderheiten und die Abholzung des Amazonas sind Anlass zur Sorge. Das Land hat jedoch Fortschritte bei der Förderung der Rechte von Frauen und LGBTQ+-Minderheiten gemacht.

2. Russland: In Russland gibt es Bedenken hinsichtlich der Bürgerrechte, einschließlich der Presse- und Meinungsfreiheit. Menschenrechtsaktivisten behaupten, dass Kritik an der Regierung Verfolgungen nach sich ziehen kann. Die Situation der Minderheiten, insbesondere der LGBTQ+-Gemeinschaft, ist ebenfalls angespannt.

3. Indien: Indien hat eine komplexe Gesellschaft mit einer Vielzahl von Menschenrechtsproblemen. Es gibt Bedenken hinsichtlich der Religionsfreiheit, der Kastendiskriminierung und der Geschlechtergewalt. Das Land hat jedoch Fortschritte bei der Förderung von Bildung und Armutsbekämpfung gemacht.

4. China: China hat weltweit Aufmerksamkeit für seinen Umgang mit Menschenrechten erregt, einschließlich der Unterdrückung von Protesten in Tibet und der Situation ethnischer Minderheiten wie der Uiguren. China wurde auch für seine Online-Zensur und die Kontrolle der Medien kritisiert.

5. Südafrika: Südafrika hat eine Geschichte des Kampfes für Menschenrechte, nachdem es die Apartheid überwunden hat. Das Land hat Fortschritte bei der Förderung der Rechte von Minderheiten gemacht, steht jedoch immer noch vor Herausforderungen in Bezug auf wirtschaftliche Ungleichheit und Kriminalität.

Es ist wichtig zu beachten, dass die Menschenrechtslage in jedem dieser BRICS-Länder komplex und vielschichtig ist. Jedes Land hat Fortschritte in einigen Bereichen gemacht, aber auch Herausforderungen in anderen. Darüber hinaus kann die Wahrnehmung der Menschenrechte je nach kultureller und politischer Perspektive variieren. Die BRICS-Länder versuchen oft, die Förderung der Menschenrechte mit nationaler Souveränität in Einklang zu bringen. Dies kann zu unterschiedlichen Positionen in internationalen Foren führen. Die Förderung der Menschenrechte bleibt jedoch ein wichtiges Thema in globalen Diskussionen, und die

Menschenrechtslage in den BRICS-Ländern bleibt international von Interesse und Debatte geprägt.

6. Brasilien: In Brasilien wurde die Menschenrechtslage von Herausforderungen wie städtischer Gewalt, insbesondere in den Favelas, beeinflusst. Die Sicherheitskräfte wurden oft für den übermäßigen Einsatz von Gewalt kritisiert. Rassische Diskriminierung und Gewalt gegen Minderheiten, einschließlich indigener Völker, sind anhaltende Anliegen. Das Land hat jedoch Fortschritte bei der Stärkung der Frauenrechte und im Kampf gegen die Straflosigkeit für Menschenrechtsverbrechen gemacht.

7. Russland: In Russland berichten Menschenrechtsorganisationen häufig über Einschränkungen der Presse- und Meinungsfreiheit. Die Gesetze gegen homosexuelle Propaganda haben Bedenken hinsichtlich der Rechte von LGBTQ+-Personen ausgelöst. Die Situation ethnischer Minderheiten wie der Tschetschenen hat internationale Debatten ausgelöst.

8. Indien: Indien ist ein vielfältiges Land mit komplexen Menschenrechtsproblemen. Die Diskriminierung aufgrund von Kastenzugehörigkeit besteht weiterhin, und religiöse Spannungen sind zunehmend besorgniserregend. Das Land hat jedoch erhebliche Fortschritte bei der Förderung der Bildung und bei der Bekämpfung extremer Armut gemacht.

9. China: China hat weltweit Aufmerksamkeit für seine Menschenrechtslage erregt. Die Unterdrückung von Protesten in Tibet und die Behandlung ethnischer Minderheiten wie der Uiguren haben globale Bedenken aufgeworfen. Die Online-Zensur und die Kontrolle der Medien sind bekannt, und politische Dissidenten können Verfolgung ausgesetzt sein.

10. Südafrika: Südafrika hat eine Geschichte des Kampfes für Menschenrechte, nachdem es die Apartheid überwunden hat. Das Land steht jedoch immer noch vor Herausforderungen im Zusammenhang mit wirtschaftlicher Ungleichheit und Kriminalität. Die südafrikanische Regierung hat daran gearbeitet, die Rechte von Minderheiten zu fördern und Fragen im Zusammenhang mit Geschlechterungleichheit anzugehen.

Jedes BRICS-Land hat eine einzigartige Menschenrechtslage mit spezifischen Herausforderungen und Fortschritten. Die Wahrnehmung der Menschenrechte kann stark variieren, und die interne und internationale Debatte bleibt ein wichtiger Teil des globalen Dialogs. Die Menschenrechtslage entwickelt sich ständig weiter, und aktuelle Entwicklungen können eine erhebliche Auswirkung auf die globale Wahrnehmung und nationale Politik haben.

11. Brasilien: Im brasilianischen Kontext sind Menschenrechtsverletzungen häufig mit Gewalt in den Favelas verbunden, bei denen Polizeieinsätze zu Menschenrechtsverletzungen führen können. Die Diskriminierung von Minderheiten, einschließlich indigener Völker und der schwarzen Bevölkerung, ist ein anhaltendes Problem. Im Laufe der Jahre hat Brasilien auch Herausforderungen im Zusammenhang mit der Sicherheit von Frauen und häuslicher Gewalt bewältigt, aber Fortschritte bei der Umsetzung von Gesetzen zum Schutz von Opfern gemacht.

12. Russland: In Russland berichten Menschenrechtsorganisationen oft über die Beschränkung der Meinungsfreiheit und die Unterdrückung abweichender Meinungen. Die Situation von Minderheiten, einschließlich LGBTQ+-Personen, unterliegt rechtlichen und sozialen Einschränkungen. Politische Proteste können unterdrückt werden, und Aktivisten können Einschüchterungen und Verhaftungen ausgesetzt sein.

13. Indien: Indien ist ein vielfältiges Land mit reicher kultureller Vielfalt, aber auch Geschichte der Kastendiskriminierung und religiöser Spannungen. Gewalt gegen Frauen war ein bedeutendes Problem, und Fälle von Vergewaltigung und häuslicher Gewalt haben öffentliche Empörung ausgelöst. Das Land arbeitet an rechtlichen und sozialen Reformen, um diese Herausforderungen anzugehen.

14. China: China hat zunehmend internationale Aufmerksamkeit für seinen Umgang mit Menschenrechten erhalten. Die Unterdrückung von Protesten in Tibet und Bedenken hinsichtlich der Rechte ethnischer Minderheiten wie der Uiguren wurden weit verbreitet berichtet. Die Zensur von Medien und des Internets ist weit verbreitet, und politische Dissidenten können schwerwiegende Konsequenzen erleiden.

15. Südafrika: Südafrika hat eine Geschichte des Kampfes für Menschenrechte, insbesondere nach dem Ende der Apartheid. Das Land steht jedoch immer noch vor Herausforderungen im Zusammenhang mit wirtschaftlicher Ungleichheit und Kriminalität. Die Frage des Landbesitzes und der Agrarreform hat Spannungen verursacht, während die südafrikanische Regierung daran arbeitet, Probleme im Zusammenhang mit extremer Armut anzugehen.

Jedes BRICS-Land hat eine einzigartige Menschenrechtslage mit spezifischen Herausforderungen und Fortschritten. Die Wahrnehmung der Menschenrechte kann stark variieren, und die interne und internationale Debatte bleibt ein wichtiger Teil des globalen Dialogs. Die Menschenrechtslage entwickelt sich ständig weiter, und aktuelle Entwicklungen können eine erhebliche Auswirkung auf die globale Wahrnehmung und nationale Politik haben.

16. Brasilien: In Brasilien wurde die Menschenrechtslage auch von Umweltfragen beeinflusst. Die Abholzung des Amazonas-Regenwaldes und die Zerstörung natürlicher Lebensräume haben weltweite Besorgnis ausgelöst, da sie das Leben indigener Bevölkerungsgruppen bedrohen und zum Klimawandel beitragen. Die Bewirtschaftung natürlicher Ressourcen und der Schutz der Rechte indigener Gemeinschaften sind zentrale Themen in der Diskussion über Menschenrechte in Brasilien.

17. Russland: Russland hat in den letzten Jahren eine Zentralisierung der Macht und Einschränkungen der Presse- und Meinungsfreiheit erlebt. Menschenrechtsorganisationen haben Fälle willkürlicher Verhaftungen von politischen Gegnern und Aktivisten dokumentiert. Darüber hinaus war die Situation sexueller Minderheiten, einschließlich LGBTQ+-Personen, aufgrund von Gesetzen gegen "homosexuelle Propaganda" und sozialer Diskriminierung schwierig.

18. Indien: Indien hat bedeutende Fortschritte bei der Bildung und Armutsbekämpfung gemacht, aber es stehen immer noch Herausforderungen bei der Förderung der Frauenrechte und der Verhinderung von Geschlechtergewalt bevor. Religiöse Spannungen und zwischenkommunale Gewalt sind in den letzten Jahren zunehmend besorgniserregend geworden. Die

Kastendiskriminierung besteht weiterhin, obwohl die Regierung Gesetze zur Förderung der Gleichstellung erlassen hat.

19. China: China hat internationale Aufmerksamkeit auf sich gezogen wegen seiner Menschenrechtslage, insbesondere in Bezug auf ethnische Minderheiten wie die Uiguren in der Region Xinjiang. Es gab Vorwürfe von Masseninhaftierungen, Zwangsarbeit und anderen Menschenrechtsverletzungen. Die Online-Zensur ist weit verbreitet, und Einschränkungen der Meinungsfreiheit sind erheblich. China ist jedoch auch ein wichtiger Akteur im Kampf gegen Armut und hat bedeutende wirtschaftliche Fortschritte erzielt.

20. Südafrika: Südafrika hat weiterhin mit wirtschaftlicher und sozialer Ungleichheit zu kämpfen, die aus der Apartheid-Ära stammt. Obwohl das Land Fortschritte bei der Förderung von Gleichheit und sozialer Gerechtigkeit gemacht hat, gibt es noch viel Arbeit zu tun. Insbesondere die Frage des Landbesitzes und der Agrarreform hat zu Spannungen geführt, während die südafrikanische Regierung versucht, Fragen der extremen Armut anzugehen.

Die Menschenrechtslage ist in jedem dieser BRICS-Länder komplex und wird von einer Reihe einzigartiger Faktoren beeinflusst. Herausforderungen und Fortschritte variieren stark, und die Wahrnehmung der Menschenrechte kann subjektiv sein und von

kulturellen und politischen Variablen beeinflusst
werden. Die Förderung und der Schutz der
Menschenrechte bleiben wichtige Themen der
internationalen Debatte, und viele Organisationen und
Regierungen arbeiten daran, laufende
Herausforderungen anzugehen und Lösungen zur
Verbesserung der Menschenrechtslage weltweit zu
finden.

21. Brasilien: Im brasilianischen Kontext wurde die
Menschenrechtslage auch von Polizeigewalt
beeinflusst, insbesondere in den Favelas der großen
Städte. Es gab zahlreiche Fälle von Missbrauch und
Tötungen durch Polizeikräfte, was Fragen zur
mangelnden Verantwortlichkeit und Transparenz bei
den Ermittlungen aufwirft. Darüber hinaus sind
Bedrohungen und Angriffe gegen
Menschenrechtsverteidiger besorgniserregend und
stellen Herausforderungen für die Meinungs- und
Vereinigungsfreiheit dar.

22. Russland: In den letzten Jahren hat Russland
eine Verschärfung der Beschränkungen der Presse-
und Meinungsfreiheit erlebt. Gesetze, die die
Aktivitäten ausländischer
Nichtregierungsorganisationen (NGOs) einschränken,
haben die Arbeit von Menschenrechtsaktivisten
erschwert. Die Situation sexueller Minderheiten,
einschließlich LGBTQ+-Personen, ist aufgrund von

Gesetzen gegen "homosexuelle Propaganda" und sozialer Diskriminierung schwieriger geworden.

23. Indien: Indien ist ein Land mit außergewöhnlicher kultureller Vielfalt, aber es hat Herausforderungen im Bereich der Menschenrechte, einschließlich Kastendiskriminierung und religiöser Spannungen. Die zunehmende politische Polarisierung hat zu einer Atmosphäre geführt, in der kritische Stimmen oft unterdrückt oder bedroht werden. Dennoch hat das Land Fortschritte bei der Förderung von Bildung und dem Zugang zu Gesundheitsdiensten gemacht.

24. China: China hat internationale Aufmerksamkeit auf sich gezogen wegen seiner Menschenrechtslage, insbesondere in Bezug auf ethnische Minderheiten wie die Uiguren in der Region Xinjiang. Es gab Vorwürfe von Masseninhaftierungen, Zwangsarbeit und anderen Menschenrechtsverletzungen. Die Online-Zensur ist weit verbreitet, und Einschränkungen der Meinungsfreiheit sind erheblich. China ist jedoch auch ein wichtiger Akteur im Kampf gegen Armut und hat bedeutende wirtschaftliche Fortschritte erzielt.

25. Südafrika: Südafrika war ein Beispiel für einen friedlichen Übergang von einem System der Rassentrennung zu einer multirassischen Demokratie. Dennoch kämpft das Land weiterhin mit wirtschaftlicher und sozialer Ungleichheit, wobei eine ungleiche Verteilung von Ressourcen und Chancen besteht. Die Frage des Landbesitzes und der Agrarreform hat zu Spannungen geführt, während die südafrikanische Regierung versucht, Fragen der sozialen Gerechtigkeit und wirtschaftlichen Entwicklung anzugehen.

Die Menschenrechtslage ist in jedem dieser BRICS-Länder komplex und wird von einer Reihe einzigartiger Faktoren beeinflusst. Herausforderungen und Fortschritte variieren stark, und die Wahrnehmung der Menschenrechte kann subjektiv sein und von kulturellen und politischen Variablen beeinflusst werden. Die Förderung und der Schutz der Menschenrechte bleiben wichtige Themen der internationalen Debatte, und viele Organisationen und Regierungen arbeiten daran, laufende Herausforderungen anzugehen und Lösungen zur Verbesserung der Menschenrechtslage weltweit zu finden.

die Situation der Menschenrechte in den BRICS-Ländern ist komplex und vielfältig, wobei jedes Land einzigartige Herausforderungen und Chancen bewältigt. Während diese aufstrebenden Länder weiterhin eine immer wichtigere Rolle in der globalen Arena spielen, ist es entscheidend, die Menschenrechtslage in jedem Land sorgfältig zu überwachen und drängende Fragen wirksam anzugehen. In Brasilien bleiben Polizeigewalt und

Diskriminierung von Minderheiten weiterhin Anliegen, während in Russland die Einschränkungen der Presse- und Meinungsfreiheit zunehmen. In Indien stellen religiöse Spannungen und Kastendiskriminierung wichtige Herausforderungen dar, während in China die Situation ethnischer Minderheiten, insbesondere der Uiguren, international zunehmende Aufmerksamkeit erhält. In Südafrika, obwohl das Land erhebliche Fortschritte im Post-Apartheid-Übergang gemacht hat, bleiben Herausforderungen in Bezug auf wirtschaftliche Ungleichheit und soziale Gerechtigkeit bestehen. Es ist unerlässlich, dass Regierungen, Menschenrechtsorganisationen und die internationale Gemeinschaft zusammenarbeiten, um die Menschenrechte in diesen Ländern und weltweit zu fördern und zu schützen. Transparenz, Verantwortlichkeit und offener Dialog sind wichtige Instrumente zur Bewältigung der Fragen der Menschenrechte und zur Suche nach nachhaltigen Lösungen. Während die BRICS-Länder weiterhin eine bedeutende Rolle in der weltweiten Politik und Wirtschaft spielen, bleibt die Frage der Menschenrechte ein entscheidender Bestandteil der globalen Debatte über Gerechtigkeit und Gleichheit.

18. Zukunft der BRICS • Aussichten und zukünftige Herausforderungen für die BRICS im neuen Weltordnung.

Die BRICS, bestehend aus Brasilien, Russland, Indien, China und Südafrika, haben sich als eine wichtige Kraft im Kontext der neuen Weltordnung herauskristallisiert. Sie stehen jedoch vor einer Reihe von Perspektiven und Herausforderungen auf ihrem zukünftigen Weg:

Zukünftige Perspektiven:

1. Wirtschaftliche Macht: Die BRICS-Länder verzeichnen weiterhin wirtschaftliches Wachstum und üben zunehmenden Einfluss in internationalen Organisationen wie der G20 aus. Insbesondere China hat sich zu einer dominierenden Wirtschaftsmacht entwickelt.

2. Kooperation: Die BRICS haben das Potenzial, ihre wirtschaftliche und politische Zusammenarbeit zu stärken, was zu mehr globaler Stabilität führen könnte.

3. Reform globaler Institutionen: Diese Länder haben Reformen internationaler Finanzinstitutionen wie dem Internationalen Währungsfonds (IWF) angestrebt, um die Veränderungen im globalen Machtgefüge besser widerzuspiegeln.

4. Innovation und Technologie: Einige BRICS-Mitglieder wie China und Indien befinden sich in der Spitzenposition bei der technologischen Entwicklung und Innovation und können zur Gestaltung der globalen technologischen Entwicklung beitragen.

5. Wirtschaftliche Integration: Es gibt Möglichkeiten für eine vertiefte wirtschaftliche Integration zwischen diesen Ländern, z. B. durch den Handel innerhalb der BRICS und die Zusammenarbeit in Schlüsselbereichen wie Energie und Infrastruktur.

Zukünftige Herausforderungen:

1. Politische Divergenzen: Die BRICS-Länder haben politische Meinungsverschiedenheiten und nationale Ziele, die die Zusammenarbeit bei globalen Fragen erschweren können. Zum Beispiel gab es Spannungen und geopolitische Rivalitäten zwischen China und Indien.

2. Nachhaltige Entwicklung: Die Bewältigung von Umweltfragen und die Förderung nachhaltiger Entwicklung sind wichtige Herausforderungen, insbesondere vor dem Hintergrund des erheblichen ökologischen Fußabdrucks einiger BRICS-Wirtschaften.

3. Menschenrechte: Die Menschenrechtslage in einigen BRICS-Ländern hat internationale Besorgnis ausgelöst und könnte ihren globalen Ruf beeinträchtigen.

4. Wirtschaftliche Instabilität: Die BRICS-Wirtschaften sind anfällig für wirtschaftliche Instabilität, wie Finanzkrisen oder Schwankungen der Rohstoffpreise, die ihr Wachstum beeinträchtigen könnten.

5. Globale Konkurrenz: Die BRICS-Länder müssen sich in einer Welt zunehmender geopolitischer Rivalitäten behaupten, einschließlich des Wettbewerbs zwischen den Vereinigten Staaten und China.

Die Zukunft der BRICS wird davon abhängen, wie sie diese Herausforderungen bewältigen und die sich ergebenden Chancen nutzen können. Die Zusammenarbeit zwischen diesen Ländern in globalen Angelegenheiten, zusammen mit der Vertiefung der wirtschaftlichen Integration und der Zusammenarbeit in Schlüsselbereichen, könnte dazu beitragen, die neue Weltordnung auf bedeutende Weise zu gestalten. Es wird jedoch entscheidend sein, politische Meinungsverschiedenheiten anzugehen und gemeinsam an der Bewältigung der globalen Herausforderungen des 21. Jahrhunderts zu arbeiten.

Sicherlich, wir werden weiterhin die zukünftigen Perspektiven und Herausforderungen für die BRICS im neuen Weltordnung näher betrachten:

Zukünftige Perspektiven: 6. Rolle in internationalen Organisationen: Die BRICS-Länder streben an, eine einflussreichere Rolle in Organisationen wie der G20, dem Internationalen Währungsfonds und der Weltbank zu spielen. Sie können zusammenarbeiten, um diese Institutionen zu reformieren, um die aktuelle wirtschaftliche und politische Realität besser widerzuspiegeln.

7. Investitionen in Infrastruktur: Infrastruktur ist ein Schlüsselelement wirtschaftlicher Entwicklung. Die BRICS können zusammenarbeiten, um gemeinsame Infrastrukturprojekte zu fördern, die die Konnektivität zwischen ihnen verbessern und zur regionalen Integration beitragen.

8. Wissenschaftliche und technologische Zusammenarbeit: Forschung und technologische Entwicklung sind entscheidend für wirtschaftliche Innovation. Die BRICS können in wissenschaftlicher Forschung, Entwicklung fortgeschrittener Technologien und der Bewältigung globaler Herausforderungen wie der öffentlichen Gesundheit und des Klimawandels zusammenarbeiten.

9. Förderung von Handel und Investitionen: Die BRICS können daran arbeiten, Handelsverfahren zu vereinfachen und Investitionen zwischen ihnen zu fördern, um den Fluss von Gütern und Dienstleistungen zu verbessern und zum wirtschaftlichen Wachstum beizutragen.

Zukünftige Herausforderungen: 6. Geopolitische Spannungen: Geopolitische Spannungen zwischen einigen BRICS-Ländern wie China und Indien können die Zusammenarbeit behindern. Die friedliche Beilegung von Konflikten und der Dialog werden entscheidend sein, um schädliche Eskalationen zu vermeiden.

7. Cybersecurity und Verteidigung: Mit der zunehmenden Bedeutung von Technologie und Cybersecurity müssen sich die BRICS mit Herausforderungen in den Bereichen Verteidigung und Cybersicherheit befassen, um kritische Infrastrukturen und sensible Informationen zu schützen.

8. Nachhaltige Umwelt: Der Umwelteinfluss der BRICS-Wirtschaften ist signifikant. Sie müssen gemeinsam den Klimawandel angehen, saubere Energie fördern und lebenswichtige Ressourcen wie Wasser schützen.

9. Menschenrechte und Freiheiten: Die Menschenrechtslage in einigen BRICS-Ländern

bleibt eine internationale Besorgnis. Um einen besseren globalen Ruf zu erlangen, müssen sie Menschenrechtsfragen transparent und verantwortungsvoll angehen.

10.   Wirtschaftliche Anfälligkeit: Die BRICS-Wirtschaften sind anfällig für globale wirtschaftliche Schocks. Sie sollten Maßnahmen ergreifen, um ihre Abhängigkeit von Rohstoffen zu reduzieren und eine nachhaltige wirtschaftliche Diversifizierung zu fördern.

Die Zukunft der BRICS wird durch ihre Fähigkeit definiert, diese Herausforderungen kooperativ anzugehen und die sich ergebenden Chancen zu nutzen. Ihre Auswirkungen auf die internationale Bühne wachsen weiter, und ihre Fähigkeit zur Zusammenarbeit in entscheidenden globalen Angelegenheiten wird entscheidend sein, um die Zukunft der neuen Weltordnung zu gestalten.

Prospettive Future: 10. Bekämpfung von Ungleichheit: Die BRICS-Länder verzeichnen zwar wirtschaftliches Wachstum, stehen jedoch auch vor erheblichen inneren Ungleichheiten. Um nachhaltiges und inklusives Wachstum sicherzustellen, müssen sie politische Maßnahmen zur Reduzierung wirtschaftlicher und sozialer Ungleichheit ergreifen und sicherstellen, dass die Vorteile des Wachstums breit gestreut werden.

11. Gesundheitswesen: Die COVID-19-Pandemie hat die Bedeutung des öffentlichen Gesundheitswesens und der internationalen Gesundheitszusammenarbeit verdeutlicht. Die BRICS können bei der Stärkung ihrer Gesundheitsinfrastrukturen zusammenarbeiten und gemeinsame medizinische Forschung fördern, um zukünftigen Pandemieherausforderungen zu begegnen.

12. Bildung und qualifizierte Arbeitskräfte: Investitionen in Bildung und die Entwicklung hochqualifizierter Arbeitskräfte sind entscheidend für langfristige wirtschaftliche Wettbewerbsfähigkeit. Die BRICS können gemeinsame Bildungsprogramme und akademischen Austausch fördern, um die Ausbildung qualifizierter humaner Ressourcen zu unterstützen.

13. Förderung von Frieden und Sicherheit: Geopolitische Stabilität ist entscheidend für wirtschaftliches Wachstum und Entwicklung. Die BRICS können zusammenarbeiten, um regionale Spannungen zu bewältigen und Frieden durch Dialog und Diplomatie zu fördern.

14. Wirtschaftliche Diversifizierung: Die Reduzierung der Abhängigkeit von Rohstoffen und die Förderung diversifizierter

Wirtschaftszweige werden dazu beitragen, die BRICS-Wirtschaften weniger anfällig für Preisschwankungen bei Rohstoffen und globale Finanzkrisen zu machen.

Zukünftige Herausforderungen: 11. Geopolitische Rivalitäten: Geopolitische Spannungen zwischen den BRICS-Ländern, wie territoriale Streitigkeiten zwischen China und Indien, können die Gruppenzusammenarbeit beeinträchtigen. Die friedliche Bewältigung dieser Rivalitäten wird für die Zukunft des Blocks entscheidend sein.

12. Umwelt und Klimawandel: Die BRICS-Wirtschaften gehören zu den größten Treibhausgasemittenten der Welt. Die Bewältigung des Klimawandels erfordert konkrete Verpflichtungen zur Reduzierung von Emissionen und die Förderung erneuerbarer Energien.

13. Cybersicherheit: In der Ära der Digitalisierung nimmt die Bedeutung der Cybersicherheit stetig zu. Die BRICS müssen gemeinsame Richtlinien und Protokolle entwickeln, um Cyberbedrohungen anzugehen.

14. Menschenrechte: Die Verbesserung der Menschenrechtslage bleibt eine kritische Herausforderung für einige BRICS-Länder, mit Bedenken hinsichtlich der Pressefreiheit, der

Unabhängigkeit des Justizsystems und der Meinungsfreiheit.

15. Globale wirtschaftliche Instabilität: Die BRICS müssen mit den Auswirkungen der globalen wirtschaftlichen Instabilität umgehen, wie Schwankungen bei den Rohstoffpreisen und die Volatilität der Finanzmärkte.

Die Zukunft der BRICS ist ein Feld voller Herausforderungen und Chancen. Wie diese Länder diese Herausforderungen angehen und zusammenarbeiten, um die sich bietenden Chancen zu nutzen, wird ihre Rolle bei der Gestaltung der neuen Weltordnung und das Wohlergehen ihrer Bevölkerungen bestimmen. Die Zusammenarbeit zwischen den BRICS bleibt entscheidend, um komplexe globale Fragen anzugehen und zu einer größeren globalen Stabilität und Wohlstand beizutragen.

Zukünftige Perspektiven: 16. Wirtschaftsdiplomatie: Die BRICS können ihre Bemühungen in der Wirtschaftsdiplomatie verstärken, indem sie bilaterale und multilaterale Handelsabkommen verhandeln, die den Handel und die Investitionen fördern. Die Diversifizierung der Handelsbeziehungen wird zur wirtschaftlichen Resilienz beitragen.

17. Erneuerbare Energien: Die Nutzung erneuerbarer Energiequellen ist entscheidend für den Umgang mit dem Klimawandel. Die BRICS, mit ihren umfangreichen Energieressourcen, können bei der Entwicklung und Verbreitung sauberer Energietechnologien zusammenarbeiten.

18. Infrastrukturelle Konnektivität: Die Verbesserung der infrastrukturellen Konnektivität zwischen den BRICS-Ländern würde den Handel, den Austausch und die wirtschaftliche Zusammenarbeit erleichtern. Projekte wie die Belt and Road Initiative (BRI) Chinas bieten Möglichkeiten für gemeinsame Infrastrukturentwicklung.

19. Aktive Beteiligung: Die BRICS können eine aktivere Rolle bei der Lösung regionaler und globaler Krisen spielen, indem sie Diplomatie fördern und friedliche Lösungen für Konflikte und Spannungen suchen.

20. Wissenschaftliche und technologische Zusammenarbeit: Gemeinsame Forschung und technologische Entwicklung sind entscheidend für Innovation und globale Wettbewerbsfähigkeit. Die BRICS können gemeinsame Programme zur Förderung von Wissenschaft und Technologie einführen.

Zukünftige Herausforderungen: 16. Globale Handelsspannungen: Die BRICS sind von globalen Handelsspannungen betroffen, wie sie zwischen den USA und China auftreten. Sie müssen Wege finden, um die negativen Auswirkungen auf Wirtschaften und Märkte abzumildern.

17. Wirtschaftliche Fragilität: Einige BRICS-Wirtschaften sind anfällig für wirtschaftliche Schocks. Die Verbesserung der finanziellen Stabilität und die Reduzierung übermäßiger Verschuldung sind entscheidend, um diese Risiken zu minimieren.

18.   Umgang mit Protektionismus: Der wachsende Protektionismus in vielen Teilen der Welt stellt eine Herausforderung für die BRICS dar, die vom internationalen Handel abhängig sind. Sie sollten ein multilaterales Handelssystem auf Grundlage von Regeln unterstützen.

19. Reform internationaler Institutionen: Die Reform internationaler Institutionen bleibt eine Herausforderung, da politische Hindernisse überwunden werden müssen, um angemessene Vertretung in globalen Foren zu erreichen.

20.   Technologische Herausforderungen: Die BRICS müssen aufkommende technologische Herausforderungen wie Cybersicherheit,

Datenschutz und die Governance von künstlicher Intelligenz bewältigen.

Die Zukunft der BRICS ist dynamisch und unsicher, aber diese Nationen haben ihre Widerstandsfähigkeit und ihr Engagement für den globalen Kontext gezeigt. Durch die Fortsetzung der Zusammenarbeit in wirtschaftlichen, politischen und Umweltfragen können die BRICS eine bedeutende Rolle bei der Gestaltung der zukünftigen Weltordnung spielen. Multilaterale Zusammenarbeit und Dialog bleiben entscheidend, um gemeinsame Herausforderungen anzugehen und von aufkommenden Chancen zu profitieren.

Prospettive Future: 21. Weltraumkooperation: Die BRICS können ihre Zusammenarbeit in der Raumforschung ausweiten, einschließlich des Austauschs von Satellitentechnologien und gemeinsamer Raumfahrtmissionen für wissenschaftliche Zwecke und die Erdbeobachtung.

22.   Stärkung kultureller Bindungen: Die Förderung des kulturellen Austauschs zwischen den BRICS-Ländern kann zu einem besseren gegenseitigen Verständnis und zur Förderung der Toleranz beitragen. Dies kann durch Studentenaustauschprogramme, Kulturfestivals und künstlerische Zusammenarbeit erreicht werden.

23.	Förderung sozialer Innovation: Die BRICS können bei der Bewältigung sozialer Herausforderungen durch soziale Innovation zusammenarbeiten, indem sie Projekte unterstützen, die den Zugang zu Gesundheitsdiensten, Bildung und Wohlstand für benachteiligte Gemeinschaften verbessern.

24.	Förderung der Frauenbeteiligung: Die Stärkung von Frauen und die Förderung der Beteiligung von Frauen in Politik und Wirtschaft können gemeinsame Ziele der BRICS-Mitglieder sein, wobei politische Maßnahmen zur Bekämpfung von Geschlechterungleichheit ergriffen werden.

Zukünftige Herausforderungen: 21. Politische Instabilität: Politische Instabilität in einigen BRICS-Mitgliedsländern kann ihre Kohäsion beeinträchtigen. Ein offener Dialog und diplomatische Lösungen für innen- und außenpolitische Spannungen sind entscheidend.

22.	Zugang zu Ressourcen: Die BRICS teilen sich den Wettbewerb um natürliche Ressourcen in einer wachsenden Welt. Die nachhaltige Bewirtschaftung dieser Ressourcen wird eine entscheidende Herausforderung sein.

23.	Achtung der Menschenrechte: Bedenken hinsichtlich der Menschenrechte bestehen in einigen BRICS-Ländern weiterhin. Eine transparente Herangehensweise an diese Fragen ist entscheidend für die Legitimität und Glaubwürdigkeit der Gruppe.

24.	Regionale Konflikte: Die BRICS sind in verschiedene regionale Konfliktsituationen verwickelt. Die friedliche Bewältigung von Konflikten und die Unterstützung diplomatischer Lösungen bleiben eine Herausforderung.

25.	Anpassung an den globalen Wandel: Die BRICS müssen sich an eine sich ständig verändernde Welt anpassen, in der sich das Machtgleichgewicht schnell verschieben kann. Flexibilität und Anpassungsfähigkeit werden entscheidend sein.

Die Zukunft der BRICS ist ein dynamischer Weg, und ihre Fähigkeit zur Zusammenarbeit und Bewältigung komplexer Herausforderungen wird entscheidend für ihren Erfolg sein. Die Vielfalt der BRICS-Mitglieder bietet auch eine einzigartige Gelegenheit, eine breite Palette globaler Fragen anzugehen. Ihre Einflussnahme wächst weiter, und als Gruppe können sie eine bedeutende Rolle bei der Gestaltung der neuen Weltordnung spielen, um Stabilität, Wohlstand und globale Zusammenarbeit zu fördern.

Abschließend repräsentieren die BRICS (Brasilien, Russland, Indien, China und Südafrika) eine Koalition aufstrebender Nationen, die im globalen Kontext erheblichen Einfluss gewonnen hat. Im Kontext der sich entwickelnden neuen Weltordnung stehen die BRICS vor einer Reihe von Perspektiven und Herausforderungen, die ihre Zukunft gestalten.

Zukünftige Perspektiven der BRICS umfassen die Möglichkeit:

1. Multilaterale Zusammenarbeit zu fördern: Die BRICS können eine Schlüsselrolle bei der Förderung multilateraler Zusammenarbeit und der Stärkung globaler Institutionen spielen, um Herausforderungen wie den Klimawandel, die Cybersicherheit und die öffentliche Gesundheit anzugehen.

2. Nachhaltiges Wirtschaftswachstum: Durch die Verpflichtung zu vorsichtigen Wirtschaftspolitiken und Innovationen können die BRICS ein robustes Wirtschaftswachstum aufrechterhalten und zur globalen wirtschaftlichen Stabilität beitragen.

3. Technologische Innovation: Die Zusammenarbeit zwischen den Mitgliedern der BRICS kann technologische Innovation fördern und wachstumsstarke Sektoren wie künstliche Intelligenz und Biotechnologie vorantreiben.

4. Aktive Diplomatie: Die BRICS können weiterhin eine aktive Rolle in der globalen Diplomatie spielen, indem sie friedliche Lösungen für regionale und globale Konflikte suchen.

Es gibt jedoch auch signifikante Herausforderungen, denen sich die BRICS stellen müssen, darunter:

1. Geopolitische Spannungen: Spannungen zwischen einigen BRICS-Mitgliedern, wie China und Indien, können die Kohäsion der Gruppe gefährden und erfordern diplomatisches Management.

2. Klimawandel: Die BRICS gehören zu den größten Treibhausgasemittenten und müssen dem Druck standhalten, Emissionen zu reduzieren und erneuerbare Energiequellen zu übernehmen.

3. Menschenrechte: Bedenken hinsichtlich der Menschenrechte in einigen BRICS-Ländern erfordern Aufmerksamkeit, da die Verbesserung der Menschenrechtsbedingungen die Legitimität der Gruppe sicherstellen muss.

4. Globale wirtschaftliche Instabilität: Die BRICS müssen bereit sein, sich mit globaler wirtschaftlicher Instabilität auseinanderzusetzen, einschließlich Schwankungen bei Rohstoffpreisen und globalen Finanzkrisen.

5. Technologische Herausforderungen:
   Cybersecurity und die Governance aufstrebender
   Technologien stellen zunehmende
   Herausforderungen dar, die koordiniertes
   Handeln erfordern.

Letztendlich ist die Zukunft der BRICS ein Feld von Möglichkeiten und Herausforderungen. Wie diese Länder diese Herausforderungen angehen und zusammenarbeiten, um Chancen zu nutzen, wird entscheidend für ihre Rolle bei der Gestaltung der neuen Weltordnung sein. Multilaterale Zusammenarbeit und Dialog bleiben entscheidend, um komplexe globale Fragen anzugehen und zu größerer globaler Stabilität und Wohlstand beizutragen.

19. Fallstudien – Detaillierte Analyse spezifischer BRICS-Fallstudien.

Natürlich betrachten wir einige spezifische Fallstudien im Zusammenhang mit den BRICS, um ein tieferes Verständnis dafür zu erhalten, wie diese Länder handeln und im globalen Kontext interagieren:

Fallstudie 1: Die BRICS-Bank (New Development Bank - NDB) Die BRICS-Bank mit Sitz in Shanghai wurde gegründet, um nachhaltige Infrastrukturprojekte in den Mitgliedsländern der BRICS und anderen Schwellenländern zu finanzieren. Sie ist ein Beispiel für wirtschaftliche Zusammenarbeit innerhalb der BRICS.

- **Ziele**: Die NDB zielt darauf ab, nachhaltige Entwicklung durch die Finanzierung von Infrastruktur-, Umwelt- und Sozialprojekten in den BRICS-Ländern und darüber hinaus zu fördern.

- **Erfolge**: Die NDB hat bedeutende Projekte wie Straßenbau in Indien, Energieprojekte in China und Wassermanagement in Südafrika finanziert. Sie spielte auch eine bedeutende Rolle während der COVID-19-Pandemie, indem sie Mittel zur Bewältigung der Gesundheits- und Wirtschaftskrise bereitstellte.

- **Herausforderungen**: Die NDB muss Herausforderungen wie die Beschaffung von Mitteln, die Ressourcenverwaltung und die Koordinierung zwischen Mitgliedsländern mit unterschiedlichen Entwicklungszielen bewältigen.

Fallstudie 2: Chinas Belt and Road Initiative (BRI) Die BRI ist ein ehrgeiziges Infrastruktur- und Wirtschaftsentwicklungsprogramm, das von China gefördert wird und viele Länder, darunter einige BRICS-Mitglieder, einbezieht.

- **Ziele**: Die BRI zielt darauf ab, ein Netzwerk von Handelsverbindungen und Infrastrukturen zu schaffen, das China mit Europa, Afrika und Asien verbindet. Dieses Projekt wurde als Chance für

China gesehen, seinen wirtschaftlichen und politischen Einfluss auszudehnen.

- **Auswirkungen auf die BRICS**: Viele BRICS-Länder, darunter Russland und Indien, sind in die BRI involviert. Dies hat zu einem Anstieg des regionalen Handels und der Investitionen geführt, aber auch Bedenken hinsichtlich Souveränität und wirtschaftlicher Abhängigkeit aufgeworfen.

- **Herausforderungen**: Die BRI wurde wegen mangelnder Transparenz, Umweltschutz und Governance kritisiert. Das Gleichgewicht zwischen wirtschaftlichen Vorteilen und Sicherheitsfragen bleibt eine anhaltende Herausforderung.

Fallstudie 3: Zusammenarbeit in den Bereichen Energie und Landwirtschaft Die BRICS arbeiten auch in wichtigen Bereichen wie Energie und Landwirtschaft zusammen.

- **Energie**: Die Energiezusammenarbeit zwischen den BRICS-Ländern umfasst den Austausch von Technologien und die Schaffung von Kooperationsplattformen. Zum Beispiel haben China und Russland Energieabkommen geschlossen, während Brasilien mit Indien an der Entwicklung von Biokraftstoffen gearbeitet hat.

- **Landwirtschaft**: Die BRICS arbeiten gemeinsam daran, globale Ernährungsherausforderungen anzugehen. Brasilien ist beispielsweise ein wichtiger Exporteur landwirtschaftlicher Produkte, während Indien einen wachsenden Agrarsektor hat. Die Zusammenarbeit in diesem Bereich kann zur Sicherung der globalen Ernährungssicherheit beitragen.

Diese Fallstudien zeigen die Vielfalt der Bereiche, in denen die BRICS zusammenarbeiten, sowie die damit verbundenen Herausforderungen und Chancen. Die Kooperation zwischen den BRICS ist komplex und im Wandel, bleibt jedoch eine wichtige Komponente der globalen geopolitischen und wirtschaftlichen Landschaft.

Fallstudie 4: Zusammenarbeit in Wissenschaft und Forschung Die BRICS arbeiten auch im wissenschaftlichen und technologischen Bereich zusammen, um Innovation und Entwicklung zu fördern. Diese Zusammenarbeit trägt zur Weiterentwicklung des Wissens und zur Beschleunigung der technologischen Entwicklung bei.

- **Akademischer Austausch**: Die BRICS fördern den Austausch von Studenten, Forschern und Akademikern zwischen ihren Mitgliedsländern.

Dies fördert kulturelle Vielfalt und trägt zur Erweiterung des Wissens bei.

- **Gemeinsame Forschung**: Die BRICS-Länder arbeiten in gemeinsamen Forschungsprojekten zu wissenschaftlichen und technologischen Fragen von gemeinsamem Interesse zusammen. Dies kann von erneuerbarer Energie bis zur Medizin, von künstlicher Intelligenz bis zur Astronomie reichen.

- **Investitionen in Forschung und Entwicklung**: Einige BRICS-Länder investieren in Forschungs- und Entwicklungseinrichtungen, um technologische Innovation und globale Wettbewerbsfähigkeit zu fördern.

Fallstudie 5: Militärische Zusammenarbeit Die BRICS unterhalten militärische Beziehungen und führen gemeinsame Übungen durch. Obwohl die militärische Zusammenarbeit kein primäres Ziel der BRICS ist, ist sie ein Aspekt ihrer Zusammenarbeit.

- **Gemeinsame Übungen**: Die BRICS haben gemeinsame Militärübungen wie die Anti-Terror-Übung "Peace Mission" und Marineübungen durchgeführt. Diese Übungen fördern die Zusammenarbeit zwischen den Streitkräften der Mitgliedsländer.

- **Austausch von Militärtechniken**: Die BRICS-Länder können militärische Erfahrungen und Techniken austauschen, um ihre Verteidigungsfähigkeiten zu verbessern und an UN-Friedensmissionen teilzunehmen.

- **Gemeinsame Sicherheitsherausforderungen**: Die BRICS können zusammenarbeiten, um gemeinsame Sicherheitsherausforderungen wie internationalen Terrorismus und maritime Piraterie anzugehen.

Fallstudie 6: Währungsdiplomatie Die BRICS haben auch Möglichkeiten zur Zusammenarbeit im Finanz- und Währungsbereich erkundet.

- **Lösung von Währungskonflikten**: Während der globalen Finanzkrise 2008 versuchten die BRICS, ihre Geldpolitik zu koordinieren, um die Auswirkungen der Krise auf ihre Länder abzumildern.

- **BRICS-Bank**: Wie zuvor erwähnt, zielt die Gründung der BRICS-Bank darauf ab, Finanzierung für Infrastrukturprojekte in den Mitgliedsländern bereitzustellen. Dies stellt einen bedeutenden Schritt in der finanziellen Zusammenarbeit dar.

- **Reform des IWF**: Die BRICS haben die Reform internationaler Finanzinstitutionen wie des Internationalen Währungsfonds (IWF) unterstützt, um die aktuelle wirtschaftliche und politische Realität besser widerzuspiegeln.

Diese Fallstudien zeigen die Vielfalt der Bereiche, in denen die BRICS versuchen, zusammenzuarbeiten, von Wissenschaft und Technologie bis hin zu Militär und Finanzen. Ihre Zusammenarbeit wird durch die Suche nach gemeinsamen Lösungen für globale Herausforderungen und das Ziel, Stabilität und wirtschaftliches Wachstum in ihren Mitgliedsländern und darüber hinaus zu fördern, motiviert.

Fallstudie 7: Zusammenarbeit im Bereich Erneuerbare Energien Die BRICS erkennen die Bedeutung erneuerbarer Energien im Übergang zu einer nachhaltigeren Zukunft an. Einige Mitglieder der BRICS gehören zu den weltweit größten Produzenten und Verbrauchern von Energie, und die Zusammenarbeit in diesem Bereich kann signifikante Auswirkungen haben:

- **Solarenergie**: Insbesondere Indien und China investieren massiv in Solartechnologien. Die Zusammenarbeit zwischen diesen Ländern kann zur Entwicklung und Verbreitung von erschwinglichen und effizienten Solutionslösungen beitragen.

- **Windenergie**: Einige BRICS-Länder wie Brasilien und Südafrika haben Windressourcen zur Energieerzeugung genutzt. Der Austausch bewährter Verfahren und Technologien kann die Nutzung von Windenergie weiter vorantreiben.

- **Grüne Technologien**: Gemeinsame Forschung und Entwicklung von grünen Technologien wie Hochleistungsbatterien oder Energiespeichersystemen können dazu beitragen, den Klimawandel zu bekämpfen und die Energiesicherheit zu fördern.

Fallstudie 8: Kulturelle und akademische Zusammenarbeit Die BRICS sind geprägt von vielfältigen Kulturen und Traditionen. Die kulturelle und akademische Zusammenarbeit ist entscheidend, um gegenseitiges Verständnis und interkulturellen Dialog zu fördern:

- **Kultureller Austausch**: Die BRICS veranstalten kulturelle Festivals, Kunstausstellungen und gastronomische Veranstaltungen, um ihre kulturelle Vielfalt zu teilen. Diese Veranstaltungen tragen zur Sensibilisierung bei und fördern das gegenseitige Interesse.

- **Akademische Zusammenarbeit**: Die Universitäten der BRICS-Länder fördern den akademischen Austausch und die Forschungszusammenarbeit. Dies trägt zur Entwicklung neuer Kenntnisse und Technologien bei.

- **Förderung der Sprache**: Die Förderung der Sprachen der BRICS-Länder, wie Portugiesisch, Russisch und Hindi, kann die Kommunikation und den Handel zwischen den Mitgliedern erleichtern.

Fallstudie 9: Weltraumzusammenarbeit Die Weltraumforschung ist ein Bereich, in dem einige Mitglieder der BRICS Kompetenz gezeigt haben. Die Zusammenarbeit im Weltraum kann zu gemeinsamen Vorteilen führen:

- **Gemeinsame Satelliten**: Indien hat Satelliten für andere BRICS-Länder gestartet und seine technologische Kompetenz im Weltraum unter Beweis gestellt. Diese Zusammenarbeit kann die Satellitenabdeckung und die Konnektivität in den beteiligten Regionen verbessern.

- **Weltraumforschung**: Die Zusammenarbeit in der Weltraumforschung kann gemeinsame Missionen zur Erforschung von Mond oder Mars sowie den Austausch wissenschaftlicher Daten umfassen.

- **Anwendungen auf der Erde**: Technologien, die für die Weltraumerkundung entwickelt wurden, können Anwendungen auf der Erde haben, wie Wettervorhersage, nachhaltige Ressourcennutzung und Kommunikation.

Diese Fallstudien verdeutlichen weiter, wie die BRICS in verschiedenen Bereichen zusammenarbeiten, um nachhaltiges wirtschaftliches Wachstum, technologische Innovation und internationale Zusammenarbeit zu fördern. Die Vielfalt der Fähigkeiten und Ressourcen zwischen den BRICS-Mitgliedern bietet viele Möglichkeiten für gemeinsame Entwicklung und das Erreichen gemeinsamer Ziele.

Zusammenfassend verdeutlichen die oben genannten Fallstudien die breite Palette der Bereiche, in denen die BRICS versuchen, zusammenzuarbeiten, um Stabilität, Entwicklung und globale Nachhaltigkeit zu fördern. Die BRICS haben sich nachhaltig für die Zusammenarbeit bei der Bewältigung globaler Herausforderungen, der Förderung wirtschaftlichen Wachstums und technologischer Innovation sowie der Verbesserung des interkulturellen Verständnisses engagiert. Diese Bemühungen zur Zusammenarbeit spiegeln den Wunsch der BRICS wider, eine immer bedeutendere Rolle in der neuen Weltordnung zu spielen.

Es ist jedoch wichtig zu beachten, dass die BRICS auch mit internen und externen Herausforderungen konfrontiert sind, die ihre Fähigkeit zur effektiven Zusammenarbeit beeinflussen können. Diese Herausforderungen können politische, wirtschaftliche und soziale Divergenzen zwischen den Mitgliedern sowie die Notwendigkeit, nationale Prioritäten mit denen der Gruppe in Einklang zu bringen, umfassen.

Die Zukunft der BRICS wird weitgehend davon abhängen, wie sie diese Herausforderungen bewältigen und die Möglichkeiten zur Zusammenarbeit nutzen können. Wenn sie eine konstruktive Zusammenarbeit aufrechterhalten können, können sie eine immer größere Rolle bei der Gestaltung der neuen Weltordnung spielen und Fragen von globaler Bedeutung beeinflussen, angefangen bei der globalen Wirtschaftspolitik bis hin zur Umwelt nachhaltigkeit.

Zusammenfassend repräsentieren die BRICS eine vielfältige Koalition von Ländern mit erheblichem Potenzial. Ihre Fähigkeit, in Schlüsselbereichen zusammenzuarbeiten, wird maßgeblich ihre Auswirkungen auf die Zukunft der Weltordnung bestimmen. 20. Schlussfolgerung • Schlussbetrachtungen zur Rolle der BRICS in der neuen Weltordnung und möglichen zukünftigen Szenarien.

Schlussfolgerung: Die Rolle der BRICS im neuen Weltordnung und mögliche Zukunftsperspektiven In der Schlussbetrachtung betrachten wir die Rolle der BRICS im neuen Weltordnung und einige mögliche Zukunftsperspektiven: Die BRICS, bestehend aus Brasilien, Russland, Indien, China und Südafrika, repräsentieren eine Gruppe von aufstrebenden Nationen mit erheblichem wirtschaftlichem und politischem Potenzial. Ihre Zusammenarbeit zielt darauf ab, die westliche Hegemonie herauszufordern und zu einem gerechteren und multipolaren neuen Weltordnung beizutragen. Die Rolle der BRICS in der globalen Wirtschaft ist beachtlich. China ist zur zweitgrößten Wirtschaft der Welt geworden, und Indien verzeichnet kontinuierliches Wachstum. Diese Länder tragen erheblich zum globalen Wirtschaftswachstum bei und fördern regionale Handelsabkommen und Infrastrukturprojekte, die langfristige Auswirkungen haben können. Die BRICS versuchen auch, internationale Finanzinstitutionen wie den Internationalen Währungsfonds (IWF) und die Weltbank zu beeinflussen, um die aktuelle wirtschaftliche Realität besser widerzuspiegeln und die Abhängigkeit von westlichen Institutionen zu reduzieren. Auf politischer Ebene stehen die BRICS vor Herausforderungen und Chancen. Es gibt Meinungsverschiedenheiten zwischen den Mitgliedern in politischen und strategischen Fragen, aber auch einen gemeinsamen Willen, globale Stabilität und Frieden zu fördern. Die Zukunft der BRICS ist jedoch nicht ohne Hindernisse. Spannungen zwischen den Mitgliedern, kulturelle Unterschiede und innere Herausforderungen können ihre Fähigkeit zur effektiven Zusammenarbeit einschränken. Darüber hinaus kann das sich entwickelnde geopolitische Umfeld mit zunehmenden Rivalitäten zwischen den globalen Mächten die Einheit der BRICS auf die Probe stellen. Mögliche zukünftige Szenarien umfassen:

1. **Stärkung der Zusammenarbeit:** Die BRICS könnten ihre wirtschaftliche, politische und strategische Zusammenarbeit stärken und damit ihren Einfluss auf die neue Weltordnung ausweiten und zur globalen Stabilität beitragen.

2. **Innere Herausforderungen:** Spannungen zwischen den Mitgliedern könnten zunehmen, was zu einer geringeren Kohäsion innerhalb der Gruppe führen könnte. Dies könnte ihre Fähigkeit, die neue Weltordnung zu beeinflussen, schwächen.

3. **Vertiefung bilateraler Beziehungen:** Einige BRICS-Mitglieder könnten sich stärker auf die Entwicklung bilateraler Beziehungen zu globalen Mächten wie den Vereinigten Staaten oder der Europäischen Union konzentrieren und damit die Zusammenarbeit innerhalb der Gruppe

reduzieren. Zusammenfassend haben die BRICS das Potenzial, eine bedeutende Rolle in der neuen Weltordnung zu spielen, aber interne und externe Herausforderungen könnten ihren zukünftigen Weg beeinflussen. Ihre Fähigkeit, diese Herausforderungen zu bewältigen und die Chancen zu nutzen, wird maßgeblich ihren Einfluss auf die globalen Veränderungen in den kommenden Jahrzehnten bestimmen.

Fortsetzung der Zukunftsperspektiven: 4. **Wirtschaftliche Integration:** Die BRICS könnten versuchen, die wirtschaftliche Integration untereinander zu vertiefen, um den gegenseitigen Handel und Investitionen zu fördern. Die Beseitigung von Handelsbarrieren und die Standardisierung von Handelsnormen könnten eine engere wirtschaftliche Zusammenarbeit ermöglichen.

5. **Technologische Entwicklung:** Insbesondere China macht bedeutende Fortschritte in der Technologie, von künstlicher Intelligenz bis zur 5G-Technologie. Die BRICS könnten in gemeinsame Forschung und Entwicklung in diesen Schlüsselbereichen investieren, um global wettbewerbsfähig zu sein.

6. **Reform internationaler Institutionen:** Die BRICS setzen sich weiterhin für die Reform internationaler Finanzinstitutionen wie des

Internationalen Währungsfonds (IWF) und der Weltbank ein. Sie könnten ihre Bemühungen verstärken, um eine größere Vertretung und Einflussnahme in diesen Institutionen zu erreichen.

7. **Verteidigung internationaler Normen:** Die BRICS könnten sich dafür einsetzen, internationale Normen und Multilateralismus in einer Zeit zu verteidigen, in der diese Prinzipien durch zunehmenden unilateralen und nationalistischen Trends auf die Probe gestellt werden.

8. **Umweltschutz:** Mit wachsenden Umweltbedenken könnten die BRICS enger in der Forschung und Entwicklung nachhaltiger Technologien zusammenarbeiten und sich im Kampf gegen den Klimawandel engagieren.

9. **Bewältigung globaler Krisen:** Die BRICS könnten Fähigkeiten zur Bewältigung globaler Krisen, wie die Reaktion auf Pandemien oder Naturkatastrophen, entwickeln und dabei Solidarität und Handlungsfähigkeit zeigen.

10. **Förderung von Frieden und Sicherheit:** Die BRICS könnten sich darauf konzentrieren, Frieden und Sicherheit auf globaler Ebene durch Dialog, präventive Diplomatie und die Beteiligung an UN-

Friedensmissionen zu fördern. Die BRICS haben trotz interner Herausforderungen und Unterschiede den Willen zur Zusammenarbeit in einer Vielzahl globaler Fragen gezeigt. Ihre Verpflichtung zur Schaffung einer neuen Weltordnung auf der Grundlage von Gerechtigkeit, Zusammenarbeit und nachhaltiger Entwicklung beeinflusst weiterhin die globale Politik. Die Entwicklung der BRICS wird aufmerksam verfolgt, da ihre Rolle in der neuen Weltordnung an Bedeutung zunimmt. Wie sie sich angesichts rascher Veränderungen in der Welt anpassen und wie sie ihre Zusammenarbeit in Schlüsselbereichen vertiefen, sind entscheidende Fragen, die ihre zukünftige Auswirkung auf der internationalen Bühne **Vertiefung der BRICS-Dynamik:** 11. **Sektorenübergreifende Zusammenarbeit:** Die BRICS könnten versuchen, in bestimmten Bereichen wie Energie, Landwirtschaft, Bildung und Gesundheit zusammenzuarbeiten. Diese sektorübergreifende Zusammenarbeit könnte zu konkreten Entwicklungen und greifbaren Vorteilen für die Bürger der Mitgliedsländer führen.

11. **Mehrspurige Diplomatie:** Die BRICS könnten mehrspurige diplomatische Ansätze nutzen, bei denen nicht nur Regierungen,

sondern auch die Zivilgesellschaft, Unternehmen und akademische Institutionen einbezogen werden, um ein breiteres Verständnis und eine engere Zusammenarbeit zwischen den Mitgliedsländern zu fördern.

12. **Investitionen in die Infrastruktur:** Ein verstärktes Engagement bei der Finanzierung und Umsetzung großer Infrastrukturprojekte innerhalb und zwischen den BRICS-Ländern könnte zu einer Verbesserung der Transportnetze, Telekommunikation und des Zugangs zur Energie führen.

13. **Kultureller Austausch:** Die Förderung des kulturellen Austauschs zwischen den BRICS-Ländern könnte zu einem besseren gegenseitigen Verständnis und kultureller Offenheit beitragen. Dies könnte Festivals, Studentenaustauschprogramme und die Förderung der Sprachen und Traditionen der Mitgliedsländer umfassen.

14. **Förderung der Sprache:** Die BRICS könnten die Einführung einer gemeinsamen Sprache oder die Förderung der Verwendung der Sprachen der Mitgliedsländer im Handels- und diplomatischen Verkehr in Betracht ziehen, um die Kommunikation und Zusammenarbeit zu verbessern.

15. **Teilnahme an regionalen Organisationen:** Die BRICS könnten versuchen, ihre Präsenz und ihren Einfluss in regionalen Organisationen wie der Afrikanischen Union oder der Organisation Amerikanischer Staaten zu stärken, um ihren Einflussbereich zu erweitern und die Beziehungen zu anderen Regionen zu stärken.

16. **Ausbalancieren nationaler und gemeinschaftlicher Interessen:** Die BRICS stehen vor der Herausforderung, die eigenen nationalen Interessen mit den gemeinschaftlichen Interessen der Gruppe in Einklang zu bringen. Das Finden eines Gleichgewichts zwischen nationaler Souveränität und multilateraler Zusammenarbeit bleibt eine zentrale Herausforderung.

17. **Beteiligung an der Lösung globaler Konflikte:** Die BRICS könnten eine aktivere Rolle bei der Lösung globaler Konflikte spielen, indem sie als Vermittler auftreten oder diplomatische Bemühungen in Gebieten wie dem Nahen Osten, Afrika und Asien unterstützen.

18. **Engagement für eine multipolare Welt:** Die BRICS unterstützen die Idee einer multipolaren Welt, in der keine Nation oder kein Staatenbündnis dominiert. Sie könnten daran

arbeiten, ein gerechteres und inklusiveres internationales System zu fördern.

19. **Überwachung und Bewertung:** Die BRICS könnten Mechanismen zur Überwachung und Bewertung entwickeln, um die Wirksamkeit ihrer Initiativen zu messen und sicherzustellen, dass sie ihre Ziele erreichen. Die BRICS, mit ihrer Vielfalt und ihren Ressourcen, beeinflussen weiterhin die globale Landschaft. Ihre Fähigkeit, sich aufkommenden Herausforderungen anzupassen und Chancen zu nutzen, wird maßgeblich ihre Auswirkungen auf die Weltpolitik und die Entwicklung der neuen Weltordnung bestimmen. **Vertiefung der BRICS-Dynamik:**

20. **Zusammenarbeit in Innovation:** Die BRICS könnten die Zusammenarbeit in Innovation und wissenschaftlicher Forschung intensivieren. Dies könnte den Austausch von fortgeschrittenem Wissen und Technologien in Bereichen wie Medizin, erneuerbare Energien und künstliche Intelligenz umfassen.

21. **Zusammenarbeit in den Finanzmärkten:** Die BRICS könnten weiterhin ihre internen Finanzmärkte entwickeln und die Zusammenarbeit im Banken- und Finanzsektor fördern. Dies könnte die Eröffnung von

Zweigstellen von Finanzinstituten der BRICS-Länder in ihren jeweiligen Märkten einschließen.

22.	**Aktive Teilnahme an regionalen Organisationen:** Die BRICS könnten ihre Präsenz und ihren Einfluss in regionalen Organisationen wie der ASEAN oder dem Mercosur weiter ausbauen, um eine engere wirtschaftliche und politische Zusammenarbeit in ihren jeweiligen Regionen zu fördern.

Vertiefung der BRICS-Dynamik: 21. **Förderung der Menschenrechte:** Die BRICS könnten sich verpflichten, die Menschenrechtslage in ihren jeweiligen Ländern zu verbessern und höhere globale Standards in diesem Bereich zu fördern, indem sie Führungsqualitäten bei der Achtung der Menschenrechte zeigen.

22.	**Gesundheitsdiplomatie:** Aufgrund ihrer Erfahrungen mit Epidemien wie Ebola und der COVID-19-Pandemie könnten die BRICS eine effektivere Gesundheitsdiplomatie entwickeln, um globale Gesundheitsherausforderungen anzugehen und die Gesundheitssysteme in den Mitgliedsländern zu stärken.

23.	**Zusammenarbeit bei der Waffenkontrolle:** Die BRICS könnten sich bemühen, nukleare Abrüstung und mehr Transparenz bei der Verbreitung von Waffen zu

fördern, um zur internationalen Stabilität
beizutragen.

24.   **Wachstum grüner Wirtschaften:** Die
Annahme von Strategien für grünes
Wirtschaftswachstum könnte im Mittelpunkt der
Wirtschaftspolitik der BRICS stehen, um
Umweltprobleme anzugehen und nachhaltige
Entwicklung zu fördern.

25.   **Kulturelle Integration:** Die Förderung
der kulturellen Integration könnte die Schaffung
von Kulturzentren und künstlerischen Austausch
zwischen den Mitgliedsländern umfassen und zu
einem besseren Verständnis der jeweiligen
Kulturen beitragen.

26.   **Vertiefung der Beziehungen zu
Afrika:** Die BRICS könnten ihre
Zusammenarbeit mit afrikanischen Ländern
intensivieren, politische, wirtschaftliche und
kulturelle Beziehungen stärken und zum
Fortschritt in Afrika beitragen.

27.   **Zusammenarbeit bei künstlicher
Intelligenz und Cybersicherheit:** Angesichts
wachsender Herausforderungen im Bereich
Cybersicherheit könnten die BRICS
zusammenarbeiten, um Cyberbedrohungen zu
bewältigen und die verantwortungsvolle Nutzung
künstlicher Intelligenz zu fördern. Die BRICS

können durch ihre Zusammenarbeit und ihr Engagement erheblichen Einfluss auf die globale Szene nehmen. Ihr Engagement zur Bewältigung gemeinsamer Herausforderungen und zur Förderung multilateraler Zusammenarbeit wird entscheidend sein, um ihre Rolle in der neuen Weltordnung zu bestimmen. Insgesamt repräsentieren die BRICS (Brasilien, Russland, Indien, China und Südafrika) eine Gruppe von aufstrebenden Nationen, die eine immer wichtigere Rolle im Kontext der neuen Weltordnung spielen. Die Dynamik innerhalb der BRICS und ihr Einfluss auf die globale Bühne werden von einer Vielzahl komplexer Faktoren beeinflusst. Diese fünf Nationen haben unterschiedliche Interessen, Kulturen, Wirtschaften und politische Systeme, was ihre Zusammenarbeit und die Erreichung gemeinsamer Ziele zu einem dynamischen und anspruchsvollen Prozess macht. Die BRICS haben jedoch die Fähigkeit gezeigt, bei Fragen von gemeinsamem Interesse zusammenzuarbeiten, wie bei der Reform internationaler Finanzinstitutionen und der Förderung nachhaltiger Entwicklung. Die BRICS haben einen signifikanten Einfluss auf die globale Wirtschaftspolitik. Sie haben dazu beigetragen, das wirtschaftliche Machtgefüge zugunsten der aufstrebenden Volkswirtschaften zu verändern und werden in internationalen Handelsverhandlungen zunehmend einflussreicher. Die Öffnung ihrer Märkte und die Förderung von gegenseitigen Investitionen haben den Handel und das Wirtschaftswachstum gefördert. Auf politischer Ebene haben die BRICS versucht, eine konstruktive Rolle bei der Lösung globaler Konflikte und der Förderung einer gerechteren Weltordnung zu spielen. Sie müssen jedoch Herausforderungen wie Differenzen in ihrer Außenpolitik und Fragen im Zusammenhang mit den Menschenrechten bewältigen. Im Bereich Innovation und Technologie werden die BRICS zu wichtigen Zentren für Forschung und Entwicklung. Ihre Zusammenarbeit in Bereichen mit hoher Technologie wie künstliche Intelligenz und erneuerbare Energien ist entscheidend für den globalen Fortschritt. Die BRICS spielen auch eine entscheidende Rolle bei der Förderung nachhaltiger Entwicklung und im Kampf gegen den Klimawandel. Die nachhaltigen Politiken, die von den Mitgliedern der Gruppe verfolgt werden, können als Vorbild für andere Nationen dienen. Zusammenfassend wird die Zukunft der BRICS durch ihre Fähigkeit bestimmt, nationale Interessen mit kollektiven zu balancieren, aufkommende Herausforderungen wie Technologie und Umwelt anzugehen und eine konstruktive Rolle in der neuen Weltordnung zu spielen. Die Zusammenarbeit innerhalb der BRICS wird weiterhin entscheidend sein, um globale Herausforderungen anzugehen und eine multipolare und inklusive Welt zu fördern.

Vertiefung der BRICS-Dynamik: In diesem Werk haben wir die Rolle der BRICS im Kontext der neuen Weltordnung im Detail erkundet. Die BRICS, bestehend aus Brasilien, Russland, Indien, China und Südafrika, repräsentieren eine Gruppe aufstrebender Nationen, die eine zunehmend wichtige Rolle auf der globalen Bühne spielen. Wir haben eine Reihe von Schlüsselaspekten zu diesem Thema analysiert, darunter:

1. **Einführung in die BRICS:** Wir begannen mit einem Überblick über die BRICS, definierten sie und skizzierten ihre Geschichte und Entwicklung.

2. **Die Wirtschaft der BRICS:** Wir haben die Wirtschaften jedes Mitglieds im Detail untersucht und ihren globalen Einfluss hervorgehoben, wobei wir Herausforderungen und Chancen beleuchteten.

3. **Politik der BRICS:** Wir haben die Innen- und Außenpolitik der BRICS-Länder untersucht,

einschließlich der Dynamik ihrer bilateralen Beziehungen.

4. **Internationale Beziehungen:** Wir haben die Beziehungen der BRICS zu anderen globalen Akteuren wie den Vereinigten Staaten, der Europäischen Union und anderen regionalen Gruppen analysiert.

5. **Neue Weltordnung:** Wir haben das Konzept der neuen Weltordnung definiert und wie die BRICS dazu beitragen, sie zu gestalten.

6. **Der Einfluss der BRICS auf die neue Weltordnung:** Wir haben untersucht, wie die BRICS das globale Machtgefüge, die Wirtschaftspolitik und die geopolitischen Dynamiken beeinflussen.

7. **Technologie und Innovation:** Wir haben die Rolle der BRICS bei der technologischen Entwicklung und Innovation untersucht und dabei Herausforderungen und Chancen beleuchtet.

8. **Nachhaltige Entwicklung:** Wir haben die von den BRICS verfolgten Politiken und Praktiken für nachhaltige Entwicklung und ihre Auswirkungen auf die Umwelt untersucht.

9. **Ungleichheiten und Disparitäten:** Wir haben die Ungleichheiten innerhalb und zwischen den BRICS-Ländern sowie die damit verbundenen Herausforderungen untersucht.

10. **Konflikte und Zusammenarbeit:** Wir haben Konflikte und Kooperationsbereiche zwischen den BRICS-Mitgliedern analysiert.

11. **Klimawandel:** Wir haben die Rolle und Verantwortung der BRICS im Zusammenhang mit dem Klimawandel untersucht.

12. **Verteidigungs- und Sicherheitsstrategien:** Wir haben die Verteidigungs- und Sicherheitspolitik der BRICS im Kontext der neuen Weltordnung untersucht.

13. **Kultur und Gesellschaft:** Wir haben die Auswirkungen der Kulturen und Gesellschaften der BRICS auf die Welt erkundet.

14. **Finanzinstitutionen:** Wir haben die Rolle der Finanzinstitutionen der BRICS, wie der BRICS-Bank, untersucht.

15. **Internationaler Handel:** Wir haben die Rolle der BRICS im internationalen Handel und die wirtschaftlichen Auswirkungen analysiert.

16. **Globalisierung vs. Nationalismus:** Wir haben diskutiert, wie die BRICS Globalisierung und Nationalismus ausbalancieren.

17. **Menschenrechte:** Wir haben die Menschenrechtslage in den BRICS-Ländern untersucht.

18. **Zukunft der BRICS:** Wir haben die zukünftigen Aussichten und Herausforderungen für die BRICS im Kontext der neuen Weltordnung untersucht.

19. **Fallstudien:** Wir haben eine detaillierte Analyse spezifischer Fallstudien im Zusammenhang mit den BRICS durchgeführt.

20. **Fazit:** Schließlich haben wir die Rolle der BRICS in der neuen Weltordnung und mögliche zukünftige Szenarien reflektiert.

Für weitere vertiefende Informationen und Ressourcen können Sie Websites internationaler Organisationen wie der UNESCO, dem Internationalen Währungsfonds (IWF), der Welthandelsorganisation (WTO) und der offiziellen BRICS-Website konsultieren. Darüber hinaus können Bücher, wissenschaftliche Artikel und Forschungsberichte nützliche Quellen sein, um dieses faszinierende Thema weiter zu erkunden. Dieses Buch bietet einen umfassenden Überblick über die BRICS und ihre

Dynamik und ermutigt die Leser gleichzeitig, dieses Thema durch zusätzliche Ressourcen weiter zu vertiefen.